강세할당과 제약기반이론

Stress Assignment and Constraint-based Theory

조학행·서정민 공저

보고사

들어가는 말

강세(stress)란 무엇인가? 이것만큼 언어학도들이 많이 던지는 질문도 없을 것이다. 바꿔 말하면, 개별 언어의 강세에 대한 연구가 제대로 이루어지지 않았을 뿐만 아니라 마땅히 참고할 만한 교재가 없다는 방증이기도 하다. 현재 국내에서는 강세에 관한 연구가 대부분 영어에만 치우쳐 있어 나무만 보고 숲 전체를 볼 수 없는 실정에 놓여 있다. 따라서 이 책에서는 제5장을 중심으로 영어(English)뿐만 아니라 다른 개별 언어, 즉 스페인어(Spanish), 아랍방언(Arabic dialects: Levantine, Cairene, Urban Hijazi, Palestinian), 독일어(German) 그리고 노르웨이어(Norwegian)의 비파생어(underived word)에 나타나는 주강세(primary stress)의 투명성(transparency)과 불투명성(opacity)을 먼저 제약기반이론(constraint-based theory)인 고전최적성이론(classic Optimality Theory, Prince & Smolensky 1993, 2004; McCarthy & Prince 1993: OT)에 의해 유형론적(typological) 관점에서 서술하였다. 아울러 구강세와 문장강세를 포함하여 이 책에서 다루지 못한 범위 이상의 유형론적 연구의 토대를 구축하는 데도 역점을 두었다.

이 책의 세부 구성은 다음과 같다.

제1장에서는 개별 언어의 강세에 관한 국내외 연구동향을 정리하였다.

제2장에서는 강세와 음보(foot)의 개념을 정리하였다.

제3장에서는 강세할당에 관한 *SPE*(Chomsky & Halle 1968)의 규칙기반 이론(rule-based theory)에 의한 분석의 문제점을 투명성과 불투명성의 관점에서 살펴보았다.

제4장에서는 OT의 출현 배경과 개요를 정리한 후에 강세와 관련된 제약(constraint)과 그 제약이 적용되는 방식에 관해 다루었다.

제5장에서는 음운현상과 강세할당의 상관관계에서 나타나는 투명성과 불투명성에 관해 살펴보고 고정강세체계(fixed stress system)를 자유강세체계(free stress system)와 관련해서 정리하였다. 그리고 몇몇 개별 언어를 개관하고 이들 개별 언어의 비파생어에 나타나는 강세할당에 관해 살펴보았다. 이어서 이들 개별 언어의 강세를 OT로 분석하고 그 결과를 바탕으로 공통된 특성(common property)과 변이(variation)를 유형론적 관점에서 살펴보았다.

제6장에서는 강세할당과 음절창(syllable window)의 상관관계와 모음 탈락(vowel deletion)과 강세할당의 상관관계를 OT에 의해 유형론적 관점에서 살펴보았다.

제7장에서는 McCarthy(2006a-d, 2007)의 입장에서 음운현상의 불투명성에 관한 OT의 문제점을 살펴보았다. 이어서 강세할당과 불투명성에 관한 OT의 하위이론들, 즉 국부결합(Local Conjunction, Smolensky 1993, 1995; Kirchner 1996; Łubowicz 2005), 다층위평가(Multi-stratal Evaluation, Inkelas & Orgun 1995; Itô & Mester 1999; Collie 2007), 동정이론(Sympathy Theory, McCarthy 1999), 어휘적 제약영역(Lexical Constraint Domains, Itô & Mester 1995) 그리고 출-출력 대응(OO-correspondence, Benua 1995; Kager 1995b, 1999; McCarthy 1995)에 의한 분석을 시도하였다. 그리고 그 결과를 토대로 OT의 하위이론들이

지니는 문제점을 지적하였다.

제8장에서는 강세할당과 불투명성에 관한 가장 최근의 연구동향인 후보연쇄최적성이론(Optimality Theory with Candidate Chains, McCarthy 2006a-d, 2007: OT-CC)을 살펴보고 강세할당과 관련된 유형론적 분석의 향후 연구과제들을 크게 세 가지로 나누어 제시하였다. 하나는 영어, 스페인어 그리고 독일어에 나타나는 파생어의 강세할당이다. 다른 하나는 스페인어, Swahili, Selayarese, Mohawk, Dakota 그리고 Iraqi Arabic에 나타나는 모음삽입(vowel insertion)과 강세할당의 상관관계이다. 나머지 하나는 독일어, 노르웨이어 그리고 영어에 나타나는 모음충돌(hiatus)과 강세할당의 상관관계이다.

제9장에서는 이 책 전체를 통해 살펴보았던 이론의 큰 틀이라 할 수 있는 규칙기반이론, OT 그리고 OT-CC를 비교하였다. 이를 통해 이 이론들의 특징, 공통점 그리고 차이점을 간략하게 살펴봄으로써 규칙기반이론과 제약기반이론의 체계를 정리하였다.

제10장은 마무리하는 장으로 주요 내용을 요약·정리하였다.

이 책이 나오기까지 매주 목요일 9시부터 12시까지 세미나에 참석하여 교정에 도움을 준 김성일, 이광숙, 정직자, 정승옥, 안진희, 강자경, 강희연, 김화봉, 빙후승, 김완애 그리고 김선희를 포함한 학과의 대학원생들, 박정자 선생님, 출판사의 편집부 그리고 일일이 거명할 수는 없지만 많은 도움을 주신 여러 선생님들에게도 진심으로 감사의 마음을 전한다. 또한 이 졸저가 강세를 연구하고 제약기반이론에 관심을 갖는 후학들에게 다소나마 도움이 되기를 기대해 본다.

적지 않은 시간을 이 책에 쏟았지만 언어학에 대한 얕은 지식 때문에 강세에 관한 만족할 만한 내용을 담지는 못했다. 이 부분에 대해서는 독자들의 너그러운 이해와 조언을 구하는 바이다. 그리고 이 문제는 향후 시간을 두고 부족한 부분을 채워 나가고자 한다.

2009년 봄

저자 조학행 · 서정민

국제음성문자(IPA)

(From *http://www2.arts.gla.ac.uk/IPA/ipa.html*)

CONSONANTS (PULMONIC)

© 2005 IPA

	Bilabial	Labiodental	Dental	Alveolar	Postalveolar	Retroflex	Palatal	Velar	Uvular	Pharyngeal	Glottal
Plosive	p b			t d		ʈ ɖ	c ɟ	k ɡ	q ɢ		ʔ
Nasal	m	ɱ		n		ɳ	ɲ	ŋ	N		
Trill	B			r					R		
Tap or Flap		ⱱ		ɾ		ɽ					
Fricative	ɸ β	f v	θ ð	s z	ʃ ʒ	ʂ ʐ	ç ʝ	x ɣ	χ ʁ	ħ ʕ	h ɦ
Lateral fricative				ɬ ɮ							
Approximant		ʋ		ɹ		ɻ	j	ɰ			
Lateral approximant				l		ɭ	ʎ	L			

Where symbols appear in pairs, the one to the right represents a voiced consonant. Shaded areas denote articulations judged impossible.

CONSONANTS (NON-PULMONIC)

Clicks		Voiced implosives		Ejectives	
ʘ	Bilabial	ɓ	Bilabial	ʼ	Examples:
ǀ	Dental	ɗ	Dental/alveolar	pʼ	Bilabial
ǃ	(Post)alveolar	ʄ	Palatal	tʼ	Dental/alveolar
ǂ	Palatoalveolar	ɠ	Velar	kʼ	Velar
ǁ	Alveolar lateral	ʛ	Uvular	sʼ	Alveolar fricative

OTHER SYMBOLS

ʍ	Voiceless labial-velar fricative	ɕ ʑ	Alveolo-palatal fricatives
w	Voiced labial-velar approximant	ɺ	Voiced alveolar lateral flap
ɥ	Voiced labial-palatal approximant	ɧ	Simultaneous ʃ and x
H	Voiceless epiglottal fricative		
ʢ	Voiced epiglottal fricative		Affricates and double articulations can be represented by two symbols joined by a tie bar if necessary.
ʡ	Epiglottal plosive		k͡p t͡s

VOWELS

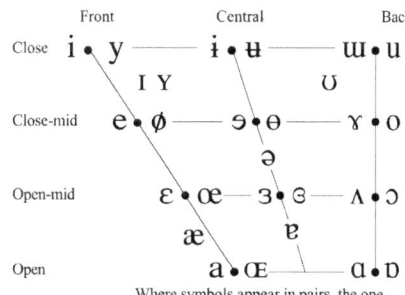

Where symbols appear in pairs, the one to the right represents a rounded vowel.

SUPRASEGMENTALS

ˈ	Primary stress	ˌfoʊnəˈtɪʃən
ˌ	Secondary stress	
ː	Long	eː
ˑ	Half-long	eˑ
˘	Extra-short	ĕ
|	Minor (foot) group	
‖	Major (intonation) group	
.	Syllable break	ɹi.ækt
‿	Linking (absence of a break)	

DIACRITICS

Diacritics may be placed above a symbol with a descender, e.g. ŋ̊

̥	Voiceless	n̥ d̥	̤	Breathy voiced	b̤ a̤	̪	Dental	t̪ d̪
̬	Voiced	s̬ t̬	̰	Creaky voiced	b̰ a̰	̺	Apical	t̺ d̺
ʰ	Aspirated	tʰ dʰ	̼	Linguolabial	t̼ d̼	̻	Laminal	t̻ d̻
̹	More rounded	ɔ̹	ʷ	Labialized	tʷ dʷ	̃	Nasalized	ẽ
̜	Less rounded	ɔ̜	ʲ	Palatalized	tʲ dʲ	ⁿ	Nasal release	dⁿ
̟	Advanced	u̟	ˠ	Velarized	tˠ dˠ	ˡ	Lateral release	dˡ
̠	Retracted	e̠	ˤ	Pharyngealized	tˤ dˤ	̚	No audible release	d̚
̈	Centralized	ë	~	Velarized or pharyngealized	ɫ			
̽	Mid-centralized	e̽	̝	Raised	e̝ (ɹ̝ = voiced alveolar fricative)			
̩	Syllabic	n̩	̞	Lowered	e̞ (β̞ = voiced bilabial approximant)			
̯	Non-syllabic	e̯	̘	Advanced Tongue Root	e̘			
˞	Rhoticity	ɚ a˞	̙	Retracted Tongue Root	e̙			

TONES AND WORD ACCENTS

LEVEL				CONTOUR		
e̋ or ˥		Extra high	ě or ˩˥			Rising
é ˦		High	ê ˥˩			Falling
ē ˧		Mid	e᷄ ˦˥			High rising
è ˨		Low	e᷅ ˩˨			Low rising
ȅ ˩		Extra low	e᷈ ˧˦˧			Rising-falling
↓		Downstep	↗			Global rise
↑		Upstep	↘			Global fall

차 례

제1장
강세에 관한 국내외 연구동향

이 장에서는 이 책의 제5장을 통해 중점적으로 다루고자 하는 영어
(English), 스페인어(Spanish), 아랍방언(Arabic dialects: Levantine,
Cairene, Urban Hijazi, Palestinian), 독일어(German) 그리고 노르웨
이어(Norwegian)의 비파생어(underived word)에 나타나는 주강세
(primary stress)에 관한 국내외 연구동향을 규칙기반이론(rule-
based theory)과 고전최적성이론(classic Optimality Theory, Prince
& Smolensky 1993, 2004; McCarthy & Prince 1993: OT)으로 대표
되는 제약기반이론(constraint-based theory)으로 구분하여 정리한다
(이하 '강세(stress)'라 함은 주강세를 의미하고 위의 언어들을 총칭할
경우는 '개별 언어'라고 하겠다.). 이를 통해 독자들이 참고자료를 찾는
데 용이함을 제공한다.

1.1 국내 연구동향

영어의 경우, 생성음운론(Generative Phonology)의 규칙기반이론

에 의한 연구는 박주현(1977), Kim, H-Y(2002), 강용순(2004), 전상범
(2004), 석종환(2005), 정국(2005), 김영석(2006) 그리고 Kim(2006)이
있다. 그리고 OT의 제약기반이론에 의한 연구는 정국(1996), Lee,
J-Y(1996), Lee, Y-S(1996, 1999, 2002), 전상범 외(1997), 전학수
(2000), 오관영(2001), 이용재(2001), 조현관(2001), Cho(2001a-b),
Kim, J-H(2002), 이용성(2003), 조혜성(2004), 서정민(2007), 서정민·
조학행(2006a, 2008c-d) 그리고 강석근 외(2008)가 있다.

스페인어의 경우, 규칙기반이론에 의한 연구는 이수열(2002)이 있고
제약기반이론에 의한 연구는 아직 찾지 못했다.

아랍방언(Levantine, Palestinian, Cairene, Urban Hijazi)의 경우,
규칙기반이론에 의한 연구는 박재양(2002)이 있고 제약기반이론에 의
한 연구는 아직 찾지 못했다.

독일어의 경우, 규칙기반이론에 의한 연구는 김미연(2002)이 있고
제약기반이론에 의한 연구는 유시택(2006)이 있다.

노르웨이어의 경우, 규칙기반이론에 의한 연구와 제약기반이론에
의한 연구 모두 아직 찾지 못했다.

1.2 국외 연구동향

영어의 경우, 규칙기반이론에 의한 연구는 Chomsky & Halle(1968:
SPE), Liberman & Prince(1977), Hayes(1981, 1982, 1983, 1984, 1985,
1995), Prince(1983), Fudge(1984), Giegerich(1985, 1992), Halle &

Vergnaud(1987), Hogg & McCully(1987), Burzio(1994), Harris(1994) 그리고 Halle(1997, 1998)가 있다. 그리고 제약기반이론에 의한 연구는 Pater(1995, 2000), Hammond(1999), Zamma(2005, 2007) 그리고 Collie(2007)가 있다.

스페인어의 경우, 규칙기반이론에 의한 연구는 Harris(1969, 1983, 1985, 1992), Roca(1988) 그리고 Burzio(1994)가 있다. 그리고 제약기반이론에 의한 연구는 Rosenthall(1994), Alderete(1995, 1999) 그리고 Piñeros(2000)가 있다.

아랍방언의 경우, 규칙기반이론에 의한 연구는 Abu-Salim(1982), Kenstowicz(1983, 1994), Prince(1990), Jarrah(1993), Burzio(1994) 그리고 Hayes(1995)가 있다. 그리고 제약기반이론에 의한 연구는 Al-Mohanna(1998, 2004)가 있다.

독일어의 경우, 규칙기반이론에 의한 연구는 Giegerich(1985), Vennemann(1990), Eisenberg(1991) 그리고 Hall(1992)이 있다. 그리고 제약기반이론에 의한 연구는 Féry(1996, 1999)와 Alber(1997)가 있다.

노르웨이어의 경우, 규칙기반이론에 의한 연구는 Fretheim(1969), Weinstock(1970), Standwell(1972), Vanvik(1973), Endressen(1977), Lorentz(1996), Rice(1999) 그리고 Kristoffersen(2000)이 있다. 그리고 제약기반이론에 의한 연구는 Rice(2003, 2005)와 Lunden(2006)이 있다.

제2장

강세와 음보

이 장에서는 강세와 음보(foot)의 개념을 간략하게 정리한다(강세와 음보에 관한 세부적인 내용은 Liberman & Prince(1977)와 Hammond (1999) 참조).

2.1 강세란 무엇인가?

이 절에서는 강세의 개념과 특징 그리고 음절무게(syllable weight)를 살펴본 후에 강세할당과 품사의 상관관계를 분류한다.

2.1.1 강세의 개념과 특징

강세는 음절구조(syllable structure)의 강/약(strong/weak) 현상으로 청각적으로 보다 크게 돋들림(prominence)되는 것을 말한다. 음악에 리듬이 있듯이 말에도 강약이라는 리듬(rhythm)이 있다. 말에 나타나는 강약은 소리의 물리적 강도(intensity)로 표현된다. 그러나 말에

나타나는 강약은 실제 강도뿐만 아니라 길이(length)나 높이(pitch)도
포함된다. 이는 (1)에 나타난 강세의 음성적 특징에 기초한 관점에서
시작되었다.

 (1) 강세의 음성적 특징(Ladefoged 1975: 223)
    Stressed vowels are louder, longer and higher in pitch than
    stressless vowels.
    (강세를 받는 모음은 강세를 받지 않는 모음보다 소리가 더 크고
    길이가 더 길며 음의 높이가 더 높다.)

 (1)은 강세의 주된 요소가 크기(loudness), 길이 그리고 높이임을 말
해 준다. 그러나 강세의 음성적 특징에 관한 이러한 관점은 학자들마
다 견해의 차이를 보인다((1)에 나타난 강세의 음성적 특징과 상반된
견해에 대해서는 Ladefoged(1975: 223) 참조). 따라서 강세는 아래 (2)
에서처럼 음운현상을 고려하여 그 특징을 찾을 수밖에 없다.

 (2) 음운현상과 강세
    a. 음조음절에는 강세가 나타난다(Hayes 1995: 전상범 외 1997:
       104).
       He is a |tea|cher.
    b. 완전모음은 강세를 갖는다(Roca & Johnson 1999: 315).
       Pát *vs.* Patríca: P[æ]t *vs.* P[ə]trica
       Sám *vs.* Samántha: S[æ]m *vs.* S[ə]mantha
       prép *vs.* prepáratory: pr[ɛ]p *vs.* pr[ə]paratory

c. 설탄음화와 성문음화(Roca & Johnson 1999: 316)

cútting([ɾ] or [ʔ]) *vs.* attáin

wáiting([ɾ] or [ʔ]) *vs.* retórt

d. 유기음화(Roca & Johnson 1999: 316)

appénd([pʰ]) *vs.* háppened

entáil([tʰ]) *vs.* rétail

(2)는 음운현상을 통해 강세의 특징을 찾을 수 있는 몇 가지 예들로 (2a)는 음조(intonation)가 변화하기 시작하는 음절(syllable), 즉 음조음절에는 강세가 나타난다는 의미이다. 예를 들면, *He is a teacher.*라는 문장을 정상적으로 발화할 경우에 *He is a |tea|cher.*가 된다. 여기에서 *tea*가 음조음절이고 이 음절에는 강세가 나타난다. (2b)는 약화되지 않은 모음, 즉 완전모음(full vowel)에는 강세가 나타난다는 의미이다. 예를 들면, *Patrícia*의 절단형인 *Pát*의 [æ]는 강세가 나타나기 때문에 약화되지 않지만 *Patrícia*의 [ə]는 강세가 나타나지 않기 때문에 약화된다는 것이다. (2c)는 *a.ttáin*에서처럼 모음 사이의 강세음절에 나타난 폐쇄음 [t]에는 설탄음화(flapping)나 성문음화(glottalization)가 일어나지 않음을 보여준다. 그러나 *cútting*에서처럼 모음 사이의 무강세 음절에 나타난 폐쇄음 [t]에는 설탄음화나 성문음화가 일어남을 보여준다. 마지막으로 (2d)는 유기음화(aspiration)와 강세의 상관관계를 설명한 것으로 *háppened*와는 달리 *appénd*에는 어중의 강세음절에 나타난 폐쇄음 [p]에 유기음화가 일어남을 보여준다.

2.1.2 강세와 음절무게

영어의 강세는 음절무게에 민감하다. 바꿔 말하면, 영어의 강세는 주로 중음절(heavy syllable)에 나타나는 경향이 있다. 영어의 음절무게에 대한 이해를 위해 (3)을 통해 기본적인 영어의 음절구조를 살펴보기로 한다.

　　(3) 영어의 음절구조

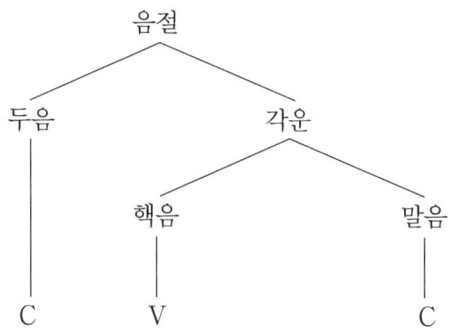

　　(3)에서처럼 영어의 음절은 두음(onset)과 각운(rhyme)으로 구성되고 각운은 핵음(nucleus)과 말음(coda)으로 구성된다. 그리고 음절무게는 각운에 의해서만 결정된다.

　　(3)을 기반으로 영어의 명사와 동사를 통해 음절무게를 구체적으로 살펴보기로 한다. 일반적으로 음절무게는 초중음절(superheavy syllable), 중음절 그리고 경음절(light syllable)로 분류된다. *SPE*(84)의 주강세규칙(Main Stress Rule)에 따르면, 영어의 동사는 어말음절(ultima)의 각운이 VVC(main.táin 'maintain'), V:C(a.chíeve 'achieve')

또는 VCC(e.léct 'elect')로 구성된 음절, 즉 초중음절일 경우에는 어말
음절에 각각 강세가 할당된다(*SPE*에서는 음절의 개념이 도입되지 않
았지만 이 책에서는 편의상 음절의 개념을 사용하겠다.). 그리고 영어
의 명사는 어말음절을 제외하고 어말제2음절(penultimate)의 각운이
VV(a.ró.ma 'aroma'), V:(a.ré.na 'arena') 또는 VC(ve.rán.da 'veranda')
로 구성된 음절, 즉 중음절일 경우에는 어말제2음절에 각각 강세가 할
당된다. 한편, 영어의 명사는 어말음절을 제외하고 어말제2음절의 각
운이 V(A.mé.ri.ca 'America')로 구성된 음절, 즉 경음절일 경우에는
어말제3음절(antepenultimate)에 강세가 할당된다.

2.1.3 강세와 품사

2.1.3에서는 *SPE*(84)의 주강세규칙에 따라 영어에 나타나는 강세를
품사별로 구분하여 강세와 품사의 상관관계를 분류한다. 영어에 나타
나는 강세할당과 품사의 상관관계를 개관하면, 다음과 같다.

(4) 강세할당과 품사의 상관관계(*SPE*: 69, 71, 78, 80-81)
  a. 명사
    ⅰ. hiátus aróma balaláika veránda agénda uténsil ....
    ⅱ. cínema América aspáragus metrópolis vénison ....
    ⅲ. chimpanzée canóe Tennessée machíne políce ....
  b. 동사
    ⅰ. eráse caróuse collápse tormént exháust eléct ....
    ⅱ. consíder édit imágine intérpret prómise ....
  c. 형용사

ⅰ. 비파생어

ⅰ-ⅰ. absúrd secúre ináne corrúpt imménse ....

ⅰ-ⅱ. sólid frántic hándsome clandéstine vúlgar ....

ⅱ. 파생어

ⅱ-ⅰ. pérsonal máximal rígorous árrogant ....

ⅱ-ⅱ. treméndous anecdótal defíant adjácent ....

(4a-b)와 (4c, ⅰ)은 비파생어에 나타나는 명사, 동사 그리고 형용사의 품사별 강세구분이고 (4c, ⅱ)는 형용사의 파생어(derived word)에 나타나는 강세구분이다.

명사는 (4a, ⅰ)에서처럼 어말음절을 제외하고 어말제2음절이 중음절일 경우는 어말제2음절에 강세(hi.á.tus 'hiatus')가 할당된다. 그리고 (4a, ⅱ)에서처럼 어말음절을 제외하고 어말제2음절이 경음절일 경우는 어말제3음절에 강세(cí.ne.ma 'cinema')가 할당된다. 한편, (4a, ⅲ)에서처럼 어말음절이 [+long]으로 구성된 긴장모음에 강세(chim.pan.zée 'chimpanzee')가 할당된다.

동사는 (4b, ⅰ)에서처럼 어말음절이 초중음절일 경우는 바로 그 음절에 강세(e.ráse 'erase')가 할당된다. 그리고 (4b, ⅱ)에서처럼 어말음절이 초중음절이 아닐 경우는 어말제2음절에 강세(con.sí.der 'consider')가 할당된다.

형용사는 강세가 할당되는 위치에 따라 (4c, ⅰ)의 비파생어에서처럼 (4b)의 동사와 같은 부류를 이루는 것과 (4c, ⅱ)의 파생어에서처럼 (4a)의 명사와 같은 부류를 이루는 것으로 분류된다. 동사와 동일한 부류를 이루는 (4c, ⅰ)의 비파생어에서 (4cⅰ, ⅰ-ⅰ)은 어말음절이 초중음절이기 때문에 그 음절에 강세(ab.súrd 'absurd')가 할당된다. 그리고 (4cⅰ, ⅰ-ⅱ)에서처럼 어말음절이 초중음절이 아닐 경우는 어 말제2음절에 강세(só.lid 'solid')가 할당된다. 한편, 명사와 동일한 부 류를 이루는 (4c, ⅱ)는 -al, -ous, -ant 그리고 -ent와 같은 접미사 (suffix)들이 첨가되어 형성된 형용사들이다. (4cⅱ, ⅱ-ⅰ)은 접미사 (-al)를 제외하고 어말제2음절이 경음절이기 때문에 어말제3음절에 강세(pér.so.nal 'personal')가 할당된다. 그리고 (4cⅱ, ⅱ-ⅱ)는 접미 사(-ous)를 제외하고 어말제2음절이 중음절이기 때문에 바로 그 음절 에 강세(tre.mén.dous 'tremendous')가 할당된다.

2.2 음보란 무엇인가?

이 절에서는 음보의 개념과 음보유형(foot type)에 관해 간략하게 살펴본다.

2.2.1 음보의 개념

음보란 Liberman & Prince(1977)의 운율음운론(Metrical Phonology) 에서 중요한 위치를 차지하는 것으로 한 개 또는 두 개(때로는 세 개)의 음절로 구성된 운율단위(prosodic unit)이다. 그리고 하나의 음보에는 반드시 하나의 강세가 나타난다. 보다 쉽게 말하면, 음보는 강세의 단위 로서 음보의 수가 바로 강세의 수가 된다.

(5)는 운율위계(prosodic hierarchy) 내에서 음보의 위치를 밝힌 것
이다.

(5) 운율위계(Selkirk 1980; Kager 1999: 146)

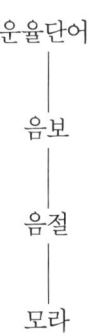

운율단어

음보

음절

모라

(5)에서 볼 수 있는 것처럼 운율위계에서 음보는 운율단어(prosodic
word)와 음절 사이에 위치한다. (5)의 운율위계를 보다 정확히 나타내
면, 운율단어 위로는 음운구(phonological phrase), 억양구(intonational
phrase) 그리고 발화(utterance)의 순으로 운율위계를 이룬다. 그리고
모라(mora) 아래로는 음소(phoneme)와 자질(feature)의 순으로 운율
위계를 이룬다. 운율위계의 운율단위에 대해서는 언어마다 차이가 있
고 한 언어에 대해서도 학자마다 견해를 달리한다.

2.2.2 음보유형

음보유형에 대해 살펴보기 전에 먼저 음보수형(foot tree)에 관해 알
아보기로 한다. 기본적인 음보수형은 (6)과 같다.

(6) 음보수형

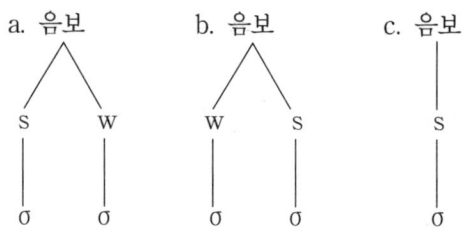

    (6)에서 *s*와 *w*는 각각 강음절(strong syllable)과 약음절(weak syllable)을 나타내는 것으로 (6a-b)에서 *s*와 *w*는 인접한 음절 사이의 상대적인 강약을 나타낸다. 이와 같이 운율음운론에서는 강세를 상대적인 개념으로 본다. 하나의 음보에는 반드시 하나의 강세가 나타난다는 의미는 바로 이와 같은 상대적인 개념의 *s*를 말하는 것이다. 이 *s*나 *w*가 음절에 연결되어 음절의 강약이 결정된다. 한편, (6a-b)에서처럼 음보수형은 원칙적으로 이분지(binary)로 되어야 하지만 (6c)에서처럼 하나의 가지만 있을 수도 있다. (6a-b)에서처럼 음보수형이 이분지 되는 음보를 이분음보(binary foot)라고 하고 (6c)에서처럼 하나의 가지로만 구성된 음보를 퇴화음보(degenerate foot)라고 한다. 음보유형에는 (6a)에서처럼 왼쪽이 강한 것, 즉 *s-w*로 구성된 좌핵이분음보(left-headed binary foot)와 (6b)에서처럼 오른쪽이 강한 것, 즉 *w-s*로 구성된 우핵이분음보(right-headed binary foot)가 있다. 여기에서 왼쪽이 강한 음보를 강약격(trochee)이라고 하고 오른쪽이 강한 음보는 약강격(iambus)이라고 한다. 그리고 (6c)와 같은 퇴화음보에는 강약격과 약강격 모두 존재한다. 이 밖에도 음보에는 첫 번째 음절에 강세가

오는 세 음절 유형의 강약약격(dactyl), 마지막 음절에 강세가 오는 세 음절 유형의 약약강격(anapast), 중간 음절에 강세가 오는 세 음절 유형의 약강약격(amphibrach) 그리고 양쪽 음절 모두에 강세가 오는 두 음절 유형의 강강격(spondee) 등이 있다(음보유형에 관한 구체적인 내용은 Katamba(1989: 178) 참조).[1]

2.3 요약

제2장에서는 강세와 음보의 개념을 정리하였다. 그 결과를 요약하면, 다음과 같다.

2.1에서는 강세의 개념과 특징 그리고 강세와 음절무게에 관해 살펴본 후에 영어자료를 중심으로 강세할당과 품사의 상관관계를 분류하였다.

첫째, 강세는 상대적인 강약음절에서 강음절에 해당하는 것으로 청각적으로 보다 돋들림되는 것을 말한다.

둘째, 강세의 음성적 특징에 기초한 관점에 관해서는 학자들마다 견해의 차이를 보인다. 따라서 강세는 음조음절에서의 강세, 강세의 유무에 따른 완전모음과 약화모음, 설탄음화나 성문음화와 강세의 상관관계 그리고 유기음화와 강세의 상관관계와 같은 음운현상을 고려해 그 특징을 찾을 수밖에 없다.

셋째, 영어의 강세는 음절무게에 민감하다. 쉽게 말하면, 영어의 강세는 주로 중음절에 나타나는 경향이 있다.

넷째, 음절무게는 일반적으로 초중음절, 중음절 그리고 경음절로 분류된다.

다섯째, *SPE*(84)의 주강세규칙에 따라 영어에 나타나는 강세를 품사별로 구분하여 강세할당과 품사의 상관관계를 분류하였다. ① 명사의 비파생어는 어말음절을 제외하고 어말제2음절이 중음절일 경우는 어말제2음절에 강세(hi.á.tus 'hiatus')가 할당된다. 그리고 어말음절을 제외하고 어말제2음절이 경음절일 경우에는 어말제3음절에 강세(cí.ne.ma 'cinema')가 할당된다. 한편, 어말음절이 [+long]의 자질을 갖는 명사에는 강세(chim.pan.zée 'chimpanzee')가 할당된다. ② 동사의 비파생어는 어말음절이 초중음절일 경우에 바로 그 음절에 강세(e.ráse 'erase')가 할당된다. 그리고 어말음절이 초중음절이 아닐 경우는 어말제2음절에 강세(con.sí.der 'consider')가 할당된다. ③ 형용사의 비파생어는 동사와 동일한 부류를 이루고 형용사의 파생어는 명사와 동일한 부류를 이룬다. 형용사의 비파생어에서 어말음절이 초중음절일 경우는 그 음절에 강세(ab.súrd 'absurd')가 할당된다. 그리고 형용사의 비파생어에서 어말음절이 초중음이 아닐 경우는 어말제2음절에 강세(só.lid 'solid')가 할당된다. 한편, 명사와 동일한 부류를 이루는 형용사의 파생어는 접미사(-al)를 제외하고 어말제2음절이 경음절일 경우에는 어말제3음절에 강세(pér.so.nal)가 할당된다. 그리고 접미사(-ous)를 제외하고 어말제2음절이 중음절일 경우에는 바로 그 음절에 강세(tre.mén.dous 'tremendous')가 할당된다.

2.2에서는 음보의 개념과 음보유형에 관해 살펴보았다.

첫째, 음보는 한 개 또는 두 개(때로는 3개)의 음절로 구성된 운율단위로 하나의 음보에는 반드시 하나의 강세가 나타난다.

둘째, 음보는 운율위계 내에서 운율단어와 음절 사이에 위치한다.

셋째, 음보유형에는 강약격, 약강격, 강약약격, 약약강격, 약강약격 그리고 강강격 등이 있다.

주석

1) Hammond(1999)는 영어에 음보가 존재한다는 증거를 직관적 증거(intuitive evidence) 와 분포적 증거(distributive evidence)로 구분하여 제시한다. 직관적 증거로는 약강5음 보격(iambic pentameter), 강약4음보격(trochaic tetrameter) 그리고 민속리듬(folk rhythm)을 제시하고 분포적 증거로는 율격인허(metrical licensing), 허사삽입사첨가 (expletive infixation) 그리고 어중음탈락(syncope)을 제시한다. 이에 대한 구체적인 내용은 Hammond(1999: 151-167) 참조.

제3장
*SPE*의 강세분석

이 장에서는 영어의 강세할당을 중심으로 *SPE*(84)의 주강세규칙에 의한 분석의 문제점을 투명성(transparency)과 불투명성(opacity)의 관점에서 살펴본다.[1]

3.1 *SPE*

이 절에서는 *SPE*에서 논의되었던 품사중심의 강세분석을 살펴본 후에 불투명성에 초점을 맞추어 문제점을 지적한다.

3.1.1 명사

(1)은 *SPE*(84)의 주강세규칙을 따른 영어의 명사에 나타나는 강세할당과 관련된 자료이다.[2]

    (1) 명사의 강세할당과 투명성(*SPE*: 71)

        a. América   b. aróma   c. veránda

cínema	balaláika	agénda
aspáragus	hiátus	consénsus
metrópolis	horízon	synópsis
jávelin	thrombósis	amálgam
vénison	coróna	uténsil
ásterisk	aréna	asbéstos
ársenal	Minnesóta	phlogíston
lábyrinth	angína	appéndix
análysis	factótum	placénta

명사는 (1a)에서처럼 어말음절을 제외하고 어말제2음절이 경음절일 경우에 어말제3음절에 강세(A.mé. ri.ca 'America')가 할당된다. 그리고 (1b-c)에서처럼 어말음절을 제외하고 어말제2음절이 중음절일 경우는 어말제2음절에 강세(a.ró.ma 'aroma', ve.rán.da 'veranda')가 할당된다.

아래 (2)에서처럼 *SPE*(84)의 주강세규칙에 따라 명사의 어말음절이 [+long]으로 구성된 긴장모음에는 바로 그 음절에 강세(ma.chíne 'machine')가 할당된다.

(2) 명사의 강세할당과 투명성(*SPE*: 78)

machíne brassíere regíme caréer baróque toupée canóe cheróot políce bazáar brocáde Tennessée attaché chandelíer kangaróo chimpanzée refugée magazíne

SPE(84)의 주강세규칙을 따른 (1)과 (2)에 나타난 영어의 명사에 나타나는 강세할당과는 달리 (3)에 열거된 명사들은 불투명성을 보인다.

(3) 명사의 강세할당과 불투명성

   a. Giegerich(1992: 183)

      hotél cadét canál gazétte duréss catamarán marzipán ....

   b. SPE(148)

      abscíssa confétti Mississíppi Philíppa Kentúcky

   c. SPE(73)

      cemént giráffe burlésque ellípse

   d. SPE(74)

      búffalo archipélago rádio bróccoli albíno casíno volcáno macaróni commándo fiásco shillélagh Kikúyu chiánti commándo embárgo attórney Ypsilánty jujítsu ....

(3a)는 어말음절을 제외하고 어말제2음절이나 어말제3음절에 강세가 할당되어야 하지만 어말음절에 강세(ho.tél 'hotel', ca.ta.ma.rán 'catamaran')가 할당되기 때문에 불투명성을 보인다.

(3b)도 어말음절을 제외하고 어말제2음절이 경음절이기 때문에 어말제3음절에 강세가 할당되어야 하지만 어말제2음절에 강세(ab.scí.ssa 'abscissa')가 할당되기 때문에 불투명성을 보인다. SPE(74, 147-148, 151-152)는 (3b)의 *abscíssa*류가 기저형(underlying form)에서 어말제2음절이 이완모음과 중복자음의 연쇄로 구성된 중음절이라고 보고 여기에 강세가 할당된다고 주장한다. 그러나 *pellágra, candelábra,*

Alabáma, Koála, panoráma 등과 같은 부류에 나타난 어말제2음절의
모음은 기저형을 긴장모음으로 보고 여기에 주강세규칙을 적용한다.
더군다나 *pellágra*류는 표면형(surface form)에서 (1a)의 *América*류
와 강세할당에 있어 불일치를 보인다. 바꿔 말하면, *pellágra*류는 어말
제2음절에 나타난 기저형의 긴장모음에 강세가 할당된 이후에 이 모
음이 표면형에서 이완모음으로 바뀐다고 보고 (1a)의 *América*류와 같
은 경우의 어말제2음절의 모음은 기저형을 이완모음으로 보지만 표면
형은 *pellágra*류와 *América*류 모두 어말제2음절이 경음절이다. 그럼
에도 불구하고 *pellágra*류는 어말제2음절에 강세가 할당되고 (1a)의
*América*류는 어말제3음절에 강세가 할당된다. 바꿔 말하면, 어말제2
음절에 나타나는 모음의 긴장성과 관련된 *SPE*의 이와 같은 해결책은
투명성을 보이는 (1a)의 *América*류는 기저형을 이완모음으로 보고 불
투명성을 보이는 (3b)의 *abscíssa*류와 *pellágra*류는 기저형을 각각 이
완모음과 긴장모음으로 보기 때문에 *abscíssa*류의 어말제2음절강세를
일관되게 설명할 수 없음을 보여준다.

(3c)는 어말음절이 제외되기 때문에 어말제2음절에 강세가 할당되
어야 하지만 어말음절의 초중음절에 강세(ce.mént 'cement')가 할당
되기 때문에 불투명성을 보인다.

(3d)는 *SPE*(84)의 주강세규칙에 따르면, 어말음절이 [+long]으로
구성된 긴장모음에는 강세가 할당되어야 하지만 어말제3음절에 강세
(bú.ffa.lo 'buffalo')가 할당되기 때문에 불투명성을 보인다.

3.1.2 동사

(4)는 *SPE*(84)의 주강세규칙을 따른 영어의 동사에 나타나는 강세
할당과 관련된 자료이다.

(4) 동사의 강세할당과 투명성(*SPE*: 69)

a. astónish	b. maintáin	c. collápse
édit	eráse	tormént
consíder	caróuse	exháust
imágine	appéar	eléct
intérpret	cajóle	convínce
prómise	surmíse	usúrp
embárrass	decíde	obsérve
elícit	devóte	cavórt
detérmine	achíeve	lamént
cáncel	caréen	adápt

동사는 (4a)에서처럼 어말음절이 초중음절이 아닐 경우에는 어말제
2음절에 강세(as.tó.nish 'astonish')가 할당된다. 그리고 (4b-c)에서처
럼 어말음절이 초중음절일 경우는 바로 그 음절에 강세(main.táin
'maintain', co.llápse 'collapse')가 할당된다.

SPE(84)의 주강세규칙을 따른 영어의 동사에 나타나는 강세할당에
서 투명성을 보이는 (4)와는 달리 (5)에 열거된 동사들은 불투명성을
보인다.

(5) 동사의 강세할당과 불투명성(Lee, J-Y 1996: 18)

begín   attáck   obéy   dený

(5)의 동사들은 어말음절이 초중음절이 아니기 때문에 어말제2음절
에 강세가 할당되어야 하지만 어말음절에 강세(be.gín 'begin')가 할당
되기 때문에 불투명성을 보인다.

3.1.3 형용사

SPE(84)의 주강세규칙을 따른 형용사는 강세가 할당되는 위치에
따라 (6)의 파생어에서처럼 투명성을 보이는 명사와 동일한 부류를 이
룬다. 그리고 (7)의 비파생어에서처럼 투명성을 보이는 동사와 동일한
부류를 이룬다.

(6)은 파생형용사에 나타나는 강세할당에서 투명성을 보이는 명사
와 동일한 부류를 이루는 것들이다.

(6) 파생형용사의 강세할당과 투명성(*SPE*: 81)

a. pérsonal	b. anecdótal	c. dialéctal
máximal	adjectíval	incidéntal
medícinal	sacerdótal	fratérnal
munícipal	polyhédral	univérsal
ephémeral	mediéval	abýsmal
magnánimous	desírous	moméntous
polýgamous	polyhédrous	amórphous

rígorous		polyándrous
precípitous	sonórous	treméndous
calámitous	decórous	stupéndous
vígilant	compláisant	repúgnant
méndicant	defíant	relúctant
signíficant	clairvóyant	obsérvant
árrogant	obéisant	indígnant
díssonant	adjácent	redúndant
ínnocent	complácent	depéndent
dífferent	antecédent	contíngent
benévolent	inhérent	recúmbent

　(6)은 -al, -ous, -ant 그리고 -ent 등과 같은 접미사들이 첨가되어 형성된 형용사들이다. (6a)는 접미사(-al)를 제외하고 어말제2음절이 경음절이기 때문에 어말제3음절에 강세(pér.so.nal 'personal')가 할당된다. 그리고 (6b)는 접미사(-al)를 제외하고 어말제2음절이 긴장모음으로 구성된 중음절이기 때문에 바로 그 음절에 강세(a.nec.dó.tal 'anecdotal')가 할당된다. 한편, (6c)는 접미사(-al)를 제외하고 어말제2음절이 모음과 자음으로 구성된 중음절이기 때문에 바로 그 음절에 강세(di.a.léc.tal 'dialectal')가 할당된다.

　(7)은 SPE(84)의 주강세규칙을 따른 영어의 비파생형용사에 나타나는 강세할당과 관련된 자료로 투명성을 보이는 동사와 동일한 부류를 이루는 것들이다.

(7) 비파생형용사의 강세할당과 투명성(*SPE*: 80)

a. sólid	b. supréme	c. absúrd	d. mánifèst
frántic	sincére	corrúpt	résolùte
hándsome	secúre	imménse	dérelìct
clandéstine	ináne	abstráct	dífficùlt
cértain	obscéne	robúst	móribùnd
cómmon	obscúre	ovért	cómatòse
vúlgar	extréme	augúst	sáturnìne
wánton	remóte	succínct	rétrogràde
shállow	discréet	occúlt	láchrymòse
stúrdy	compléte	diréct	érudìte

(7a)는 어말음절이 초중음절이 아니기 때문에 어말제2음절에 강세(só.lid)가 할당된다. 그리고 (7b-c)는 어말음절이 초중음절이기 때문에 그 음절에 강세(su.préme 'supreme', ab.súrd 'absurd')가 할당된다. 한편, (7d)는 삼음절 이상으로 구성된 단어들로 강세할당에 있어서 (7b-c)와 동일하게 어말음절이 초중음절이기 때문에 그 음절에 강세(má.ni.fèst 'manifes')가 할당된 것으로 볼 수 있다. 바꿔 말하면, (7d)는 *SPE*(84)의 주강세규칙에 따라 먼저 초중음절의 어말음절에 강세가 할당된다. 그리고 일종의 리듬규칙인 교체강세규칙(Alternating Stress Rule)에 의해 어말음절의 강세는 어말제3음절로 이동하고 어말음절은 제2강세로 남는다. 이어서 강세조정규칙(Stress Adjustment Rule)에 의해 어말음절의 제2강세는 제3강세로 남는다(교체강세규칙과 강세조정규칙에 대해서는 *SPE*(84) 참조).

SPE(84)의 주강세규칙을 따른 (7)에 열거된 영어의 비파생형용사에 나타나는 강세할당과는 달리 (8)에 열거된 비파생형용사들은 불투명성을 보인다.

(8) 비파생형용사의 강세할당과 불투명성(Burzio 1994: 43)
áwkward bástard cóward éarnest éxpert stúbborn sécond
sólemn élegant hónest módern módest stálwart fórward
ádverse ádult ábject pérfect

(8)은 (7)에서처럼 어말음절이 초중음절이기 때문에 그 음절에 강세가 할당되어야 하지만 어말제2음절에 강세(áwk.ward 'awkward')가 할당되기 때문에 불투명성을 보인다.

3.2 요약

제3장에서는 영어자료를 중심으로 SPE(84)의 주강세규칙을 따른 규칙기반이론에 의한 분석의 문제점을 투명성과 불투명성의 관점에서 살펴보았다. 그 결과를 요약하면, 다음과 같다.

첫째, 명사에서 투명성을 보이는 경우는 어말음절을 제외하고 어말제2음절이 경음절일 경우에 어말제3음절에 강세(A.mé.ri.ca 'America')가 할당된다. 그리고 어말음절을 제외하고 어말제2음절이 중음절일 경우는 어말제2음절에 강세(a.ró.ma 'aroma', ve.rán.da 'veranda')가 할당된다. 한편, 어말음절이 [+long]으로 구성된 긴장모음에는 강세(ma.chíne 'machine')가 할당된다.

둘째, 명사에서 불투명성을 보이는 경우는 어말음절을 제외하고 어말제2음절이나 어말제3음절에 강세가 할당되어야 하지만 어말음절의 중음절에 강세(ho.tél 'hotel', ca.ta.ma.rán 'catamaran')가 할당된다. 그리고 어말음절을 제외하고 어말제2음절이 경음절이기 때문에 어말제3음절에 강세가 할당되어야 하지만 어말제2음절에 강세(ab.scí.ssa 'abscissa')가 할당되기도 한다. 또한 어말음절을 제외하고 어말제2음절에 강세가 할당되어야 하지만 어말음절의 초중음절에 강세(ce.mént 'cement')가 할당되기도 한다. 한편, 어말음절이 [+long]으로 구성된 긴장모음에는 강세가 할당되어야 하지만 어말제3음절에 강세(bú.ffa.lo 'buffalo')가 할당되기도 한다.

셋째, 동사에서 투명성을 보이는 경우는 어말음절이 초중음절이 아니기 때문에 어말제2음절에 강세(as.tó.nish 'astonish')가 할당된다. 그리고 어말음절이 초중음절일 경우는 바로 그 음절에 강세(main.táin 'maintain', co.llápse 'collapse')가 할당된다.

넷째, 동사에서 불투명성을 보이는 경우는 어말음절이 초중음절이 아니기 때문에 어말제2음절에 강세가 할당되어야 하지만 어말음절에 강세(be.gín 'begin')가 할당된다.

다섯째, 비파생형용사에서 투명성을 보이는 경우는 어말음절이 초중음절이 아니기 때문에 어말제2음절에 강세(só.lid 'solid')가 할당된다. 그리고 어말음절이 초중음절일 경우에는 그 음절에 강세(su.préme 'supreme', ab.súrd 'absurd')가 할당된다.

마지막으로 비파생형용사에서 불투명성을 보이는 경우는 어말음절

이 초중음절이기 때문에 그 음절에 강세가 할당되어야 하지만 어말제2
음절에 강세(áwk.ward 'awkward')가 할당된다.

주석

1) 이 밖에도 OT 이전까지의 규칙기반이론에 의한 강세분석은 운율음운론에서 음절을
기본단위로 하여 강세를 리듬에 근거해 분석한 Liberman & Prince(1977)와 여분운율
성(extrametricality)의 개념을 규칙화한 Hayes(1981, 1984, 1995)가 있다. 그리고 강
세를 매개변항이론(Parameter Theory)에 의해 체계화한 Halle & Vergnaud(1987)와
삼분지음보(tertiary foot)에 기초하여 전통적으로 인정되어 왔던 강세의 원리에 대해
파격적인 반론을 제시한 Burzio(1994)가 있다.

2) *SPE*(84)의 주강세규칙을 간략하게 나타내면, 아래 (i)과 같다.

(i) *SPE*의 주강세규칙

$$V \rightarrow [\text{1stress}] \: / \: X \underline{\qquad} C_0 \: ([\text{-tense V}])(C)]$$

(i)은 영어의 동사와 비파생형용사를 기준으로 볼 때, 어말음절이 초중음절일 경우
에 그 음절에 강세가 할당됨을 나타낸다. 그리고 그 외의 경우에는 어말제2음절에
강세가 할당됨을 나타낸다. 한편, 영어의 명사나 파생형용사의 경우에는 (i)의 규칙을
기준으로 어말음절을 제외하고 어말제2음절이 중음절일 경우에는 어말제2음절에 강
세가 할당된다. 그리고 그 외의 경우에는 어말제3음절에 강세가 할당되는 것으로 이해
하면 된다. 주강세규칙에 관한 보다 구체적인 내용은 *SPE*(84) 참조.

제4장
OT와 강세

이 장에서는 OT의 출현 배경과 개요를 정리하고 강세와 관련된 제약(constraint)과 그 제약이 OT에 적용되는 방식에 관해 다룬다.

4.1 OT의 출현 배경

언어이론에서는 어휘층위(lexical level)나 어휘층위 이후의 단계 등에 대한 입력형(input)과 출력형(output)의 짝을 기술의 대상으로 삼았다. 이러한 틀 안에서 발생하는 가장 기본적인 문제점은 입력형과 출력형의 쌍이 어떻게 만들어지고 어떤 원칙과 형식적인 과정 그리고 연역적인 추론과정에 의해 입력형과 출력형이 서로 연결되는가 하는 것이었다. 이에 대한 답은 전통적으로 다시쓰기규칙(rewriting rule)의 형태로 나타났다. 그리하여 언어현상에 대한 기술은 (1)과 같이 규칙(rule)에 의해 기저형에서 표면형을 도출해 냈다.

(1) a. A → B / C _____ D
     b. D → F / B _____

(1a)에서는 CAD가 입력형이 되고 여기에서 A를 B로 바꾸는 과정을 통해 출력형 CBD를 도출(derivation)한다. (1b)는 도출된 중간단계 BD를 입력형으로 보고 D를 F로 바꾸는 과정을 통해 BF를 도출한다. 결국 두 규칙의 적용에 의해 도출되는 최종적인 표면형은 CBF가 된다. 이러한 규칙에는 필수적으로 입력형이 되는 분절음, 변화하는 자질 그리고 변화를 유발하는 환경 등이 갖추어져 있어야 한다. 그러나 이러한 규칙은 실제 언어현상을 설명하는 데 있어서 규칙의 보편성, 추상성의 문제 그리고 불투명성의 처리 등으로 인해 점점 더 복잡한 문법모델을 요구하지 않을 수 없었다. 이러한 문제점에 대해 1960년대 후반부터 언어학자들에 의해 언어기술의 양식은 실제로 출력형에 대한 구조제약(structural constraint)을 통해 얻어진다는 사실이 밝혀지게 되었다. 바꿔 말하면, 구조기술(structural description) CAD의 속성은 그 언어가 가지고 있는 일반적 제약으로부터 얻어지며 A → B로의 과정에 대한 구조변화(structural change)의 특성도 특정한 포괄적 한계 내에서 이루어진다는 것이었다. 강세와 관련해서는 출력형인 음성표기가 특정한 제약을 지키는 한 단일한 구조의 변화과정이 자유롭게 적용되도록 허용하는 운율음운론이 이러한 범주에 속한다(Liberman & Prince 1977; Prince 1983). 이와 같은 기반 위에서 문법의 설명력에 대한 부담을 입력형에 중심을 둔 다시쓰기규칙에서 출력형에 대한 제약을 중심으로 한 언어기술로 이동하려는 시도가 OT에서 이루어졌다.

4.2 OT

OT는 *SPE* 이후 가장 활발히 연구되는 언어이론이라 할 수 있다. 이 이론은 Prince & Smolensky(1993, 2004)와 McCarthy & Prince(1993) 등에 의해 처음 소개된 이후 주로 음운론과 형태론에서 그 연구가 활발히 이루어져 오고 있다.

규칙기반이론은 단일한 기저형에 규칙을 단계적으로 적용하여 표면형을 도출한다. 그러나 OT는 어떠한 후보(candidate)도 입력형이 될 수 있을 뿐만 아니라 가능한 많은 수의 출력형 후보들을 생성한다. 그리고 이러한 출력형 후보들 가운데 제약위계(constraint hierarchy)에서 제약을 가장 적게 위반한 후보를 최적의 출력형으로 선택한다. 바꿔 말하면, OT에서는 분석의 자유(Freedom of Analysis)에 의해 생성자(Generator) G_{EN} 이 어기의 풍부성(Richness of the Base)이 반영된 입력형에 작용하여 여러 출력형 후보들을 생성한다.[1] 그리고 이들 출력형 후보들에 평가자(Evaluator) E_{VAL}이 작용하여 제약위계에 따른 충실성제약(faithfulness constraint)과 유표성제약(markedness constraint)을 가장 적게 위반한 후보를 최적 후보(optimal candidate)로 인정한다. 따라서 OT에 작용하는 제약에서는 규칙기반이론의 규칙에서처럼 기저형을 표시하고 여기에서 표면형을 이끌어 내기 때문에 변화를 유발하는 환경인 구조기술을 따로 표시할 필요가 없다.

OT의 문법구조를 간략하게 나타내면, 다음과 같다.

(2) OT의 문법구조(McCarthy 2006b: 1)

(2)에서 생성자 G_{EN}은 입력형에 작용하여 출력형으로 나타날 가능성이 있는 모든 후보들을 만들어 낸다. 그리고 평가자 E_{VAL}은 생성자 G_{EN}이 생성한 모든 후보들을 평가하여 특정 언어의 문법을 위반하는 후보들을 골라낸다. 여기에서 평가자 E_{VAL}의 역할을 하는 것이 바로 언어 보편성을 반영하는 제약이다. 그러나 한 가지 이상의 제약이 작용할 때, 이들 제약 사이의 등급(ranking)은 언어에 따라 다르게 나타날 수 있다. 이와 같이 OT에서는 입력형, 입력형에 작용하는 생성자 G_{EN}, 평가자 E_{VAL}, 평가자 E_{VAL}에 작용하는 제약, 평가자 E_{VAL}에 의한 출력형 그리고 후보들과 같은 문법의 기본 요소들이 관여한다.

아래 (3)은 OT의 기본 원리를 설명한 것이다.

(3) OT의 기본 원리(McCarthy & Prince 1993: 1-2)

　　a. 위반가능성(violability)

　　　Constraints are vioable, but violation is minimal.

　　　(제약들은 위반가능하지만 그 위반은 최소의 것이어야 한다.)

　　b. 등급(ranking)

　　　Constraints are ranked on a language-particular basis; the

　　　notion of minimal violation (or best-satisfaction) is defined

　　　in terms of this ranking.

　　　(제약들은 언어에 따라 각각 다른 등급이 매겨진다. 최소위반이

　　　라는 개념은 이러한 등급의 관점에서 정의된다.)

c. 총괄성(inclusiveness)

The constraint hierarchy evaluates a set of candidate analyses that are admitted by very general considerations of structural well-formedness; there are no specific rules or repair strategies with specific structural descriptions or structural changes or with connections to specific constraints.

(제약위계는 구조적 적형성에 대한 일반적인 판단에 의해 허용되는 다수의 분석가능성을 총괄적으로 평가한다. 따라서 특수 규칙이나 수정책략은 없다.)

d. 병렬성(parallelism)

Best-satisfaction of the constraint hierarchy is computed over the whole hierarchy and the whole constraint set. There is no serial derivation.

(제약위계에 대한 최상의 만족은 전체적인 위계와 전체적인 후보집합에 따라 병렬적으로 계산된다. 따라서 순차적 도출은 없다.)

(3a)의 위반가능성은 후보들이 제약을 위반할 수 있지만 최소위반(minimal violation)을 허용하는 후보가 최적 후보로 평가된다는 원리이다. 그리고 (3b)의 등급은 (3a)와 관련지어 생각할 수 있는 것으로 두 개 이상의 제약이 있고 분석의 대상이 되는 후보가 모두 하나 이상의 제약을 위반할 때, 보다 상위의 제약을 만족시키는 후보가 최적 후보로 평가된다는 원리이다. 한편, (3c)의 총괄성은 최적 후보의 선택은

제약위계에만 의존해야 한다는 것으로 도출의 중간단계를 인정하지 않는다는 원리이다. 마지막으로 (3d)의 병렬성은 어떤 형태의 최적 후보를 평가하기 위해서는 전체적인 제약위계를 고려해야 할 뿐만 아니라 가능한 모든 후보 형태를 먼저 설정한 후에 평가에 들어가야 한다는 원리이다.

(3)을 요약하면, 규칙이 음운기술의 어느 단계에서 절대로 위반되어서는 안 된다는 규칙기반이론의 원리를 OT는 받아들이지 않는다. 따라서 제약위계에 따른 제약체계의 만족은 OT의 기본적인 개념이라 할 수 있다.

(3)에 나타난 OT의 원리들을 살펴보면, 제약의 보편적인 집합들이 언어에 대한 내재적 지식으로 표현될 수 있음을 알 수 있다. 이와 같은 내재적 지식의 증거는 언어에서 발견되는 유형들이 언어 보편적인 제약들에 대한 언어 특유의 등급에 의해 그 특징이 결정되고 이로 인해 유표성(markedness)이 실현됨을 보여준다. 이는 언어에 나타나는 변이(variation)와도 밀접한 관련이 있다. 이러한 변이는 언어가 제약의 등급을 결정하는 방식의 차이에서 결정된다. 유형(pattern)과 변이가 이런 방식으로 나타나 유표성으로 실현된다는 점이 OT의 중요한 특징이다.

(3)에 나타난 OT의 원리가 이 이론에서 실현되는 방식을 구체적으로 살펴보기로 한다. (4)는 OT의 제약도표이다.

(4) 제약도표

후보	a	b
Cand₁		*!
☞ Cand₂		

(4)에서 '*'는 제약을 위반했다는 의미이고 '☞'는 제약을 전혀 위반하지 않은 후보 Cand₂가 제약 b를 위반한 Cand₁에 비해 최적 후보라는 의미이다. 그리고 '!'는 제약을 위반하고 있는 Cand₁이 최적 후보의 고려 대상에서 제외되므로 제약의 위반이 치명적(fatal)이라는 의미이다.

(5)는 제약상충(constraint conflict)을 설명하는 도표이다. 등급은 제약이 두 가지 이상일 때, 하나의 제약이 다른 제약에 비해 중요성이 높게 인정되어야 하는 경우를 의미한다. 최적 후보로 평가되기 위해서는 가능한 상위 등급의 제약에 대한 위반을 최소화해야 한다. 바꿔 말하면, 상위 등급의 제약을 어기지 않는 한 하위 등급의 제약은 위반될 수도 있다는 것이다. 여기에서 제약 사이의 중요도에 대한 등급은 임의로 정하는 것이 아니라 제약들의 적용순서를 바꾸었을 때, 나타나는 최적성(optimality)의 정도에 따라 결정된다. 이와 같이 제약의 순서를 바꿔 나타나는 문제를 제약상충이라고 한다.

(5) a. 제약상충이 일어나지 않는 경우: a, b

후보	a	b
Cand₁	*	
Cand₂		*

b. 제약상충 1: a ≫ b

후보	a	b
☞ Cand₁		*
Cand₂	*!	

어떤 언어에서 제약 a와 제약 b가 있다고 할 때, 두 제약 사이의 등급이 정해져 있지 않을 경우에 (5a)에서와 같이 제약 a와 제약 b를 나누는 선이 점선으로 표시된다. 그리고 이 경우에 제약 a와 제약 b 사이의 상충은 일어나지 않는다. 그러나 제약 a가 제약 b보다 중요할 때, (5b)에서와 같이 점선이 실선으로 바뀐다. 한편, (5a)에서 Cand₁과 Cand₂는 각각 제약 a와 제약 b를 위반하고 (5b)에서 Cand₁과 Cand₂는 각각 제약 b와 제약 a를 위반한다. 그러나 (5b)에서처럼 이 언어에서는 제약 a가 제약 b보다 상위의 등급에 놓여 있다. 이와 같은 경우에 제약 a가 제약 b를 지배(dominance)한다고 하고 'a ≫ b'로 나타낸다. 따라서 (5b)에서 Cand₁을 평가하는 데 있어서 제약 a는 반드시 지켜질 것으로 기대되므로 이 제약의 위반은 치명적일 수 있음을 나타내기 위해 해당되는 항목에 '*' 이외에 '!'가 추가된다. 또한 상위 제약의 위반 때문에 이미 최적 후보가 결정되었으므로 하위 제약 b에 대한 평가영역을 음영(shade)으로 표시하여 제약 b 이하에 해당하는 단계의 위반여부를 고려 대상에서 제외한다.

아래 (6)은 양쪽 후보 모두가 최상위의 제약 a를 위반하는 경우이다.

(6) 제약상충 2: 최상위의 제약 a를 모두 위반하는 경우

후보	a	b
Cand₁	*	*!
☞ Cand₂	*	

  (6)에서처럼 두 후보 모두가 최상위의 제약 a를 위반하는 경우에 제약 a보다 하위에 놓여있는 제약 b의 위반 여부로 최적 후보를 평가한다. 바꿔 말하면, Cand₁이 첫 번째 평가단계에서 제약 a에 대한 위반 정도가 Cand₂와 같지만 제약 b에 대한 위반 여부를 비교하는 두 번째 평가단계에서 위반하므로 고려 대상에서 제외된다. 따라서 상위의 제약 a를 위반했다 할지라도 Cand₂가 최적 후보로 평가된다.

  마지막으로 (7)에서처럼 위반한 제약의 등급이 같은 경우에는 위반의 횟수를 비교하여 그 횟수가 덜한 Cand₂가 최적 후보로 평가된다.

(7) 제약상충 3: 위반한 제약의 등급이 같은 경우

후보	a, b, ...	n
Cand₁	...	*!*
☞ Cand₂	...	*

4.3 강세와 제약

  이 절에서는 이 책의 제5장에서 다루고자 하는 개별 언어, 즉 영어, 스페인어, 아랍방언(Levantine, Cairene, Urban Hijazi, Palestinian),

독일어 그리고 노르웨이어의 비파생어에 나타나는 주강세의 투명성과
불투명성의 경우를 제약기반이론인 OT에 의해 분석하기 위한 제약들
을 설명한다.

    (8) 관련 제약들

        a. 유표성제약

           ⅰ. $N_{ON}H_{AED}(ə)$: NH(ə)(Féry 1999: 16)

              Schwa syllable cannot be heads of feet.

              (중립모음은 음보의 핵음절이 될 수 없다.)

           ⅱ. $R_HT_{YPE}=T$: RT=T(Kager 1999: 172)

              Feet have initial prominence.

              (강세는 음보의 좌변에 나타난다.)

           ⅲ. $F_TB_{IN}-X^{MAX\&MIN}$(Hewitt 1994: 24)

              ⅲ-ⅰ. $F_TB_{IN}-X^{MAX}$: FB-X^{MAX}

                  For the elements of category X (σ, N, μ) contained
                  within a foot assess a violation for each element that
                  exceed 2.

                  (음보는 세 개 이상의 모라 또는 음절을 포함할 수
                  없다.)

              ⅲ-ⅱ. $F_TB_{IN}-X^{MIN}$: FB-X^{MIN}

                  For the elements of category X (σ, N, μ) contained
                  within a foot assess a violation if the foot
                  contains less than 2 such elements.

                  (음보는 한 개의 모라 또는 음절만을 포함할 수 없다.)

iv. AllFoot-Left: AF-L(Kager 1999: 157)

Every foot stands at the left edge of the PrWd.

(모든 음보는 운율단어의 최좌변에 나타난다.)

v. NonFinality: NF(Prince & Smolensky 2004: 61)

No head of PrWd is final in PrWd.

(핵음보와 핵음보에 배치된 핵음절이 운율단어의 최우변에 나타날 수 없다.)

vi. WSP(Kager 1999: 155)

Heavy syllables must be stressed.

(중음절에는 강세가 할당되어야 한다.)

vii. Edgemost(pk;R;Word): E(R)(Prince & Smolensky 2004: 39)

A peak of prominence lies at the Right edge of the Word.

(핵음보의 핵음절은 운율단어의 최우변에 나타난다.)

viii. Parse-σ: P-σ(Hammond 1999: 167)

Syllables must be footed.

(음절은 음보에 배치되어야 한다.)

ix. Rooting: Root(Hammond 1999: 292)

Words must have a primary stress.

(내용어는 반드시 하나의 주강세를 가져야만 한다.)

x. NoGeminates: NoG(Hammond 1999: 219)

Consonants cannot occupy no more than one syllable position.

((동일한) 자음이 인접한 위치에서 두 개의 음절위치를 차

지할 수 없다.)

b. 충실성제약

i. F<small>AITH</small>-P<small>ROSODIC</small>H<small>EAD</small>: F-PH(Lunden 2006: 184)
A lexically marked prosodic head (primary stress) surfaces
faithfully.
(어휘적으로 명시된 주강세는 표면형에 나타난다.)

ii. D<small>EP</small>-M<small>ORA</small>: D-M(Shaw 2007: 7)
Every mora in the output has a correspondent in the
input.
(출력형에 나타난 모든 모라는 입력형에 그 대응소를 갖는다.)

(8a)는 유표성제약들고 (8b)는 충실성제약들이다.[2] (8a)의 유표성
제약들에서 (8a, ⅰ)의 NH(ə)는 중립모음(schwa vowel)이 음보의
핵음절이 될 수 없음을 요구하는 제약이다. (8a, ⅱ)의 RT=T는 강세
가 음보의 좌변에 나타날 것을 요구하는 제약이다. (8a, ⅲ)의
F<small>T</small>BIN-$X^{MAX\&MIN}$에서 (8aⅲ, ⅲ-ⅰ)의 FB-X^{MAX}는 음보가 세 개 이
상의 모라 또는 음절을 포함할 수 없음을 요구하는 제약이고 (8aⅲ,
ⅲ-ⅱ)의 FB-X^{MIN}은 음보가 한 개의 모라 또는 음절만을 포함할 수
없음을 요구하는 제약이다. 그리고 (8a, ⅳ)의 AF-L은 모든 음보가
운율단어의 최좌변에 나타날 것을 요구하는 제약이고 (8a, ⅴ)의 NF
는 핵음보(head foot)와 핵음보에 배치된 핵음절(head syllable)이 운
율단어의 최우변에 나타나는 것을 금하는 제약이며 (8a, ⅵ)의 WSP는
중음절에는 강세가 할당될 것을 요구하는 제약이다. 한편, (8a, ⅶ)의

E(R)은 핵음보의 핵음절이 운율단어의 최우변에 나타날 것을 요구하는 제약이고 (8a, ⅷ)의 P-σ은 음절이 음보에 배치되어야 함을 요구하는 제약이다. 마지막으로 (8a, ⅸ)의 R_{OOT}는 내용어(content word)가 반드시 하나의 강세를 가질 것을 요구하는 제약이고 (8a, ⅹ)의 N_OG는 동일한 자음이 인접한 위치에서 두 개의 음절위치를 차지하는 것을 금하는 제약이다.3)

(8b)의 충실성제약들에서 (8b, ⅰ)의 F-PH는 기저형에서 어휘적으로 명시된 강세가 표면형에 나타날 것을 요구하는 제약이다.4) 그리고 (8b, ⅱ)의 D-M은 입력형에 나타나지 않은 모라가 출력형에 나타나는 것을 금하는 제약이다.

(9)는 운율음운론의 매개변항들(parameters), 즉 제한성(boundness), 음량상관성(quantity sensitivity), 핵성(headedness), 여분운율성, 방향성(directionality) 그리고 매김성(exhaustivity)이 (8)에 나타난 OT의 제약으로 구체화된 것을 정리한 것이다.

(9) 매개변항과 제약
  a. 제한성: $F_TB_{IN}-X^{MAX\&MIN}$
   ⅰ. FB-X^{MAX}
   ⅱ. FB-X^{MIN}
  b. 음량상관성: WSP
  c. 핵성: RT=T, R_{OOT}
  d. 여분운율성: NF
  e. 방향성: AF-L, E(R)

　　f. 매김성: P-σ

　　g. 기타: NH(ə), N$_O$G, F-PH, D-M

4.4 강세와 제약 적용

이 절에서는 4.3에서 살펴보았던 제약들이 OT에 적용되는 방식에 관해 구체적으로 다룬다. 편의상 4.3의 (9)를 (10)에 다시 쓴다.

　　(10) 매개변항과 제약

　　　　a. 제한성: F$_T$B$_{IN}$-$X^{MAX\&MIN}$

　　　　b. 음량상관성: WSP

　　　　c. 핵성: RT=T, R$_{OOT}$

　　　　d. 여분운율성: NF

　　　　e. 방향성: AF-L, E(R)

　　　　f. 매김성: P-σ

　　　　g. 기타: NH(ə), N$_O$G, F-PH, D-M

아래 (11)은 운율음운론의 매개변항들 가운데 하나인 제한성이 제약으로 구체화된 (10a)의 F$_T$B$_{IN}$-$X^{MAX\&MIN}$에 관한 평가이다. 어떤 언어에서 FB-X^{MIN}이 FB-X^{MAX}보다 제약위계에서 상위에 위치할 때, 그 제약들의 평가는 (11)과 같이 나타날 것이다((11)의 후보들에서 소괄호는 음보를 나타낸다.).

(11) = (10a) 제한성: $F_TB_{IN}\text{-}X^{MAX\&MIN}$

후보	FB-X^{MIN}	FB-X^{MAX}
☞a. $(б_{\mu\mu})б$		
b. $(б_\mu)$	*!	
c. $(б_{\mu\mu\mu})$		*!

(11b)는 음보가 모라 하나로만 구성되어 있기 때문에 FB-X^{MIN}을 위반하고 (11c)는 음보가 세 개의 모라로 구성되어 있기 때문에 FB-X^{MAX}를 위반한다. 따라서 (11a)가 최적 후보로 평가된다.

(10b)의 매개변항인 음량상관성이 제약으로 구체화된 WSP는 (12)와 같이 평가된다.

(12) = (10b) 음량상관성: WSP

후보	WSP
☞a. $(б_{\mu\mu})б_\mu$	
b. $(б_\mu)б_{\mu\mu}$	*!

(12b)는 중음절에 강세가 할당되지 않기 때문에 WSP를 위반한다. 따라서 (12a)가 최적 후보로 평가된다.

(13)은 핵성이 제약으로 구체화된 (10c)의 RT=T와 R_{OOT}에 관한 평가이다. 어떤 언어에서 R_{OOT}가 RT=T보다 제약위계에서 상위에 위치할 때, 그 제약들의 평가는 (13)과 같이 나타날 것이다(아래 (13)과 (14)의 후보들에서 굵은 글자는 핵음절을 나타낸다. 그리고 (15)의 후

보들에서 굵은 글자는 운율단어에서 핵음보의 핵음절을 나타낸다.).

(13) = (10c) 핵성: R_H-T_{YPE}=T와 R_{OOT}

후보	R_{OOT}	RT=T
☞a. $(\mathbf{\sigma_\mu}\sigma_\mu)\sigma_\mu\sigma_\mu$		
b. $(\sigma_\mu\mathbf{\sigma_\mu})\sigma_\mu\sigma_\mu$		*!
c. $\sigma_\mu\sigma_\mu\sigma_\mu\sigma_\mu$	*!	

(13c)는 내용어에 강세가 할당되지 않기 때문에 R_{OOT}를 위반한다. 그리고 (13b)는 약강격으로 구성된 음보, 즉 음보의 우측에 강세가 할당되는 음보이기 때문에 RT=T를 위반한다. 따라서 (13a)가 최적 후보로 평가된다.

아래 (14)는 여분운율성이 제약으로 구체화된 (10d)의 NF에 관한 평가이다.

(14) = (10d) 여분운율성: NF

후보	NF
☞a. $(\sigma_{\mu\mu})\sigma_\mu\sigma_\mu$	
b. $\sigma_\mu(\mathbf{\sigma_\mu}\sigma_\mu)$	*!
c. $\sigma_\mu(\sigma_\mu\mathbf{\sigma_\mu})$	*!*

NF는 핵음보와 핵음보에 배치된 핵음절이 운율단어의 최우변에 나타나는 것을 금하는 제약이다. 따라서 강약격음보를 구성하는 (14b)는

핵음보만이 운율단어의 최우변에 나타나기 때문에 NF를 한 개 위반한다. 그러나 약강격음보를 구성하는 (14c)는 핵음보와 핵음보에 배치된 핵음절이 운율단어의 최우변에 나타나기 때문에 NF를 두 개 위반한다. 따라서 (14)에서는 (14a)가 최적 후보로 평가된다.

(15)는 방향성이 제약으로 구체화된 (10e)의 AF-L과 E(R)에 관한 평가이다. 어떤 언어에서 AF-L이 E(R)보다 제약위계에서 상위에 위치할 때, 그 제약들에 대한 평가는 (15)와 같이 나타날 것이다.

(15) = (10e) 방향성: AF-L과 E(R)

후보	AF-L	E(R)
☞a. $(\text{σ}_{\mu\mu})(\textbf{σ}_{\mu}\text{σ}_{\mu})\text{σ}_{\mu\mu}$	*	**
b. $\text{σ}_{\mu\mu}(\text{σ}_{\mu}\text{σ}_{\mu})(\textbf{σ}_{\mu\mu})$	*!***	

모든 음보가 운율단어의 최좌변에 나타날 것을 요구하는 제약인 AF-L에 관한 평가에서 (15a)는 이 제약을 한 개 위반하고 (15b)는 네 개 위반한다. 그리고 핵음보의 핵음절이 운율단어의 최우변에 나타날 것을 요구하는 제약인 E(R)에 관한 평가에서 (15a)는 이 제약을 두 개 위반한다. 따라서 (15a)가 최적 후보로 평가된다.

매김성이 제약으로 구체화된 (10f)의 P-σ에 관한 평가는 (16)과 같다.

(16) = (10f) 매김성: P-σ

후보	P-σ
☞a. (σ̆σ̆)(σ̆σ̆)(σ̆σ̆)	
b. (σ̆σ̆)(σ̆σ̆)σ̆σ̆	*!*

음절이 음보에 배치될 것을 요구하는 제약인 P_{ARSE}-σ에 대한 평가
에서 (16b)는 이 제약을 두 개 위반하기 때문에 (16a)가 최적 후보로
평가된다.

마지막으로 (10g)에 나타난 기타 제약들, 즉 NH(ə), N_OG, F-PH
그리고 D-M 등에 관한 평가이다. 어떤 언어의 음보유형이 모라강약
격(mora trochee)이고 음절말에 나타난 자음이 모라구성과는 무관하
다고 하자. 그리고 이 언어가 NH(ə), F-PH >> N_OG, D-M의 제약위
계로 나타날 때, 가상의 단어 [be$_μ$k.kə$_μ$.(rí$_{μμ}$)]는 다음과 같이 평가될
것이다.

(17) = (10g) 기타: NH(ə), N_OG, F-PH, D-M

/be$_μ$kə$_μ$rí$_μ$/	NH(ə)	F-PH	N_OG	D-M
☞a. be$_μ$k.kə$_μ$.(rí$_{μμ}$)			*	*
b. be$_μ$k.(kə́$_μ$.rı$_μ$)	*!	*	*	
c. (bé$_μ$k).kə$_μ$.rı$_μ$		*!	*	
d. (bé$_μ$.kə$_μ$).rı$_μ$		*!		

(17b)는 중립모음이 음보의 핵음절이 될 수 없음을 요구하는 제약인
NH(ə)를 위반한다. 그리고 어휘적으로 명시된 강세가 표면형에 나타

날 것을 요구하는 제약인 F-PH에 관한 평가에서 (17b-d)가 이 제약을 각각 위반한다. 한편, 동일한 자음이 인접한 위치에서 두 개의 음절 위치를 차지하는 것을 금하는 제약인 NoG에 대한 평가에서 (17a-c)가 이 제약을 각각 위반한다. 따라서 입력형에 나타나지 않은 모라가 출력형에 나타나는 것을 금하는 제약인 D-M에 관한 평가에서 (17a)가 이 제약을 위반하지만 최적 후보로 평가된다(4.4에서 살펴보았던 제약들 사이의 상충에 관한 세부적인 내용은 Al-Mohanna(1998: 1-6)와 Prince & Smolensky(2004: 40-58) 참조).

4.5 요약

제4장에서는 OT의 출현 배경과 개요를 정리하였다. 그리고 강세와 관련된 제약들을 살펴본 후에 그 제약들이 OT에 적용되는 방식에 관해 살펴보았다.

첫째, 4.1에서 살펴본 결과는 다음과 같다.

운율음운론의 기반 위에서 문법의 설명력에 대한 부담을 입력형에 중심을 둔 다시쓰기규칙에서 출력형에 대한 제약을 중심으로 한 언어기술로 이동하려는 시도가 OT를 통해 출현했다.

둘째, 4.2에서 살펴본 결과는 다음과 같다.

OT의 기본 원리는 위반가능성, 등급, 총괄성 그리고 병렬성으로 구성되어 있다. ① 제약들은 위반가능하지만 그 위반은 최소의 것이어야 한다(위반가능성). ② 제약들은 언어에 따라 등급이 매겨진다. 최소위반이라는 개념은 이러한 등급의 관점에서 정의된다(등급). ③ 제약위계는 구조적 적형성에 대한 일반적인 판단에 의해 허용되는 다수의 분석가능성을 총괄적으로 평가한다. 따라서 특수규칙이나 수정책략은 없다(총괄성). ④ 제약위계에 대한 최상의 만족은 전체적인 위계와 전체적인 후보집합에 따라 병렬적으로 계산된다. 따라서 순차적인 도출은 없다(병렬성).

셋째, 4.3에서 살펴본 결과는 다음과 같다.

OT의 제약들은 (18)에서처럼 운율음운론의 매개변항들, 즉 제한성, 음량상관성, 핵성, 여분운율성, 방향성 그리고 매김성이 구체화된 것들이다.

(18) 매개변항과 제약
    a. 제한성: $F_TB_{IN}-X^{MAX\&MIN}$
      i. FB-XMAX
      ii. FB-X^{MIN}
    b. 음량상관성: WSP
    c. 핵성: RT=T, R_{OOT}
    d. 여분운율성: NF
    e. 방향성: AF-L, E(R)
    f. 매김성: P-σ
    g. 기타: NH(ə), N_OG, F-PH, D-M

마지막으로 4.4에서는 4.3에서 살펴보았던 제약들이 OT에서 적용되는 방식을 평가도표를 통해 구체적으로 살펴보았다.

주석

1) OT에서 어기의 풍부성이 무조건 적용되는 것은 아니다. 바꿔 말하면, 가능한 입력형의 범위를 제한함으로써 입력형이 출력형과 가장 가까운 것으로 선택되도록 하는 제한장치를 전제로 어기의 풍부성이 적용되는 것이다. 이러한 장치가 어휘부 최적화(Lexicon Optimization)이다. 이에 대한 구체적인 내용은 Prince & Smolensky(2004: 212-213) 참조. 한편, 분석의 자유에 의해 가능한 모든 후보형태를 만들어 내는 것이 생성자 G_{EN}의 기능이지만 후보형태를 무한하게 만들어 낼 수 있는 것은 아니다. 즉, 생성자 G_{EN}의 기능을 제어하는 두 가지 원칙을 둠으로써 후보형태를 제한해야 한다는 것이다. 하나는 입력형에 있는 어떤 요소도 제거할 수 없기 때문에 입력부는 모든 후보형태에 포함되어야 한다는 포괄성(Containment)이다. 다른 하나는 음운적으로 한정된 형태소의 구현형태는 변화가 허용되지 않는다는 구현형태의 일관성(Consistency of Exponence)이다. 이에 대한 구체적인 내용은 McCarthy & Prince(1994: 9) 참조.

2) OT에서 유표성제약은 출력형만을 언급하고 충실성제약은 입력형과 출력형 모두를 언급한다.

3) R_{OOT}는 (i)의 LX≈PR(*MCat*)과 같은 제약이다.

 (i) LX≈PR(*MCat*)(Prince & Smolensky 2004: 45)

   A member of the morphological category *MCat* correspond(s) to a PrWd.

4) 기저형에서 어휘적으로 명시된 강세와 표면형에 나타나는 강세 사이의 충실성을 요구하는 이와 같은 입장은 Pater(95: 12), Féry(1999: 24), Hammond(1999: 170), Kikuchi(1999: 5) 그리고 Revithiadou(1999: 27)에도 보인다.

제5장
개별 언어의 강세

이 장에서는 음운현상과 강세할당의 상관관계에서 나타나는 투명성과 불투명성에 관해 살펴보고 고정강세체계(fixed stress system)의 특징을 자유강세체계(free stress system)와 관련해서 정리한다. 그리고 개별 언어를 개관하고 이들 언어의 비파생어에 나타나는 강세할당에 관해 살펴본다. 이어서 개별 언어의 강세를 OT로 분석하고 그 결과를 바탕으로 공통된 특성(common property)과 변이를 유형론적(typological) 관점에서 살펴본다.

5.1 강세할당에 나타나는 투명성과 불투명성

이 절에서는 음운현상과 강세할당의 상관관계에서 나타나는 투명성과 불투명성에 관해 살펴본다.

5.1.1 강세할당과 투명성

음운현상에서 투명성이란 어떤 형태가 표면형에서 음운규칙이 적용될 수 있는 환경에 따라 정상적용(normal application)되는 경우이다.
(1)은 스페인어에 나타나는 투명성의 경우이다.

(1) 투명성

    a. Piñeros(2000: 6)

      ful.gór 'glow'　　　　e.nór.me 'enormous'

    b. Alderete(1995: 20)

      기저형　　　　/kuBr-ta/

      모음삽입　　　kuBjerta

      강세삽입　　　kuBjérta

      표면형　　　　[kuBjérta][1] 'lid'

(1a)는 스페인어의 명사, 형용사 그리고 부사, 즉 비동사형에 나
타나는 강세유형으로 Type A에 속하는 투명성의 경우이다. 바꿔
말하면, (1a)에서처럼 어말음절의 중음절에 강세(ful.gór 'glow')가
할당된다. 그리고 어말음절이 경음절일 경우에는 어말제2음절에 강
세(e.nór.me 'enormous')가 할당된다. 한편, (1b)는 스페인어의 비
동사형에 모음삽입이 일어난 경우로 [kuBjérta 'lid']에서는 세 개의
자음군연쇄를 금하기 위해 밑줄 친 부분에서처럼 어말제2음절에
모음삽입이 일어난다. 따라서 어말음절이 경음절이기 때문에 어말
제2음절의 중음절에 강세가 할당된다. 이러한 결과는 자음군연쇄
를 금하기 위해 모음삽입규칙(Vowel Insertion Rule)이 적용된 이
후에 강세삽입규칙(Stress Insertion Rule)이 적용된 경우이다. 그
결과 (1b)는 모음삽입규칙이 강세삽입규칙을 급여(feeding)하는

경우로 표면형에서 음운규칙이 정상적용된 투명성을 보여준다.[2]

5.1.2 강세할당과 불투명성

음운현상에서 불투명성이란 어떤 형태가 표면형에서는 음운규칙이
적용될 수 있는 환경을 보여주지만 실제로는 적용되지 않는 경우이다.
이러한 불투명성에는 과소적용(underapplication)과 그 반대의 개념인
과다적용(overapplication)이 있다.

(2)는 불투명성에 관한 정의이다(이 밖에도 불투명성에 관해서는
McCarthy(1999: 2; 2007: 11-12)와 Collie(2007: 227-229) 참조).

(2) 불투명성(Kiparsky 1971: 621-622)

A rule A → B / C ____ D is opaque to the extent that there
are surface representations of the form
a. A in the environment C ____ D
b. B in environment other than C ____ D
(규칙 A → B / C ____ D는 다음과 같은 표면형의 경우에 불투명하다.
a. A가 C ____ D의 환경에 나타날 때
b. B가 C ____ D 이외의 환경에 나타날 때)

(2a)는 표면형에서 음운규칙이 적용될 수 있는 환경을 보여주지만
음운규칙이 적용되지 않는 과소적용의 경우이다. 반면에 (2b)는 (2a)
와는 반대의 개념인 과다적용의 경우이다. (2)에 나타난 각각의 경우
를 구체화하면, (3)과 같다.

(3) 강세할당과 불투명성

    a. Batticaloa Creole Portuguese(Andrew 2000: 4, 6, 11, 17, 19)

        ⅰ. /kɔːntə/   [kɔ́ːntə]   'amount'

           /miːdə/   [míːdə]   'measure'

        ⅱ. /diskɔːntə/ [diskɔ́ntə]   'is'

           /miːdiː/   [midí]   'to measure'

           /miːdiːdoːr/ [mididór]   'surveyor'

        ⅲ. /sindərfərə/ [síndərfərə] 'Monday'

           /gɔrgəl/   [gɔ́rgəl]   'throat'

        ⅳ. 과소적용

           기저형   /diskɔːntə/

           강세삽입   diskɔ́ːntə

           단모음화   diskɔ́ntə

           표면형   [diskɔ́ntə]   'is'

    b. Iraqi Arabic(Piggott 1995: 310-311)

        ⅰ. kitáab   'book'   kitábta   'I wrote it'

           ʔábadan   'never'

        ⅱ. 과다적용

           기저형   /kitabt/

           강세삽입   kitábt

           모음삽입   kitábi̱t

           표면형   [kitábi̱t]   'I wrote'

Batticaloa Creole Portuguese에서는 (3a, ⅰ-ⅱ)에서처럼 기저형에
중음절(/kɔːntə/, /miːdiːdoːr/)이 나타날 경우에는 최우변의 중음절에

강세([kɔ́ːntə] 'amount', [mididór] 'surveyor')가 할당된다.3) 그리고 (3a, iii)에서처럼 기저형에 경음절(/gɔrgəl/)만이 나타날 경우에는 최좌변의 경음절에 강세([gɔ́rgəl] 'throat')가 할당된다. 그러나 이 언어의 표면형에서 (3a, ii)의 [diskɔ́ntə]('is')는 (3a, iii)에서처럼 어말제4음절(preantepenultimate), 즉 최좌변의 음절에 강세([síndərfərə] 'Monday')가 할당되어야 하지만 어말제2음절에 강세가 할당된다. 이러한 결과는 (3a, iv)에서처럼 강세삽입규칙이 적용된 후에 단모음화규칙(Vowel Shortening Rule)이 적용되기 때문에 나타난 것으로 표면형에서 강세할당이 과소적용된 경우를 보여준다.

(3b)는 Iraqi Arabic의 경우이다. Burzio(1994: 21)에 따르면, Iraqi Arabic의 강세는 운율단어의 오른쪽에서 왼쪽으로 음절무게에 따라 이접적으로(disjunctively) 할당된다. 바꿔 말하면, (3b, i)에서처럼 어말음절이 초중음절일 경우는 그 음절에 강세(ki.táab 'book')가 할당되고 어말음절이 초중음절이 아닐 경우는 어말제2음절의 중음절에 강세(ki.táb.ta 'I wrote it')가 할당된다. 그리고 어말음절이 초중음절이 아니고 어말제2음절이 경음절인 경우는 어말제3음절에 강세(ʔá.ba.dan 'never')가 할당된다. 한편, (3b, ii)는 자음군연쇄를 금하기 위해 밑줄친 부분에서처럼 모음삽입이 일어난 경우이다. 그 결과 (3b, ii)는 어말음절이 초중음절이 아니고 어말제2음절이 경음절이기 때문에 어말제3음절에 강세가 할당되어야 하지만 어말제2음절에 강세([ki.tá.bit] 'I wrote')가 할당되기 때문에 불투명성을 보여준다. 이러한 결과는 강세삽입규칙이 적용된 후에 모음삽입규칙이 적용되기 때문에 나타난 것으로 표면형에서 강세할당이 과다적용된 경우를 보여준다.

5.1.3 요약

5.1에서는 음운현상과 강세할당의 상관관계에서 나타나는 투명성과 불투명성에 관해 살펴보았다. 그 결과를 요약하면, 다음과 같다.

첫째, 음운현상에서 투명성이란 어떤 형태가 표면형에서 음운규칙이 적용될 수 있는 환경에 따라 정상적용되는 경우이다.

둘째, 음운현상에서 불투명성이란 어떤 형태가 표면형에서는 음운규칙이 적용될 수 있는 환경을 보여주지만 실제로는 적용되지 않는 경우이다. 이러한 불투명성에는 과소적용과 그 반대의 개념인 과다적용이 있다.

5.2 고정강세체계

이 절에서는 본 장의 이후에서 다루고자 하는 개별 언어의 강세체계에 해당하는 고정강세체계를 유형별로 구분하여 정리한다.

5.2.1 고정강세체계

강세체계는 자유강세체계와 고정강세체계로 구분된다(자유강세체계에 대한 세부적인 내용은 Revithiadou(1999: 14-25) 참조). 일반적으로 자유강세체계에서는 기저형에서 어휘적으로 강세가 명시되기 때문에 강세음절을 예측하기 어렵다. 그러나 일반적으로 고정강세체계에서는 음절무게와 돋들림, 운율단어 내에서 강세들 사이의 거리제한 그리고 강세와 운율단어의 좌우경계 사이의 거리제한 등을 반영하는 운율구조(prosodic structure)에 따라 강세음절이 나타난다. 따라서 고정강세체계에서는 강세음절에 대한 예측이 가능하다.

(4)는 고정강세체계를 유형별로 분류한 것이다.

    (4) 고정강세체계(Revithiadou 1999: 12-14)

       a. 가장자리지향 음량무관체계

         i. Turkish: σσσó   araba-dá   'car-LOC'

         ii. Finnish: óσσσ   lémmikki   'pet'

       b. 가장자리지향 음량상관체계: Murik

         i. sá:kʰo   'wait'

         ii. anɔpʰaɾέ:tʰ   'lightning'

         iii. numaɾóːgo   'woman'

         iv. dákʰanimp   'post'

       c. 음보기반 음량무관체계

         i. Polish

            σσ(óσ)   hipopótam 'hippopotamus'

         ii. SlavMac

             σ(óσ)<σ>   vodénigar 'miller'

       d. 리듬(음보기반) 음량무관체계

         i. Cavineña

            kiríka   'paper, book'

            atàtawáha 'a kind of bee'

         ii. Badimaya

            wánara   'long, thin'

            ŋángaŋùwa 'to choke on something'

  e. 리듬(음보기반) 음량상관체계: Cahuilla
     qáːnkìčem 'palo verde (pl)'

(4a-b)는 무제한음보(unbounded foot), 즉 음보의 구성성분인 음절수에 제한이 없는 음보이다. 그리고 (4c-e)는 제한음보(bounded foot), 즉 음보의 구성성분인 음절수에 제한이 있는 음보이다.

(4a)의 가장자리지향 음량무관체계(edge-oriented quantity insensitive system)에서 (4a, ⅰ)의 Turkish는 음절무게와는 무관하게 운율단어의 최우변 음절에 강세(araba-dá 'car-LOC')가 할당됨을 보여준다. 그리고 (4a, ⅱ)의 Finnish는 음절무게와는 무관하게 운율단어의 최좌변 음절에 강세(lémmikki 'pet')가 할당됨을 보여준다.

(4b)의 가장자리지향 음량상관체계(edge-oriented quantity sensitive system)인 Murik는 기저형의 음절무게에 따라 (4b, ⅰ-ⅲ)에서처럼 운율단어의 최좌변에 나타나는 장모음, 즉 중음절에 강세(sáːkʰo 'wait', anɔpʰaɾɛ́ːtʰ 'lightning', numaɾóːgo 'woman')가 할당됨을 보여준다.[4] 그러나 기저형에 장모음이 나타나지 않을 경우에는 (4b, ⅳ)에서처럼 운율단어의 최좌변에 나타나는 경음절에 강세(dákʰanimp 'post')가 할당됨을 보여준다.

(4c)의 음보기반 음량무관체계(foot-based quantity insensitive system)에서 (4c, ⅰ)의 Polish는 음절무게와는 무관하게 어말제2음절과 어말음절이 결합하여 음절강약격(syllable trochee) 음보(hipopótam 'hippopotamus')를 구성한다. 그리고 (4c, ⅱ)의 SlavMac은 어말음절이 각괄호로 표시된 여분운율성에 의해 제외되고 음절무게와는 무관하

게 어말제3음절과 어말제2음절이 결합하여 음절강약격 음보(vodénigar 'miller')를 구성한다.

(4d)의 리듬 (음보기반) 음량무관체계(Rhythmic (foot-based) quantity insensitive system)에서 (4d, ⅰ)의 Cavineña는 음절무게와는 무관하게 어 말제2음절과 어말음절이 결합하여 핵음보가 형성되는 음절강약격 음보를 구 성하고 부차강세(secondary stress)는 어말제4음절과 어말제3음절이 결합 하여 리듬을 반영하는 음보(atàtawáha 'a kind of bee')가 형성된다. 그리고 (4d, ⅱ)의 Badimaya는 (4d, ⅰ)의 Cavineñ와 정반대의 경우를 보여주는 음 보(ŋánganùwa 'to choke on something')를 구성한다.

마지막으로 (4e)의 리듬 (음보기반) 음량상관체계(Rhythmic (foot-based) quantity sensitive system)인 Cahuilla는 어말제3음절이 중음절이기 때문에 핵음보를 구성하고 부차강세는 핵음보의 우변에 나타나는 음보(qáːnkičem 'palo verde (pl)')를 구성한다.

5.2.2 요약

5.2에서는 본 장의 이후에서 다루고자 하는 개별 언어의 강세체계에 해당하는 고정강세체계를 유형별로 구분하여 간략하게 정리하였다. 그 결과를 요약하면, 다음과 같다.

첫째, 일반적으로 자유강세체계에서는 기저형에서 어휘적으로 강세 가 명시되기 때문에 강세음절을 예측하기가 어렵다.

둘째, 고정강세체계에서는 음절무게와 돋들림, 운율단어 내에서 강 세들 사이의 거리제한 그리고 강세와 운율단어의 좌우경계 사이의 거 리제한 등을 반영하는 운율구조에 따라 강세음절이 나타난다. 따라서

고정강세체계에서는 자유강세체계에서와는 달리 강세음절에 대한 예
측가능성이 높다.

5.3 영어의 강세

이 절에서는 영어에 관해 간략하게 소개한다. 그리고 SPE(84)의 주
강세규칙을 따른 영어의 비파생어강세에 관해 살펴본 후에 그 결과를
OT로 분석한다.

5.3.1 영어 개관

세계에서 가장 널리 쓰이고 있는 언어가 영어이다. 영어는 크게 영
국영어와 미국영어로 분류된다. 원래 영국에서 엘리자베스 여왕시대
에 영어를 쓰던 사람들이 17세기 초에 미국으로 이주했다. 이들이 여
러 민족들과 함께 살아가면서 다른 민족의 언어를 차용하기도 하고 새
로운 생활과 제도를 만들어 가는 과정에서 신조어를 만들어 냈다. 이
것이 미국영어이다.

영국영어는 발음이나 어휘에서 미국영어와 어느 정도 차이를 보인
다. 그러나 영국영어와 미국영어는 하나의 영어로 묶을만한 충분한 공
통성을 가지고 있기 때문에 별개의 영어로 구분하는 것은 의미가 없다
고 할 수 있다.

5.3.2 영어의 강세현상과 OT분석

(5)는 *SPE*(84)의 주강세규칙을 따른 영어의 명사에 나타나는 비파
생어의 강세할당에서 투명성을 보이는 예들이다.

(5) 명사강세의 투명성(*SPE*: 71, 78)

    a. machíne kangaróo canóe cheróot políce
       bazáar brocáde ....

    b. aróma balaláika hiátus horízon thrombósis
       coróna aréna ....

    c. veránda agénda consénsus synópsis uténsil
       amálgam ....

    d. América aspáragus cínema jávelin metrópolis
       vénison ....

Hayes(1995: 181)에 따르면, 영어의 음보유형은 모라강약격이고 음
보형성의 방향성은 운율단어의 오른쪽에서 왼쪽이다.

(5a)에서처럼 [+long]으로 구성된 명사의 어말음절에는 강세(ma.chíne
'machine')가 할당된다. 그리고 (5b-c)에서처럼 어말음절을 제외하고 어말
제2음절이 중음절일 경우는 어말제2음절에 강세(a.ró.ma 'aroma', ve.rán.da
'veranda')가 할당된다. 한편, (5d)에서처럼 어말음절을 제외하고 어말제
2음절이 경음절일 경우는 어말제3음절에 강세(A.mé.ri.ca 'America')가
할당된다.

(5)에 나타난 영어의 명사에서 투명성을 보이는 강세할당의 예들을
OT로 분석하기 위해 4.3의 (8)에서 살펴보았던 제약들을 편의상 (6)에
다시 쓴다.

(6) 관련 제약들

　a. 유표성제약

　　ⅰ. $N_{ON}H_{AED}$(ə): NH(ə)(Féry 1999: 16)

　　　Schwa syllable cannot be heads of feet.

　　　(중립모음은 음보의 핵음절이 될 수 없다.)

　　ⅱ. R_HT_{YPE}=T: RT=T(Kager 1999: 172)

　　　Feet have initial prominence.

　　　(강세는 음보의 좌변에 나타난다.)

　　ⅲ. F_TB_{IN}-$X^{MAX\&MIN}$(Hewitt 1994: 24)

　　　ⅲ-ⅰ. F_TB_{IN}-X^{MAX}: FB-X^{MAX}

　　　　　For the elements of category X (σ, N, μ) contained within a foot assess a violation for each element that exceed 2.

　　　　　(음보는 세 개 이상의 모라 또는 음절을 포함할 수 없다.)

　　　ⅲ-ⅱ. F_TB_{IN}-X^{MIN}: FB-X^{MIN}

　　　　　For the elements of category X (σ, N, μ) contained within a foot assess a violation if the foot contains less than 2 such elements.

　　　　　(음보는 한 개의 모라 또는 음절만을 포함할 수 없다.)

　　ⅳ. $A_{LL}F_{OOT}$-L_{EFT}: AF-L(Kager 1999: 157)

　　　Every foot stands at the left edge of the PrWd.

　　　(모든 음보는 운율단어의 최좌변에 나타난다.)

　　ⅴ. $N_{ON}F_{INALITY}$: NF(Prince & Smolensky 2004: 61)

　　　No head of PrWd is final in PrWd.

　　　(핵음보와 핵음보에 배치된 핵음절이 운율단어의 최우

변에 나타날 수 없다.)

vi. WSP(Kager 1999: 155)

Heavy syllables must be stressed.

(중음절에는 강세가 할당되어야 한다.)

vii. E$_{DGEMOST}$(pk;R;Word): E(R)(Prince & Smolensky 2004: 39)

A peak of prominence lies at the Right edge of the Word.

(핵음보의 핵음절은 운율단어의 최우변에 나타난다.)

viii. P$_{ARSE}$-σ: P-σ(Hammond 1999: 167)

Syllables must be footed.

(음절은 음보에 배치되어야 한다.)

ix. R$_{OOTING}$: R$_{OOT}$(Hammond 1999: 292)

Words must have a primary stress.

(내용어는 반드시 하나의 주강세를 가져야만 한다.)

x. N$_{OGEMINATES}$: N$_O$G(Hammond 1999: 219)

Consonants cannot occupy no more than one syllable position.

((동일한) 자음이 인접한 음절에서 두 개의 음절위치를 차지할 수 없다.)

b. 충실성제약

i. F$_{AITH}$-P$_{ROSODIC}$H$_{EAD}$: F-PH(Lunden 2006: 184)

A lexically marked prosodic head (primary stress) surfaces faithfully.

(어휘적으로 명시된 주강세는 표면형에 나타난다.)

ii. D$_{EP}$-M$_{ORA}$: D-M(Shaw 2007: 7)

Every mora in the output has a correspondent in the input.

(출력형에 나타난 모든 모라는 입력형에 그 대응소를 갖는다.)

(7)은 영어의 명사에서 투명성을 보이는 강세할당의 경우를 OT로 평가한 결과이다.[5]

(7) = (5) 명사강세의 투명성과 OT에 의한 분석

	NH (ə)	RT =T	FB $-X^{MIN}$	F -PH	FB $-X^{MAX}$	AF -L	N F	E (R)	W S P
a. LH: /məʃin/									
☞ i. mə.(ʃí).n						*			
ii. (mə́).ʃi.n	*!		*					*	*
iii. (mə́.ʃi).n	*!				*			*	*
iv. (mə.ʃí).n		*!			*				
v. mə.(ʃín)					*!	*	**		
b. LHL: /əroumə/									
☞ i. ə.(róu).mə						*		*	
ii. (ə́.rou).mə	*!				*			**	*
iii. ə.(róu.mə)					*!	*	*	*	
c. LHL: /vərændə/									
☞ i. və.(rǽn).də						*		*	
ii. (və́.ræn).də	*!				*			**	*
iii. və.ræn.(də́)	*!		*		**	**			*
d. LLLL: /əmerɪkə/									
☞ i. ə.(mé.rɪ).kə					*			**	
ii. (ə́.me).rɪ.kə	*!							***	
iii. ə.me.(rí.kə)						*!*	*	*	

중립모음이 음보의 핵음절이 되는 것을 금하는 NH(ə)에 대한 평가에서 (7a, ii-iii), (7b, ii), (7c, ii-iii) 그리고 (7d, ii)가 이 제약을 각각 위반한다. 강세가 음보의 좌변에 나타날 것을 요구하는 RT=T에 대한 평가에서 (7a, iv)는 강세가 음보의 우변에 나타나기 때문에 이 제약을 위반한다. FB-X^{MIN}에 대한 평가에서 (7a, ii)와 (7c, iii)는 음보가 한 개의 모라만으로 구성되어 있기 때문에 이 제약을 각각 위반한다. 기저형에 어휘적으로 명시된 강세가 표면형에 나타나야 함을 요구하는 F-PH에 대한 평가에서는 (7)의 운율단어들이 모두 기저형에 강세가 명시되지 않기 때문에 이 제약이 공전적용된다. FB-X^{MAX}에 대한 평가에서 (7a, iii-v), (7b, ii-iii) 그리고 (7c, ii)는 음보가 세 개의 모라를 포함하기 때문에 이 제약을 각각 위반한다.[6] 음보가 운율단어의 최좌변에 나타나야 함을 요구하는 AF-L에 대한 평가에서 (7a, i, v), (7b, i, iii), (7c, i, iii) 그리고 (7d, i, iii)가 각각 이 제약을 위반한다. 핵음보와 핵음보에 배치된 핵음절이 운율단어의 최우변에 나타나는 것을 금하는 NF에 대한 평가에서 (7a, v), (7b, iii), (7c, iii) 그리고 (7d, iii)가 각각 이 제약을 위반한다.[7] 여기에서 (7a, v)와 (7c, iii)는 핵음보와 핵음보에 배치된 핵음절이 운율단어의 최우변에 나타나기 때문에 이 제약을 각각 두 개씩 위반한다. 그리고 (7b, iii)와 (7d, iii)는 핵음보만이 운율단어의 최우변에 나타나기 때문에 이 제약을 각각 한 개씩 위반한다. 핵음보의 핵음절이 운율단어의 최우변에 나타나야 함을 요구하는 E(R)에 대한 평가에서 (7a, ii-iii), (7b, i-iii), (7c, i-ii) 그리고 (7d, i-iii)가 이 제약을 각각 위반한다. 마지막으로 중음절에는 강세가 할당되어야 함을 요구하는 WSP에 대한 평가에서

(7a, ⅱ-ⅲ), (7b, ⅱ), 그리고 (7c, ⅱ-ⅲ)가 중음절에 강세가 할당되지 않기 때문에 이 제약을 각각 위반한다.

(7)의 결과를 요약하면, 영어의 명사에서 투명성을 보이는 강세할당의 경우는 NH(ə), RT=T, FB-X^{MIN}, F-PH >> FB-X^{MAX}, AF-L >> NF, E(R), WSP의 제약위계에 의해 (7a, ⅰ), (7b, ⅰ), (7c, ⅰ) 그리고 (7d, ⅰ)이 각각 최적 후보로 나타남을 보여준다.

(8)은 *SPE*(84)의 주강세규칙과는 달리 영어의 명사에서 불투명성을 보이는 강세할당의 예들을 열거한 것이다.

  (8) 명사강세의 불투명성(*SPE*: 74, 148)

      a. bróccoli albíno casíno volcáno macaróni

         fiásco shillélagh chiánti commándo

         embárgo attórney Ypsilánty jujítsu ....

      b. abscíssa confétti Mississíppi Philípp Kentúcky

영어의 명사에서 불투명성을 보이는 예들은 (8a)에서처럼 [+long]으로 구성된 어말음절에 강세가 할당되어야 하지만 어말제3음절에 강세(bró.cco.li 'broccoli')가 할당된다. 그리고 (8b)에서처럼 어말음절을 제외하고 어말제2음절이 경음절이기 때문에 어말제3음절에 강세가 할당되어야 하지만 어말제2음절에 강세(ab.scí.ssa 'abscissa')가 할당된다.

(9)는 영어의 명사강세에 나타나는 불투명성의 경우를 OT로 평가한 결과이다.

(9) = (8) 명사강세의 불투명성과 OT에 의한 분석

	NH (ə)	RT =T	FB $-X^{MIN}$	F -PH	FB $-X^{MAX}$	AF -L	N F	E (R)	W S P
a. LLH: /brákəli/									
☞ i . (brá.kə).li								**	*
ii. bra.(ká.li)	*!			*	*	*	*	*	*
iii. bra.kə.(lí)				*!		**	**		
b. HLL: /æbsísə/									
☞ i . æb.(sí.sə)						*	*	*	*
ii. (ǽb).sɪ.sə				*!				**	

(9a, ii)는 NH(ə)를 위반한다. 그리고 (9a, ii‑iii)와 (9b, ii)는 기저형에 어휘적으로 명시된 강세가 표면형에 나타나지 않기 때문에 F-PH를 위반한다.[8]

(9)의 결과를 요약하면, 영어의 명사에 나타나는 강세할당에서 불투명성을 보이는 경우는 (7)에서 살펴보았던 명사에서 투명성을 보이는 경우와 동일하게 NH(ə), RT=T, FB-X^{MIN}, F-PH >> FB-X^{MAX}, AF-L >> NF, E(R), WSP의 제약위계에 의해 (9a, i)과 (9b, i)이 각각 최적 후보로 나타남을 보여준다.

(10)은 *SPE*(84)의 주강세규칙을 따른 영어의 동사에서 투명성을 보이는 강세할당의 예들이다.

(10) 동사강세의 투명성(*SPE*: 69)

    a. maintáin eráse caróuse appéar cajóle
       surmíse decíde ....

b. collápse tormént exháust eléct convínce
   usúrp obsérve ....

c. intérpret astónish édit consíder imágine
   prómise ....

(10a-b)는 어말음절의 초중음절에 강세(main.táin 'maintain', co.llápse 'collapse')가 할당된다. 그리고 (10c)에서는 어말음절이 초중음절이 아니기 때문에 어말제2음절에 강세(in.tér.pret 'interpret')가 할당된다.

(11)은 영어의 동사강세에 나타나는 투명성의 경우를 OT로 평가한 결과이다.

(11) = (10) 동사강세의 투명성과 OT에 의한 분석

	NH (ə)	RT =T	FB-X^{MIN}	F -PH	N F	E (R)	FB-X^{MAX}	AF -L	W S P
a. HH: /meɪnteɪn/									
☞ i. meɪn.(téɪ).n								*	*
ii. (méɪn).teɪ.n						*!	*		*
iii. meɪn.(téɪn)					*!*		*	*	*
b. HHH: /ɪntəːrprɪt/									
☞ i. ɪn.(tə́ːr).prɪt						*	*	*	**
ii. (ín).təːr.prɪt						*!*			**
iii. ɪn.təːr.(prít)					*!*			**	**

(11a, iii)와 (11b, iii)는 NF를 위반한다. 그리고 (11a, ii)와 (11b, i-ii)는 E(R)을 위반한다.

(11)의 결과를 요약하면, 영어의 동사강세에서 투명성을 보이는 경우는 (7)과 (9)에서 살펴보았던 명사강세의 제약위계와는 달리 NH(ə), RT=T, FB-X^{MIN}, F-PH >> NF >> E(R) >> FB-X^{MAX}, AF-L, WSP의 제약위계에 의해 (11a, ⅰ)과 (11b, ⅰ)이 각각 최적 후보로 나타남을 보여준다.

 SPE(84)의 주강세규칙과는 달리 영어의 동사에서 불투명성을 보이는 강세할당의 예들은 다음과 같다.

 (12) 동사강세의 불투명성(Lee, J-Y 1996: 18)
  begín attáck obéy dený

 (12)는 어말음절이 초중음절이 아니기 때문에 어말제2음절에 강세가 할당되어야 하지만 어말음절에 강세(be.gín 'begin')가 할당된다.
 영어의 동사강세에 나타나는 불투명성의 경우를 OT로 분석한 결과는 (13)과 같다.

 (13) = (12) 동사강세의 불투명성과 OT에 의한 분석

LH: /bɪgín/	NH (ə)	RT =T	FB -X^{MIN}	F -PH	N F	E (R)	FB -X^{MAX}	AF -L	W S P
☞a. bɪ.(gín)					**			*	
b. (bí).gɪn			*!	*		*			*
c. (bí.gɪn)				*!	*	*	*		*
d. (bɪ.gín)		*!			**		*		

(13d)는 RT=T를 위반하고 (13b)는 FB-X^{MIN}을 위반한다. 그리고 (13b-c)는 F-PH를 위반한다.

(13)의 결과를 요약하면, 영어의 동사에서 불투명성을 보이는 강세 할당의 경우는 (11)에서 살펴보았던 동사강세의 투명성을 보이는 경우와 동일하게 NH(ə), RT=T, FB-X^{MIN}, F-PH >> NF >> E(R) >> FB-X^{MAX}, AF-L, WSP의 제약위계에 의해 (13a)가 최적 후보로 나타남을 보여준다.

(14)는 *SPE*(84)의 주강세규칙을 따른 영어의 비파생형용사에서 투명성을 보이는 강세할당의 예들이다. 그리고 (14)는 (10)에서 살펴보았던 동사강세의 투명성과 동일한 강세할당을 보여주는 예들이다.

   (14) 비파생형용사 강세의 투명성(*SPE*: 80)

      a. clandéstine   sólid   frántic   hándsome   cértain
         cómmon   vúlgar   wánton ....

      b. remóte   extréme   supréme   sincére   secúre
         ináne   obscéne   obscúre ....

      c. imménse   absúrd   corrúpt   abstráct   robúst
         ovért   augúst   succínct ....

(14a)는 어말음절이 초중음절이 아니기 때문에 어말제2음절에 강세 (clan.dés.tine 'clandestine')가 할당된다. 그리고 (14b-c)는 어말음절의 초중음절에 강세(re.móte 'remote', i.mménse 'immense')가 할당된다.

영어의 비파생형용사 강세에 나타나는 투명성의 경우를 OT로 평가한 결과는 (15)와 같다.

(15) = (14) 비파생형용사 강세의 투명성과 OT에 의한 분석

	NH (ə)	RT =T	FB $-X^{MIN}$	F -PH	N F	E (R)	FB $-X^{MAX}$	AF -L	W S P
a. HHH: /clændestɪn/									
☞ ⅰ. clæn.(dés).tɪn						*		*	**
ⅱ. (clǽn).des.tɪn					*!*				**
ⅲ. clæn.des.(tín)					*!*			**	**
b. LH: /rɪmout/									
☞ ⅰ. rɪ.(móu).t								*	
ⅱ. rɪ.(móut)					*!*		*	*	
ⅲ. (rí).mout			*!		*				*
ⅳ. (rí.mou).t						*!	*		*
ⅴ. (rí.mout)					*!	*	*		*

(15b, ⅲ)는 FB-X^{MIN}을 위반하고 (15a, ⅲ)와 (15b, ⅱ, ⅴ)는 NF를 위반한다. 그리고 (15a, ⅰ‐ⅱ)와 (15b, ⅲ‐ⅴ)는 E(R)을 위반한다.

(15)의 결과를 요약하면, 영어의 비파생형용사에서 투명성을 보이는 강세할당의 경우는 (11)과 (13)에서 살펴보았던 동사강세의 경우와 동일하게 NH(ə), RT=T, FB-X^{MIN}, F-PH >> NF >> E(R) >> FB-X^{MAX}, AF-L, WSP의 제약위계에 의해 (15a, ⅰ)과 (15b, ⅰ)이 각각 최적 후보로 나타남을 보여준다.

아래 (16)은 *SPE*(84)의 주강세규칙과는 달리 영어의 비파생형용사에서 불투명성을 보이는 강세할당의 예들이다.

(16) 비파생형용사 강세의 불투명성(Burzio 1994: 43)

ábject áwkward bástard cóward éarnest stúbborn sécond
élegant hónest módern módest stálwart fórward ádverse
ádult éxpert pérfect

(16)은 어말음절이 초중음절이기 때문에 바로 그 음절에 강세가 할당
되어야 함에도 불구하고 어말제2음절에 강세(áb.ject 'abject')가 할당
된다.

(17)은 영어의 비파생형용사 강세에 나타나는 불투명성의 경우를
OT로 평가한 결과이다.

(17) = (16) 비파생형용사 강세의 불투명성과 OT에 의한 분석

HH: /æbdʒekt/	NH (ə)	RT =T	FB $-X^{MIN}$	F -PH	N F	E (R)	FB $-X^{MAX}$	AF -L	W S P
☞a. (æb).dʒekt						*			*
b. (æb.dʒek).t						*	*!		*
c. (æb.dʒekt)					*!	*	*		*
d. æb.(dʒék).t				*!				*	*
e. æb.(dʒékt)				*!	**		*	*	*

(17d-e)는 F-PH를 위반하고 (17c, e)는 NF를 위반한다. 그리고
(17a-c)는 E(R)를 위반하고 (17b-c, e)는 FB-X^{MAX}를 위반한다.

(17)의 결과를 요약하면, 영어의 비파생형용사에서 불투명성을 보이
는 강세할당의 경우는 (15)의 비파생형용사에서 투명성을 보이는 강

세할당과 동일하게 NH(ə), RT=T, FB-X^{MIN}, F-PH >> NF >> E(R) >> FB-X^{MAX}, AF-L, WSP의 제약위계에 의해 (17a)가 최적 후보로 나타남을 보여준다.

5.3.3 요약

5.3에서는 영어에 관해 간략하게 소개하였다. 그리고 *SPE*(84)의 주강세규칙을 따른 영어의 비파생어에 나타나는 강세할당에 관해 살펴본 후에 그 결과를 OT로 분석하였다. 이를 요약하면, 다음과 같다.

첫째, 영어는 크게 영국영어와 미국영어로 분류된다. 그러나 영국영어와 미국영어는 하나의 영어로 묶을만한 충분한 공통성을 가지고 있다.

둘째, 영어의 음보유형은 모라강약격이고 음보형성의 방향성은 운율단어의 오른쪽에서 왼쪽이다.

셋째, *SPE*(84)의 주강세규칙을 따른 영어의 강세할당에 관해 살펴보았다. ① 명사에서 투명성을 보이는 경우는 [+long]으로 구성된 어말음절에 강세(ma.chíne 'machine')가 할당된다. 그리고 어말음절을 제외하고 어말제2음절이 중음절일 경우는 어말제2음절에 강세(a.ró.ma 'aroma', ve.rán.da 'veranda')가 할당된다. 한편, 어말음절을 제외하고 어말제2음절이 경음절일 경우는 어말제3음절에 강세(A.mé.ri.ca 'America')가 할당된다. 그러나 명사에서 불투명성을 보이는 경우에는 어말음절이 [+long]으로 구성된 음절임에도 불구하고 어말제3음절에 강세(bró.cco.li 'broccoli')가 할당된다. 그리고 어말음절을 제외하고 어말제2음절이 경음절임에도 불구하고 어말제2음절에 강세(ab.scí.ssa 'abscissa')가 할당된다. ② 동사에서 투명성을 보이는 경우는 어말음절의 초중음절에 강세 (main.táin 'maintain', co.llápse 'collapse')가 할당된다. 그리고 어말음절 이 초중음절이 아닐 경우는 어말제2음절에 강세(in.tér.pret 'interpret')가 할당된다. 그러나 동사에서 불투명성을 보이는 경우는 어말음절이 초중 음절이 아니기 때문에 어말제2음절에 강세가 할당되어야 하지만 어말음 절에 강세(be.gín 'begin')가 할당된다. ③ 비파생형용사에서 투명성을 보 이는 경우는 어말음절의 초중음절에 강세(re.móte 'remote', i.mménse 'immense')가 할당된다. 그리고 어말음절이 초중음절이 아닐 경우는 어말제2음절에 강세(clan.dés.tine 'clandestine')가 할당된다. 그러나 비파생형용사에서 불투명성을 보이는 경우는 어말음절이 초중음절임 에도 불구하고 어말제2음절에 강세(áb.ject 'abject')가 할당된다. 따라 서 이 경우는 과소적용된 불투명성을 보여준다.

마지막으로 *SPE*(84)의 주강세규칙을 따른 영어의 비파생어에 나타 나는 강세를 OT로 분석한 결과는 아래와 같다.

  (18) 영어의 비파생어에 나타나는 강세와 제약위계
    a. 명사강세
      NH(ə), RT=T, FB-X^{MIN}, F-PH >> FB-X^{MAX}, AF-L >>
      NF, E(R), WSP
    b. 동사강세와 형용사강세
      NH(ə), RT=T, FB-X^{MIN}, F-PH >> NF >> E(R) >>
      FB-X^{MAX}, AF-L, WSP

5.4 스페인어의 강세

이 절에서는 스페인어에 관해 간략하게 소개한다. 그리고 스페인어에 나타나는 명사, 형용사 그리고 부사, 즉 비동사형의 비파생어강세에 관해 살펴본 후에 그 결과를 OT로 분석한다.

5.4.1 스페인어 개관

스페인어는 스페인, 멕시코, 중남미, 미국 그리고 필리핀 등지에서 사용되는 언어로 에스파냐어 또는 서반아어라고도 한다. 현재 세계인구의 약 4억 5,000만 명이 스페인어를 사용하고 있는 것으로 추정되고 유엔과 유럽연합에서는 공용어로 지정하고 있다.

스페인어는 특히 라틴아메리카에서 카스티야방언으로 알려져 있다. 그리고 카스티야방언에서 현대 표준스페인어가 기원하였다. 카스티야방언은 9세기경에 스페인의 중북부(옛 카스티야 지방)에 있는 부르고스 주변에서부터 쓰이기 시작했다. 그러다 스페인이 무어족에게 정복당하면서 남쪽으로 전파되어 11세기까지 마드리드와 톨레도 주변의 스페인 중부지역(신카스티야 지방)에까지 이르렀다. 이후 15세기 후반에 와서는 카스티야왕국과 레온왕국이 통합되어 아라곤왕국이 세워지면서 카스티야방언은 스페인 전역의 공용어가 되었다. 아라곤, 나바르, 레온, 아스투리아스 그리고 산탄데르 등지의 지역 방언들은 점차 카스티야방언에 의해 밀려나 지금은 외딴 시골지역에서만 쓰이고 있다.[9]

5.4.2 스페인어의 강세현상과 OT분석

(19)는 스페인어에 나타나는 비동사형의 비파생어강세와 관련된 자료이다.

(19) 스페인어의 비파생어강세(Rosenthall 1994: 145, 151; Kikuchi
　　 1999: 3; Piñeros 2000: 1-3, 6-7)

　　 a. 투명성: Type A

　　　　 ⅰ. fu.síl　　 'gun'　　　　 ver.dór　　 'fresh verdure'
　　　　　　 na.tu.rál　 'natural'　　 ma.tíz　　 'tone'
　　　　　　 a.de.más　 'besides'　　 ful.gór　　 'glow' ....

　　　　 ⅱ. e.nór.me　 'enormous'　 ca.nás.ta　 'basket' ....

　　　　 ⅲ. ba.rá.ta　 'bargain'　　 pe.pí.no　　 'cucumber'
　　　　　　 sa.bá.na　 'savanna'　　 pa.ló.ma　 'pigeon' ....

　　 b. 불투명성

　　　　 ⅰ. Type B

　　　　　　 ⅰ-ⅰ. al.cán.dor　 'a kind of oil'　 án.gel　　 'angel'
　　　　　　　　　 ár.bol　　　 'tree' ....

　　　　　　 ⅰ-ⅱ. mó.bil　　　 'mobile'　　　 i.nú.til　 'useless'
　　　　　　　　　 lá.piz　　　　 'pencil' ....

　　　　　　 ⅰ-ⅲ. pá.ja.ro　　 'bird'　　　　 ka.nó.ni.ko 'canonical'
　　　　　　　　　 pi.rá.mi.de　 'pyramid' ....

　　　　 ⅱ. Type C

　　　　　　 hin.dú　　 'hindu'　　　　 ca.fé　 'coffee'
　　　　　　 Pa.na.má　 'Panama' ....

Rosenthall(1994: 145)에 따르면, 스페인어의 음보유형은 모라강약격이고 음보형성의 방향성은 운율단어의 오른쪽에서 왼쪽이다.

투명성을 보이는 (19a)의 Type A에서 (19a, ⅰ)은 어말음절이 중음절이기 때문에 그 음절에 강세(fu.síl 'gun')가 할당된다. 그리고 (19a, ⅱ-ⅲ)에서처럼 어말음절이 경음절일 경우에는 어말제2음절에 강세(e.nór.me 'enormous', ba.rá.ta 'bargain')가 할당된다.

불투명성을 보이는 (19b)의 Type B-C에서 (19b, ⅰ)의 Type B는 (19bⅰ, ⅰ-ⅰ)과 (19bⅰ, ⅰ-ⅱ)에서처럼 어말음절이 중음절임에도 불구하고 어말제2음절에 강세(al.cán.dor 'a kind of oil', mó.bil 'mobile')가 할당된다. 그리고 (19bⅰ, ⅰ-ⅲ)는 어말음절이 경음절이기 때문에 어말제2음절에 강세가 할당되어야 하지만 어말제3음절에 강세(pá.ja.ro 'bird')가 할당된다. 마지막으로 불투명성을 보이는 Type C의 (19b, ⅱ)는 어말음절이 경음절이기 때문에 어말제2음절에 강세가 할당되어야 하지만 어말음절에 강세(hin.dú 'hindu')가 할당된다.

(20)은 비동사형의 비파생어강세에서 투명성을 보이는 (19a)의 Type A를 OT로 평가한 결과이다.

(20) = (19a) 투명성(Type A)과 OT에 의한 분석

	RT =T	F -PH	FB -X^{MIN}	E (R)	FB -X^{MAX}	AF -L	N F	W S P
a. LH: /fusil/								
☞ i . fu.(síl)						*	**	
ii. (fú.sil)				*!	*		*	*
iii. (fu.síl)	*!				*		**	
b. LHL: /enorme/								
☞ i . e.(nór).me				*		*		
ii. (é.nor).me				*!*	*			*
iii. e.(nór.me)				*	*!	*	*	
c. LLL: /barata/								
☞ i . ba.(rá.ta)				*		*	*	
ii. (bá.ra).ta				*!*				
iii. (bá).ra.ta			*!	**				

(20a, ⅲ)는 강세가 음보의 우변에 나타나기 때문에 RT=T를 위반하고 (20c, ⅲ)는 음보가 한 개의 모라만으로 구성되어 있기 때문에 FB-X^{MIN}을 위반한다. (20a, ⅱ), (20b, ⅰ-ⅲ) 그리고 (20c, ⅰ-ⅲ)는 핵음보의 핵음절이 운율단어의 최우변에 나타나지 않기 때문에 각각 E(R)을 위반한다. (20a, ⅱ-ⅲ)와 (20b, ⅱ-ⅲ)는 음보가 세 개의 모라로 구성되어 있기 때문에 FB-X^{MAX}를 각각 위반한다. (20a, ⅰ), (20b, ⅰ, ⅲ) 그리고 (20c, ⅰ)은 음보가 운율단어의 최좌변에 나타나지 않기 때문에 AF-L을 각각 위반한다. (20a, ⅰ, ⅲ)는 핵음보와 핵음보에 배치된 핵음절이 운율단어의 최우변에 나타나기 때문에 NF를 두 개씩 위반하고 (20a, ⅱ), (20b, ⅲ) 그리고 (20c, ⅰ)은 핵음보가 운율단어의

최우변에 나타나기 때문에 이 제약을 한 개씩 위반한다. 마지막으로 (20a, ⅱ)와 (20b, ⅱ)는 중음절에 강세가 할당되지 않기 때문에 WSP를 각각 위반한다.

(20)의 결과를 요약하면, 스페인어에서 비동사형의 비파생어강세에 나타나는 투명성(Type A)의 경우는 RT=T, F-PH >> FB-X^{MIN}, E(R) >> FB-X^{MAX} >> AF-L, NF, WSP의 제약위계에 의해 (20a, ⅰ), (20b, ⅰ) 그리고 (20c, ⅰ)이 각각 최적 후보로 나타남을 보여준다.

(21)은 비동사형의 비파생어강세에서 불투명성을 보이는 Type B를 OT로 평가한 결과이다.

(21) = (19b, ⅰ) 불투명성(Type B)과 OT에 의한 분석

	RT =T	F -PH	FB -X^{MIN}	E (R)	FB -X^{MAX}	AF -L	N F	W S P
a. HHH: /alcándor/								
☞ⅰ. al.(cán).dor			*			*		**
ⅱ. (ál).can.dor		*!	**					**
ⅲ. al.can.(dór)		*!				**	**	**
b. LH: /móbil/								
☞ⅰ. (mó.bil)			*	*			*	*
ⅱ. (mó).bil			*!	*				*
ⅲ. mo.(bíl)		*!					*	**
c. LLL: /pájaro/								
☞ⅰ. (pá.ja).ro			**					
ⅱ. pa.(já.ro)		*!	*				*	*
ⅲ. pa.ja.(ró)		*!	*			**	**	

(21a, ⅱ-ⅲ), (21b, ⅲ) 그리고 (21c, ⅱ-ⅲ)는 기저형에 어휘적으로

명시된 강세가 표면형에 나타나지 않기 때문에 F-PH를 위반한다. 그리고 (21b, ⅱ)와 (21c, ⅲ)는 FB-X^{MIN}을 위반한다.

(21)의 결과를 요약하면, 스페인어에서 비동사형의 비파생어강세에 나타나는 불투명성(Type B)의 경우는 투명성(Type A)을 보이는 경우와 동일하게 RT=T, F-PH >> FB-X^{MIN}, E(R) >> FB-X^{MAX} >> AF-L, NF, WSP의 제약위계에 의해 (21a, ⅰ), (21b, ⅰ) 그리고 (21c, ⅰ)이 각각 최적 후보로 나타남을 보여준다.

(22)는 비동사형의 비파생어강세에서 불투명성을 보이는 Type C를 OT로 평가한 결과이다.

(22) = (19b, ⅱ) 불투명성(Type C)과 OT에 의한 분석

HL: /hindú/	RT=T	F-PH	FB-X^{MIN}	E(R)	FB-X^{MAX}	AF-L	NF	WSP
☞a. hin.(dú)			*			*	**	*
b. (hín.du)		*!	*	*			*	
c. (hín).du		*!	*					

(22b-c)는 기저형에 어휘적으로 명시된 강세가 표면형에 나타나지 않기 때문에 F-PH를 위반한다.

(22)의 결과를 요약하면, 스페인어에서 비동사형의 비파생어강세에 나타나는 불투명성(Type C)의 경우인 (22) 역시 투명성(Type A)을 보이는 경우나 불투명성(Type B)을 보이는 경우와 동일하게 RT=T, F-PH >> FB-X^{MIN}, E(R) >> FB-X^{MAX} >> AF-L, NF, WSP의 제

약위계에 의해 (22a)가 최적 후보로 나타남을 보여준다.

5.4.3 요약

5.4에서는 스페인어에 관해 간략하게 소개하였다. 그리고 스페인어에 나타나는 명사, 형용사 그리고 부사를 중심으로 한 비동사형의 비파생어강세에 관해 살펴본 후에 그 결과를 OT로 분석하였다. 이를 요약하면, 다음과 같다.

첫째, 스페인어는 스페인, 멕시코, 중남미, 미국 그리고 필리핀 등지에서 사용되는 언어로 에스파냐어 또는 서반아어라고도 한다. 그리고 카스티야방언에서 현대 표준스페인어가 기원하였다.

둘째, 스페인어의 음보유형은 모라강약격이고 음보형성의 방향성은 운율단어의 오른쪽에서 왼쪽이다.

셋째, 스페인어에서 비동사형의 비파생어강세는 투명성을 보이는 Type A와 불투명성을 보이는 Type B-C가 있다. ① 투명성을 보이는 Type A는 어말음절이 중음절일 경우에 그 음절에 강세(fu.síl 'gun')가 할당된다. 그리고 어말음절이 경음절일 경우는 어말제2음절에 강세(e.nór.me 'enormous', ba.rá.ta 'bargain')가 할당된다. ② 불투명성을 보이는 Type B는 어말음절이 중음절임에도 불구하고 어말제2음절에 강세(al.cán.dor 'a kind of oil', mó.bil 'mobile')가 할당된다. 그리고 어말음절이 경음절이기 때문에 어말제2음절에 강세가 할당되어야 하지만 어말제3음절에 강세(pá.ja.ro 'bird')가 할당된다. ③ 불투명성을 보이는 Type C는 어말음절이 경음절이기 때문에 어말제2음절에 강세가 할당되어야 하지만 어말음절에 강세(hin.dú 'hindu')가 할당된다.

넷째, 스페인어의 비동사형에 나타나는 비파생어강세에서 투명성 (Type A)을 보이는 경우와 불투명성(Type B-C)을 보이는 경우 모두 (23)과 같은 단일한 제약위계로 설명할 수 있다.

(23) 스페인어의 비파생어에 나타나는 강세와 제약위계

$RT{=}T$, F-PH $\gg$ FB-X^{MIN}, E(R) $\gg$ FB-X^{MAX} $\gg$ AF-L, NF, WSP

5.5 아랍방언의 강세

이 절에서는 아랍방언에 관해 간략하게 소개한다. 그리고 아랍방언 (Levantine, Cairene, Urban Hijazi, Palestinian)에 나타나는 강세할 당에 관해 살펴본 후에 그 결과를 OT로 분석한다.

5.5.1 아랍방언 개관

아랍방언은 북아프리카와 아라비아반도의 대부분 지역과 중동의 여러 지방을 포함한 광범위한 지역에서 사용되는 언어이다.

아랍어는 표현력이 뛰어날 뿐만 아니라 아라비아반도의 귀중한 언어 유산으로서 세계적으로도 중요한 언어이다. 또한 오랜 역사와 넓은 분포를 가지고 있기 때문에 다른 언어에 비해 변화가 보수적이고 점진적이다. 이 언어는 터키어, 페르시아어, 우르두어, 말레이어, 스와힐리

어 그리고 하우사어 등의 언어에도 많은 영향을 끼쳤다. 현재는 아랍
세계의 공용어로서 공교육에서 가르치는 아랍어는 문어체아랍어인 고
전아랍어이다. 아랍어에서 한국어(Korean)로 차용된 단어들은 주로
간접차용된 과학과 관련된 용어들로 알코올, 알칼리 그리고 알고리즘
등이 있다.

아랍어에서 특히 주목할 점은 전형적인 셈어의 단어구조가 새롭게
발달한 모습을 보여준다는 것이다. 바꿔 말하면, 아랍어의 단어는 두
부분으로 구성된다. 일반적으로 단어의 사전적 의미를 나타내는 세 개
의 자음으로 구성된 어근과 발화표현의 문법적 의미를 부여하는 모음
으로 구성된 어형이 있다. 따라서 어근 *ktb*에 어형 *-i-ā-*가 결합되면,
kitāb(책)가 된다. 그러나 동일한 어근에 어형 *-ā-i*가 결합되면, *kātib*
(쓰는 사람)가 된다.10)

5.5.2 아랍방언의 강세현상과 OT분석

5.5.2에서는 아랍방언(Levantine, Cairene, Urban Hijazi, Palestinian)
에 나타나는 강세할당에 관해 차례로 살펴본 후에 그 결과를 OT로
분석한다.

Al-Mohanna(2004: 7-9)에 따르면, 아랍방언의 음보유형은 모라강
약격이고 음보형성의 방향성은 운율단어의 오른쪽에서 왼쪽이다. 그
리고 아랍방언에서 투명성을 보이는 강세할당의 경우는 음절무게에
따라 이접적으로 적용된다. 바꿔 말하면, 운율단어에서 어말음절의 초
중음절에 강세가 할당된다. 그리고 어말음절이 초중음절이 아닐 경우
는 어말제2음절의 중음절에 강세가 할당된다. 한편, 어말음절이 초중

음절이 아니고 어말제2음절이 경음절일 경우는 어말제3음절에 강세가 할당된다(이 밖에도 아랍방언의 강세할당에 대해서는 Burzio(1994: 21) 참조).

5.5.2.1 Levantine Arabic

(24)는 Levantine Arabic의 강세할당에서 투명성을 보이는 경우를 열거한 것이다.

(24) Levantine Arabic의 강세(Abu-Salim 1982: 59; McCarthy 2007: 148-149)

    a. ba.béen   'two doors'
       ma.ʃaaf.níiʃ   'he didn't see me'
       ʕaa.la.méen   'two worlds' ....

    b. da.rás.na   'we studied'
       sa.máa.na   'our sky'
       ka.táb.lak   'he wrote to/for you (m. sg.)'
       ma.káa.tib   'offices'
       mak.táb.na   'our office'
       ka.ta.búu.ha   'they wrote it (f.)' ....

    c. ʔá.na   'I'
       ká.tab   'he wrote' ....

    d. ʕal.lá.ma.to   'she thaught him'
       mád.ra.sa   'school'
       ká.ta.bu   'they wrote'
       ʕál.la.mat   'she thaught' ....

Levantine Arabic에서는 (24a)에서처럼 어말음절의 초중음절에 강세(ba.béen 'two doors')가 할당된다. 그리고 (24b)에서처럼 어말음절이 초중음절이 아니고 어말제2음절이 중음절일 경우는 어말제2음절에 강세(da.rás.na 'we studied')가 할당된다. 한편, (24c)에서처럼 두 개의 음절로 구성된 운율단어에서 어말음절이 초중음절이 아닐 경우는 어말제2음절에 강세(ʔá.na 'I')가 할당된다. 마지막으로 (24d)에서처럼 어말음절이 초중음절이 아니고 어말제2음절이 경음절일 경우는 어말제3음절에 강세(ʕal.lá.ma.to 'she thaught him', mád.ra.sa 'school')가 할당된다.

(25)는 Levantine Arabic의 강세할당에서 투명성을 보이는 경우를 OT로 평가한 결과이다.

(25) = (24) 투명성과 OT에 의한 분석

	RT =T	FB -X^{MIN}	F -PH	N F	E (R)	FB -X^{MAX}	AF -L	W S P
a. LH: /babeen/								
☞ i. ba.(bée).n							*	
ii. ba.(béen)				*!*		*	*	
iii. (ba.bée).n	*!					*		
iv. (bá.bee).n					*!	*		*
v. (bá).been		*!				*		*
b. LHL: /darasna/								
☞ i. da.(rás).na						*	*	
ii. da.(rás.na)				*!		*	*	*
c. LL: /ʔana/								
☞ i. (ʔá.na)				*	*			
ii. ʔa.(ná)		*!		**			*	
d. HLLL: /ʕallamato/								
☞ i. ʕal.(lá.ma).to					**		*	*
ii. (ʕál).la.ma.to					**!*			
iii. ʕal.la.(má.to)				*!	*		**	*
e. HLL: /madrasa/								
☞ i. (mád).ra.sa					**			
ii. mad.(rá.sa)				*!	*		*	*

RT=T에 대한 평가에서 (25a, iii)는 강세가 음보의 우변에 나타나기 때문에 이 제약을 위반한다. FB-X^{MIN}에 대한 평가에서 (25a, ⅴ)와 (25c, ii)는 음보가 한 개의 모라만으로 구성되어 있기 때문에 이 제약을 위반한다. 핵음보와 핵음보에 배치된 핵음절이 운율단어의 최우변에 나타나는 것을 금하는 NF에 대한 평가에서 (25a, ii)와 (25c, ii)는

핵음보와 핵음보에 배치된 핵음절이 운율단어의 최우변에 나타나기 때문에 이 제약을 각각 두 개씩 위반한다. 그리고 (25b, ii), (25c, ⅰ), (25d, iii) 그리고 (25e, ii)는 핵음보가 운율단어의 최우변에 나타나기 때문에 NF를 각각 한 개씩 위반한다. E(R)에 대한 평가에서 (25a, ⅳ-ⅴ), (25b, ⅰ-ii), (25c, ⅰ), (25d, ⅰ-iii) 그리고 (25e, ⅰ-ii)는 핵음절이 운율단어의 최우변에 나타나지 않기 때문에 이 제약을 각각 위반한다. FB-X^{MAX}에 대한 평가에서 (25a, ii-ⅳ)와 (25b, ii)는 음보가 세 개의 모라로 구성되어 있기 때문에 이 제약을 각각 위반한다. 음보가 운율단어의 최좌변에 나타날 것을 요구하는 AF-L에 대한 평가에서 (25a, ⅰ-ii), (25b, ⅰ-ii), (25c, ii), (25d, ⅰ, iii) 그리고 (25e, ii)가 이 제약을 각각 위반한다. 마지막으로 중음절에 강세가 할당되어야 함을 요구하는 WSP에 대한 평가에서 (25a, ⅳ-ⅴ), (25d, ⅰ, iii) 그리고 (25e, ii)가 이 제약을 각각 위반한다.

(25)의 결과를 요약하면, Levantine Arabic의 강세할당에서 투명성을 보이는 경우는 RT=T, FB-X^{MIN}, F-PH >> NF >> E(R) >> FB-X^{MAX}, AF-L, WSP의 제약위계에 의해 (25a, ⅰ), (25b, ⅰ), (25c, ⅰ), (25d, ⅰ) 그리고 (25e, ⅰ)이 각각 최적 후보로 나타남을 보여준다.

5.5.2.2 Cairene Arabic

(26)은 Cairene Arabic의 강세할당과 관련된 자료이다.

(26) Cairene Arabic의 강세(Al-Mohanna 2004: 8-9)

　　a. 투명성

     ⅰ. sa.ka.kíin   'knives'

       ka.tábt   'I/ you *sg. ms.* wrote'

    ⅱ. mu.dár.ris   'teacher *ms.*'

       bée.ti   'my house'

       haa.ðáa.ni   'these *dual ms.*'

    ⅲ. ʔad.wi.ja.tú.hu.ma *msa*   'their *dual* drugs'

       ʔin.ká.sa.ra *msa*   'it *ms.* got broken' ....

  b. 불투명성

    ka.ta.bí.tu   'she wrote it *ms.*'

    mar.tá.ba   'mattress'

    ʔad.wi.ja.tú.hu *msa*   'his drugs' ....

투명성을 보이는 (26a)에서 (26a, ⅰ)은 어말음절의 초중음절에 강세(sa.ka.kíin 'knives')가 할당된다. 그리고 (26a, ⅱ)는 어말음절이 초중음절이 아니기 때문에 어말제2음절의 중음절에 강세(mu.dár.ris 'teacher *ms.*')가 할당된다. 한편, (26a, ⅲ)에서처럼 어말음절이 초중음절이 아니고 어말제2음절이 경음절일 경우는 어말제3음절에 강세(ʔad.wi.ja.tú.hu.ma)가 할당된다.

불투명성을 보이는 (26b)는 어말음절이 초중음절이 아니고 어말제2음절이 경음절이기 때문에 어말제3음절에 강세가 할당되어야 하지만 어말제2음절에 강세(ka.ta.bí.tu)가 할당된다.

(27)은 Cairene Arabic의 강세할당에서 투명성을 보이는 경우를 OT로 평가한 것이다.

  (27) = (26a, ⅰ-ⅱ) 투명성과 OT에 의한 분석

	RT=T	FB-X^{MIN}	F-PH	NF	E(R)	a. FB-X^{MAX} b. AF-L c. WSP
a. LLH: /sakakiin/						
☞ i . sa.ka.(kíi).n						**(b)
ii. sa.ka.(kíin)				*!*		*(a), **(b)
iii. (sá.ka).kii.n					*!*	*(c)
iv. (sa.ká).kii.n	*!				*	*(c)
v. sa.(ká.kii).n					*!	*(a), *(b), *(c)
b. LHH: /mudarris/						
☞ i . mu.(dár).ris					*	*(b), *(c)
ii. (mú.dar).ris					*!*	*(a), **(c)
iii. mu.dar.(rís)				*!*		**(b), *(c)

(27a, ⅳ)는 RT=T를 위반하고 (27a, ⅱ)와 (27b, ⅲ)는 NF를 위반한다. 그리고 (27a, ⅲ-ⅴ)와 (27b, ⅰ-ⅱ)는 E(R)을 위반한다.

(28) 역시 Cairene Arabic에서 투명성을 보이는 경우에 대한 평가이다.

(28) = (26a, ⅲ) 투명성과 OT에 의한 분석

HLLLLL: /ʔadwijatuhuma/	i . RT=T ii. FB-X^{MIN} iii. F-PH	N F	E (R)	i . FB-X^{MAX} ii. AF-L iii. WSP
☞a. ʔad.wi.ja.(tú.hu).ma			**	***(ii), *(iii)
b. (ʔád).wi.ja.tu.hu.ma			**!***	
c. ʔad.(wí.ja).tu.hu.ma			**!**	*(ii), *(iii)
d. ʔad.wi.ja.tu.(hú.ma)		*!	*	****(ii), *(iii)

(28d)는 NF를 위반하고 (28a-d)는 E(R)을 위반한다.

(27-28)의 결과를 요약하면, Cairene Arabic의 강세할당에서 투명성을 보이는 경우는 (25)에서 살펴보았던 Levantine Arabic의 강세할당에서 투명성을 보이는 경우와 동일하게 RT=T, FB-X^{MIN}, F-PH >> NF >> E(R) >> FB-X^{MAX}, AF-L, WSP의 제약위계에 의해 (27a, ⅰ), (27b, ⅰ) 그리고 (28a)가 각각 최적 후보로 나타남을 보여준다.

(29)는 Cairene Arabic의 강세할당에서 불투명성을 보이는 경우를 OT로 평가한 결과이다.

(29) = (26b) 불투명성과 OT에 의한 분석

LLLL: /katabítu/	RT =T	FB $-X^{MIN}$	F $-PH$	N F	E (R)	FB $-X^{MAX}$	AF $-L$	W S P
☞a. ka.ta.(bí.tu)				*	*		**	
b. (ká.ta).bi.tu			*!		***			
c. ka.(tá.bi).tu			*!		**		*	
d. ka.(ta.bí).tu	*!				*		*	

(29d)는 RT=T를 위반한다. 그리고 (29b-c)는 기저형에 어휘적으로 명시된 강세가 표면형에 나타나지 않기 때문에 F-PH를 위반한다.

(29)의 결과를 요약하면, Cairene Arabic의 강세할당에서 불투명성을 보이는 경우는 (25)의 Levantine Arabic에서 투명성을 보이는 경우나 (27-28)의 Cairene Arabic에서 투명성을 보이는 경우와 동일하게 RT=T, FB-X^{MIN}, F-PH >> NF >> E(R) >> FB-X^{MAX}, AF-L, WSP의 제약위계에 의해 (29a)가 최적 후보로 나타남을 보여준다.

5.5.2.3 Urban Hijazi Arabic

(30)은 Urban Hijazi Arabic의 강세할당과 관련된 자료들이다.

(30) Urban Hijazi Arabic의 강세(Al-Mohanna 1998; 2004: 8)

  a. 투명성

    ⅰ. ka.tábt   'I/ you *sg. ms.* wrote'

       muf.táaħ   'key' ....

    ⅱ. faa.túu.rah   'receipt'

       dár.si   'my lesson'

       táa.ʤir   'merchant *ms.*' ....

    ⅲ. bá.sˤa.lah   'an onion'

       mak.tá.ba.ti *msa* 'my library' ....

    ⅳ. mák.ta.bah   'library'

       ʔasˤ.háa.ba.na   'our friends' ....

  b. 불투명성

    ba.ga.rá.ti   'my cow'

    dˤa.ra.bá.tak   'she hit you *sg. ms.*'

    daħ.ra.ʤa.tú.hu *msa* 'his rolling' ....

투명성을 보이는 (30a)에서 (30a, ⅰ)은 어말음절의 초중음절에 강세(ka.tábt 'I/ you *sg. ms.* wrote')가 할당된다. 그리고 (30a, ⅱ)는 어말음절이 초중음절이 아니기 때문에 어말제2음절의 중음절에 강세(faa.túu.rah 'receipt')가 할당된다. 한편, (30a, ⅲ-ⅳ)에서처럼 어말음절이 초중음절이 아니고 어말제2음절이 경음절일 경우는 어말제3음절의 경음절이나 중음절에 강세(bá.sˤa.lah 'an onion', mák.ta.bah 'library')가 할당된다.

불투명성을 보이는 (30b)에서는 어말음절이 초중음절이 아니고 어
말제2음절이 경음절이기 때문에 어말제3음절에 강세가 할당되어야 하
지만 어말제2음절에 강세(ba.ga.rá.ti 'my cow')가 할당된다.

(31)은 Urban Hijazi Arabic의 강세할당에서 투명성을 보이는 경우
를 OT로 평가한 것이다.

(31) = (30a, ⅰ-ⅱ) 투명성과 OT에 의한 분석

	RT =T	FB $-X^{MIN}$	F -PH	N F	E (R)	a. FB-X^{MAX} b. AF-L c. WSP
a. LH: /katabt/						
☞ ⅰ. ka.(táb).t						*(b)
ⅱ. ka.(tábt)				*!*		*(a), *(b)
ⅲ. (ká).tab.t		*!			*	*(c)
ⅳ. (ká.tab).t				*!		*(a), *(c)
ⅴ. (ká.tabt)				*!	*	*(a), *(c)
b. HHH: /faatuurah/						
☞ ⅰ. faa.(túu).rah					*	*(b), **(c)
ⅱ. (fáa).tuu.rah				*!*		**(c)
ⅲ. faa.tuu.(ráh)				*!*		**(b), **(c)

(31a, ⅲ)는 FB-X^{MIN}을 위반하고 (31a, ⅱ, ⅴ)와 (31b, ⅲ)는 NF를
위반한다. 그리고 (31a, ⅲ-ⅴ)와 (31b, ⅰ-ⅱ)는 E(R)을 위반한다.

아래 (32)는 투명성을 보이는 (30a, iii-iv)에 대한 평가이다.

(32) = (30a, iii-iv) 투명성과 OT에 의한 분석

	RT =T	FB $-X^{MIN}$	F -PH	N F	E (R)	a. FB-X^{MAX} b. AF-L c. WSP
a. LLH: /basˤalah/						
☞ i . (bá.sˤa).lah					**	*(c)
ii. ba.(sˤá.lah)				*!	*	*(a), *(b), *(c)
iii. ba.sˤa.(láh)				*!*		**(b)
b. HLH: /maktabah/						
☞ i . (mák).ta.bah					**	*(c)
ii. mak.(tá.bah)				*!	*	*(a), *(b), **(c)
iii. mak.ta.(báh)				*!*		**(b), *(c)

(32a, ii-iii)와 (32b, ii-iii)는 NF를 위반한다.

(31-32)의 결과를 요약하면, Urban Hijazi Arabic의 강세할당에서 투명성을 보이는 경우인 (31-32)는 (25)의 Levantine Arabic에서 투명성을 보이는 경우, (27-28)의 Cairene Arabic에서 투명성을 보이는 경우 그리고 (29)의 Cairene Arabic에서 불투명성을 보이는 경우와 동일하게 RT=T, FB-X^{MIN}, F-PH >> NF >> E(R) >> FB-X^{MAX}, AF-L, WSP의 제약위계에 의해 (31a, i), (31b, i), (32a, i) 그리고 (32b, i)이 각각 최적 후보로 나타남을 보여준다.

(33)은 Urban Hijazi Arabic의 강세할당에서 불투명성을 보이는 경

우를 OT로 평가한 것이다.

(33) = (30b) 불투명성과 OT에 의한 분석

LLLL: /bagaráti/	RT =T	FB $-X^{MIN}$	F -PH	N F	E (R)	FB $-X^{MAX}$	AF -L	W S P
☞a. ba.ga.(rá.ti)				*	*		**	
b. (bá.ga).ra.ti			*!		***			
c. ba.(gá.ra).ti			*!		**		*	
d. ba.ga.(rá).ti		*!			*		**	

(33d)는 FB-X^{MIN}을 위반하고 (33b-c)는 기저형에 어휘적으로 명시된 강세가 표면형에 나타나지 않기 때문에 F-PH를 위반한다.

(33)의 결과를 요약하면, Urban Hijazi Arabic의 강세할당에서 불투명성을 보이는 경우는 지금까지 5.5.2에서 살펴보았던 아랍방언의 경우와 동일하게 RT=T, FB-X^{MIN}, F-PH >> NF >> E(R) >> FB-X^{MAX}, AF-L, WSP의 제약위계에 의해 (33a)가 최적 후보로 나타남을 보여준다.

5.5.2.4 Palestinian Arabic

(34)는 Palestinian Arabic의 강세할당과 관련된 자료들을 열거한 것이다.

(34) Palestinian Arabic의 강세(Al-Mohanna 2004: 7-8)

  a. 투명성
  ⅰ. duk.káan   'shop'
    da.rást   'I studied'
  ⅱ. mak.táb.na   'our office'
    jír.ʃi   'he bribes'
    báa.rak   'he blessed'
  ⅲ. ká.ta.bu   'they wrote'
    ʃa.ʤa.rá.tu.hu *msa*   'his tree'
    ʕal.lá.ma.to   'she taught him' ....
  ⅳ. ʔíd.fa.ʕu   '(you *pl.*) pay'
    ʕál.la.mat   'she taught'

  b. 불투명성
  ʃá.ʤa.ra.ti *msa*   'my tree'
  ʃá.ʤa.ra.tun *msa*   'a tree' ....

투명성을 보이는 (34a)에서 (34a, ⅰ)은 어말음절의 초중음절에 강세(duk.káan 'shop')가 할당된다. 그리고 (34a, ⅱ)는 어말음절이 초중음절이 아니기 때문에 어말제2음절에 강세(mak.táb.na 'our office')가 할당된다. 한편, (34a, ⅲ-ⅳ)에서처럼 어말음절이 초중음절이 아니고 어말제2음절이 경음절일 경우는 어말제3음절의 경음절이나 중음절에 강세(ká.ta.bu 'they wrote', ʔíd.fa.ʕu '(you *pl.*) pay')가 할당된다.

불투명성을 보이는 (34b)에서는 어말음절이 초중음절이 아니고 어말제2음절이 경음절이기 때문에 (24d)의 Levantine Arabic, (26a, ⅲ)의 Cairene Arabic 그리고 (30a, ⅲ-ⅳ)의 Urban Hijazi Arabic에서처럼 어말제3음절에 강세가 할당되어야 할 것이다. 그러나 (34b)의 Palestinian Arabic에서는 어말제4음절에 강세(ʃá.ʤa.ra.ti 'my tree')

가 할당되기 때문에 강세할당과 관련된 음절창(syllable window)에서 사음절창을 형성한다.11)

(35)는 Palestinian Arabic의 강세할당에서 투명성을 보이는 (34a, ⅰ‐ⅱ)를 OT로 평가한 결과이다.

(35) = (34a, ⅰ‐ⅱ) 투명성과 OT에 의한 분석

	RT =T	FB $-X^{MIN}$	F -PH	N F	E (R)	FB $-X^{MAX}$	AF -L	W S P
a. HH: /dukkaan/								
☞ ⅰ. duk.(káa).n							*	*
ⅱ. (dúk).kaa.n					*!			*
ⅲ. (duk.káan)	*!			**		*		*
ⅳ. duk.(káan)				*!*		*	*	*
ⅴ. (dúk).kaan					*!			*
b. HHL: /maktabna/								
☞ ⅰ. mak.(táb).na					*		*	*
ⅱ. (mák).tab.na				*!*				*

(35a, ⅲ)는 RT=T를 위반하고 (35a, ⅲ‐ⅳ)는 NF를 위반한다. 그리고 (35a, ⅱ, ⅴ)와 (35b, ⅰ‐ⅱ)는 E(R)을 위반한다.

(36)은 투명성을 보이는 (34a, ⅲ‐ⅳ)에 대한 평가이다.

(36) = (34a, ⅲ‐ⅳ) 투명성과 OT에 의한 분석

	RT =T	FB $-X^{MIN}$	F -PH	N F	E (R)	FB $-X^{MAX}$	AF -L	W S P
a. LLL: /katabu/								
☞ i . (ká.ta).bu					**			
ii. ka.(tá.bu)				*!	*		*	
b. HLL: /ʔidfaʕu/								
☞ i . (ʔíd).fa.ʕu					**			
ii. ʔid.(fá.ʕu)				*!	*		*	*

(36a, ii)와 (36b, ii)는 NF를 위반한다.

(35-36)의 결과를 요약하면, Palestinian Arabic의 강세할당에서 투명성을 보이는 경우는 지금까지 5.5.2에서 살펴보았던 아랍방언의 경우와 동일하게 RT=T, FB-X^{MIN}, F-PH >> NF >> E(R) >> FB-X^{MAX}, AF-L, WSP의 제약위계에 의해 (35a, i), (35b, i), (36a, i) 그리고 (36b, i)이 각각 최적 후보로 나타남을 보여준다.

아래 (37)은 Palestinian Arabic의 강세할당에서 사음절창을 형성하는 불투명성의 경우를 OT로 평가한 결과이다.

(37) = (34b) 불투명성과 OT에 의한 분석

LLLL: /ʃádʒarati/	RT =T	FB $-X^{MIN}$	F -PH	N F	E (R)	FB $-X^{MAX}$	AF -L	W S P
☞a. (ʃá.dʒa).ra.ti					***			
b. ʃa.(dʒá.ra).ti			*!		**		*	
c. ʃa.dʒa.(rá.ti)			*!		*		**	
d. (ʃá).dʒa.ra.ti		*!			***			

(37d)는 FB-X^{MIN}을 위반하고 (37b-c)는 기저형에 어휘적으로 명시
된 강세가 표면형에 나타나지 않기 때문에 F-PH를 각각 위반한다.

(37)의 결과를 요약하면, Palestinian Arabic의 강세할당에서 사음
절창의 불투명성을 보이는 경우 역시 지금까지 5.5.2를 통해 살펴보았
던 아랍방언의 경우와 동일하게 RT=T, FB-X^{MIN}, F-PH >> NF >>
E(R) >> FB-X^{MAX}, AF-L, WSP의 제약위계에 의해 (37a)가 최적
후보로 나타남을 보여준다.

5.5.3 요약

5.5에서는 아랍방언에 관해 간략하게 소개하였다. 그리고 아랍방언
(Levantine, Cairene, Urban Hijazi, Palestinian)에 나타나는 강세할
당에 관해 살펴본 후에 그 결과를 OT로 분석하였다. 이를 요약하면,
다음과 같다.

첫째, 아랍방언은 북아프리카와 아라비아반도 대부분의 지역과 중
동의 여러 지방을 포함한 광범위한 지역적 분포를 가지고 있는 언어이
다. 그리고 아랍방언은 전형적인 셈어의 단어구조가 새롭게 발달한 모
습을 보여준다. 바꿔 말하면, 아랍어의 단어는 두 부분으로 구성된다.
일반적으로 단어의 사전적 의미를 나타내는 세 개의 자음으로 구성된
어근과 발화표현에 문법적 의미를 부여하는 모음으로 구성된 어형이
있다. 따라서 어근 *ktb*에 어형 *-i-ā-*가 결합되면, *kitāb*(책)가 된다. 그
러나 동일한 어근에 어형 *-ā-i*가 결합되면, *kātib*(쓰는 사람)가 된다.

둘째, 아랍방언의 음보유형은 모라강약격이고 음보형성의 방향성은
운율단어의 오른쪽에서 왼쪽이다.

셋째, 아랍방언에서 투명성을 보이는 강세할당의 경우는 음절무게에 따라 이접적으로 적용된다. Palestinian Arabic에서 투명성을 보이는 경우를 예로 들면, 어말음절의 초중음절에 강세(duk.káan 'shop')가 할당된다. 그리고 어말음절이 초중음절이 아닐 경우는 어말제2음절의 중음절에 강세(mak.táb.na 'our office')가 할당된다. 한편, 어말음절이 초중음절이 아니고 어말제2음절이 경음절일 경우는 어말제3음절의 경음절이나 중음절에 강세(ká.ta.bu 'they wrote', ʔíd.fa.ʕu '(you *pl.*) pay')가 할당된다.

넷째, Cairene Arabic, Urban Hijazi Arabic 그리고 Palestinian Arabic에서는 불투명성을 보이는 강세할당의 경우가 발견된다. Urban Hijazi Arabic에서 불투명성을 보이는 경우를 예로 들면, 어말음절이 초중음절이 아니고 어말제2음절이 경음절일 경우는 어말제3음절에 강세가 할당되어야 하지만 어말제2음절에 강세(ba.ga.rá.ti 'my cow')가 할당된다. 특히 Palestinian Arabic에서 불투명성을 보이는 경우는 다른 방언들과는 달리 사음절창(ʃá.ʤa.ra.ti 'my tree')을 형성한다.

다섯째, 아랍방언의 강세할당에서 투명성과 불투명성을 보이는 경우 모두 단일한 제약위계로 설명할 수 있다.

(38) 아랍방언의 강세와 제약위계

RT=T, FB-X^{MIN}, F-PH >> NF >> E(R) >> FB-X^{MAX}, AF-L, WSP

5.6 독일어의 강세

이 절에서는 독일어에 관해 간략하게 소개하고 이 언어의 비파생어에 나타나는 강세할당에 관해 살펴본 후에 그 결과를 OT로 분석한다.

5.6.1 독일어 개관

독일어는 인도유럽어족의 서게르만어군에 속한다. 독일어는 명사, 대명사 그리고 형용사의 4가지 격(주격, 목적격, 소유격, 여격)과 3가지 성(남성, 여성, 중성) 그리고 불규칙동사(강변화동사)와 규칙동사(약변화동사)를 가진 굴절어이다. 오늘날 독일어를 모국어로 사용하는 인구는 약 1억 명이다. 주요 분포지역은 독일, 오스트리아 그리고 스위스로 독일에 7,400만 명, 오스트리아에 755만 명 그리고 스위스에 400만 명이 분포하고 있다. 이 밖에도 룩셈부르크, 리히텐슈타인, 벨기에, 프랑스, 이탈리아, 독일, 오스트리아, 스위스와 인접한 여러 국가들, 루마니아, 헝가리, 미국, 캐나다, 브라질, 아르헨티나, 파라과이, 남아프리카공화국 그리고 오스트레일리아 등지에도 독일어를 사용하는 집단이 분포하고 있다.

문어로서의 독일어는 매우 통일성을 지니고 있기 때문에 독일, 오스트리아 그리고 스위스 등지에서 쓰이는 독일어와 크게 차이가 나지 않는다. 그러나 구어로서의 독일어에는 여러 방언이 있다. 이들 방언의 대부분이 고지독일어나 저지독일어의 방언군에 속한다. 고지독일어와 저지독일어의 주된 차이점은 자음의 발음체계에 있다. 고지독일어는 독일의 남부고지대에서 쓰이고 공식문어로 쓰인다.

현대표준어가 된 근대 고지독일어는 중고독일어 방언에서 갈라져 나와 독일의 중부고지, 남부고지, 오스트리아 그리고 스위스 등지에서 쓰인다. 그리고 고지독일어는 저지독일어를 사용하고 있는 지역에서도 행정, 교육, 문학 그리고 대중매체의 언어로 쓰인다.[12]

5.6.2 독일어의 강세현상과 OT분석

(39)는 독일어의 비파생어강세와 관련된 예들을 열거한 것이다.

(39) 독일어의 비파생어강세(Féry 1996: 4-8, 13-15; 1999: 4-12, 24, 27-28, 37)

    a. 투명성

        i . Fasán[fa.zɑːn]   'pheasant'

            Kamél[ka.meːl]   'camel'

            immún[i.muːn]   'immune'

            Studént[ʃtu.dɛnt]   'student' ....

       ii . Appetít[a.pe.tiːt]   'appetite'

            Vitamín[vi.ta.miːn] 'vitamin'

            Apparát[a.pa.ʁɑːt]   'apparatus'

            Heroín[he.ʁo.iːn]   'heroin' ....

      iii. Plánkton[plaŋk.ton] 'plankton'

            Múesli[myːs.li]   'muesli'

            Gécko[gɛko]   'gecko'

            Dráma[dʁɑː.ma]   'drama'

            Vílla[vɪḷa]   'villa'

Púdding[pʊdɪŋ]   'blancmange' ....

iv. Scholástik[ʃo.las.tɪk] 'scholasticism'

    Muséum[mu.zeː.ʊm] 'museum'

    Hiátus[hi.ɑː.tʊs]   'hiatus'

    Botánik[bo.tɑː.nɪk]   'botany' ....

v. Karawáne[ka.ʁa.vɑː.nə] 'caravan'

   Apotheóse[a.po.te.oː.zə] 'apotheosis'

   Antilópe[an.ti.loː.pə]   'antelope' ....

vi. Búmerang[buː.mə.ʁaŋ]   'boomerang'

    Séllerie[zɛlə.ʁi]   'celery' ....

b. 불투명성

  i. Schícksal[ʃɪk.zɑːl]   'destiny'

     Índex[ɪn.dɛks]   'index'

     Démut[deːmuːt]   'humility'

     Plátin[plɑː.tiːn]   'platinum' ....

  ii. Etikétt[e.ti.kɛt]   'label'

     Karusséll[ka.ʁʊşɛl]   'merry-go-round'

     Avenúe[a.və.nyː]   'avenue'

     Schafótt[ʃa.fɔt]   'scaffold'

     Kopíe[ko.piː]   'copy' ....

  iii. Gígolo[ʒiː.go.lo]   'gigolo'

      Éxodus[ɛk.so.dʊs]   'exodus'

      Léxikon[lɛk.si.kɔn]   'encyclopedia'

      Ánanas[aṇa.nas]   'pineapple' ....

Féry(1996: 1)에 따르면, 독일어의 전형적인 음보유형은 모라강약격이고 음보형성의 방향성은 운율단어의 오른쪽에서 왼쪽이다.

투명성을 보이는 (39a)에서 (39a, ⅰ-ⅱ)는 각각 이음절과 삼음절로 구성된 단어로 어말음절의 초중음절에 강세(Fasán[fa.zɑːn] 'pheasant', Appetít[a.pe.tiːt] 'appetite')가 할당된다.13) 그리고 (39a, ⅲ-ⅳ)는 각각 이음절과 삼음절로 구성된 단어로 어말음절이 초중음절이 아니기 때문에 어말제2음절에 강세(Plánkton[plaŋk.ton] 'plankton', Scholástik[ʃo.las.tɪk] 'scholasticism')가 할당된다. (39a, ⅴ)와 같이 사음절로 구성된 단어 역시 어말음절이 초중음절이 아니기 때문에 어말제2음절에 강세(Karawáne[ka.ʁa.vɑː.nə] 'caravan')가 할당된다. 한편, (39a, ⅵ)에서처럼 어말음절이 초중음절이 아니고 어말제2음절이 중립모음일 경우는 어말제3음절에 강세(Búmerang[buː.mə.ʁaŋ] 'boomerang')가 할당된다.

불투명성을 보이는 (39b)에서 (39b, ⅰ)은 어말음절이 초중음절임에도 불구하고 어말제2음절에 강세(Schícksal[ʃɪk.zɑːl] 'destiny')가 할당된다. 그리고 (39b, ⅱ)는 어말음절이 초중음절이 아니기 때문에 어말제2음절에 강세가 할당되어야 하지만 어말음절에 강세(Etikétt[e.ti.kɛt] 'label')가 할당된다. 한편, (39b, ⅲ)는 어말음절이 초중음절이 아니기 때문에 어말제2음절에 강세가 할당되어야 하지만 어말제3음절에 강세(Gígolo[ʒiː.go.lo] 'gigolo')가 할당된다.14)

(40)은 (39a, ⅰ-ⅱ)에서 살펴보았던 독일어의 비파생어강세에 나타나는 투명성의 경우를 OT로 평가한 도표이다.

(40) = (39a, ⅰ-ⅱ) 투명성과 OT에 의한 분석

	NH (ə)	RT =T	FB -X^{MIN}	F -PH	N F	W S P	FB -X^{MAX}	AF -L	E (R)
a. LH: /fazɑːn/									
☞ ⅰ. fa.(zɑ́ː).n								*	
ⅱ. (fá).zɑː.n			*!			*			*
ⅲ. (fá.zɑː).n						*!	*		*
ⅳ. (fa.zɑ́ː).n		*!					*		
ⅴ. fa.(zɑ́ː.n)					*!*		*	*	
b. LLH: /apetiːt/									
☞ ⅰ. a.pe.(tíː).t								**	
ⅱ. (á.pe).tiːt						*!			**

(40a, ⅳ)는 강세가 음보의 우변에 나타나기 때문에 RT=T를 위반하고 (40a, ⅱ)는 음보가 한 개의 모라만으로 구성되어 있기 때문에 FB-X^{MIN}을 위반한다. 그리고 (40a, ⅴ)는 핵음보와 핵음보에 배치된 핵음절이 운율단어의 최우변에 나타나기 때문에 NF를 두 개 위반하고 (40a, ⅱ-ⅲ)와 (40b, ⅱ)는 중음절에 강세가 할당되지 않기 때문에 WSP를 각각 위반한다. 한편, FB-X^{MAX}에 대한 평가에서 (40a, ⅲ-ⅴ)는 음보가 세 개의 모라로 구성되어 있기 때문에 이 제약을 각각 위반한다. 마지막으로 (40a, ⅰ, ⅴ)와 (40b, ⅰ)은 음보가 운율단어의 최좌변에 나타나지 않기 때문에 AF-L을 각각 위반하고 (40a, ⅱ-ⅲ)와 (40b, ⅱ)는 핵음보의 핵음절이 운율단어의 최우변에 나타나지 않기 때문에 각각 E(R)을 위반한다.

(41)은 투명성을 보이는 (39a, ⅲ)를 OT로 평가한 결과이다.

(41) = (39a, ⅲ) 투명성과 OT에 의한 분석

HH /plaŋkton/	NH (ə)	RT =T	FB $-X^{MIN}$	F -PH	N F	W S P	FB $-X^{MAX}$	AF -L	E (R)
☞a. (pláŋk).ton						*	*		*
b. plaŋk.(tón)				*!*	*			*	

(41b)는 NF를 두 개 위반한다.

(42)는 투명성을 보이는 (39a, ⅳ)를 평가한 결과이다.

(42) = (39a, ⅳ) 투명성과 OT에 의한 분석

LHH: /ʃolastɪk/	NH (ə)	RT =T	FB $-X^{MIN}$	F -PH	N F	W S P	FB $-X^{MAX}$	AF -L	E (R)
☞a. ʃo.(lás).tɪk						*		*	*
b. (ʃó.las).tɪk					*!*	*			**
c. ʃo.las.(tík)				*!*	*				**

(42c)는 NF를 두 개 위반한다. 그리고 (42a-c)는 WSP를 각각 위반한다.

(43)은 투명성을 보이는 (39a, ⅴ)를 OT로 평가한 도표이다.

(43) = (39a, ⅴ) 투명성과 OT에 의한 분석

LLHL: /kaʁavaːnə/	NH (ə)	RT =T	FB $-X^{MIN}$	F -PH	N F	W S P	FB $-X^{MAX}$	AF -L	E (R)
☞ a. ka.ʁa.(váː).nə								**	*
b. (ká.ʁa).vaː.nə						*!			***
c. ka.(ká.vaː).nə						*!	*	*	**
d. ka.ʁa.(váː.nə)					*!		*	**	*

(43d)는 NF를 위반하고 (43b-c)는 WSP를 위반한다.

아래 (44)는 어말음절이 초중음절이 아니고 어말제2음절이 중립모음일 경우에 어말제3음절에 강세가 할당되는 투명성의 경우를 OT로 평가한 결과이다.

(44) = (39a, vi) 투명성과 OT에 의한 분석

HLH: /buːməʁaŋ/	NH (ə)	RT =T	FB $-X^{MIN}$	F -PH	N F	W S P	FB $-X^{MAX}$	AF -L	E (R)
☞ a. (búː).mə.ʁaŋ						*			**
b. (búː.mə).ʁaŋ						*	*!		**
c. buː.(mə́).ʁaŋ	*!		*			**		*	*
d. buː.(mə́.ʁaŋ)	*!				*	**	*	*	*
e. buː.mə.(ʁáŋ)					*!*	*			**

(44c-d)는 중립모음에 강세가 할당되기 때문에 NH(ə)를 위반하고 (44c)는 FB-X^{MIN}을 위반한다. 그리고 (44d-e)는 NF를 위반하고 (44a-e)는 WSP를 위반하며 (44b, d)는 FB-X^{MAX}를 위반한다.

(40-44)의 결과를 요약하면, 독일어의 비파생어강세에서 투명성을 보이는 경우는 NH(ə), RT=T, FB-X^{MIN}, F-PH >> NF, WSP >> FB-X^{MAX} >> AF-L, E(R)의 일관된 제약위계에 의해 (40a, ⅰ), (40b, ⅰ), (41a), (42a), (43a) 그리고 (44a)가 각각 최적 후보로 나타남을 잘 보여준다.

(45)는 (39b)에서 살펴보았던 독일어의 비파생어강세에 나타나는 불투명성의 경우를 OT로 평가한 결과이다.

(45) = (39b) 불투명성과 OT에 의한 분석

	NH (ə)	RT =T	FB -X^{MIN}	F -PH	N F	W S P	FB -X^{MAX}	AF -L	E (R)
a. HH: /ʃíkzɑːl/									
☞ ⅰ. (ʃík).zɑːl						*			*
ⅱ. ʃɪk.(zɑ́ːl)				*!	**	*	*	*	
ⅲ. ʃɪk.(zɑ́ː).l				*!		*		*	
ⅳ. (ʃík.zɑː).l						*	*!		*
b. LLH: /etikét/									
☞ ⅰ. e.ti.(két)					**			**	
ⅱ. (é.ti).kɛt				*!		*			**
c. HLL: /ʒíːgolo/									
☞ ⅰ. (ʒíː).go.lo									**
ⅱ. ʒiː.(gó.lo)				*!	*	*		*	*

(45a, ⅱ-ⅲ), (45b, ⅱ) 그리고 (45c, ⅱ)는 기저형에 어휘적으로 명시된 강세가 표면형에 나타나지 않기 때문에 각각 F-PH를 위반하고

(45a, ⅱ), (45b, ⅰ) 그리고 (45c, ⅱ)는 NF를 위반한다. 한편, (45a, ⅰ – ⅳ), (45b, ⅱ) 그리고 (45c, ⅱ)는 WSP를 위반하고 (45a, ⅱ, ⅳ)는 FB-X^{MAX}를 위반한다.

(45)의 결과를 요약하면, 독일어의 비파생어강세에서 불투명성을 보이는 경우는 (40-44)에서 살펴보았던 투명성을 보이는 경우와 동일하게 NH(ə), RT=T, FB-X^{MIN}, F-PH >> NF, WSP >> FB-X^{MAX} >> AF-L, E(R)의 일관된 제약위계에 의해 (45a, ⅰ), (45b, ⅰ) 그리고 (45c, ⅰ)이 각각 최적 후보로 나타남을 보여준다.

5.6.3 요약

5.6에서는 독일어에 관해 간략하게 소개하였다. 이어서 독일어의 비파생어에 나타나는 강세할당에 관해 살펴본 후에 그 결과를 OT로 분석하였다. 이를 요약하면, 다음과 같다.

첫째, 독일어는 인도유럽어족의 서게르만어군에 속한다.

둘째, Féry(1996: 1)에 따르면, 독일어에서 전형적인 음보유형은 모라강약격이고 음보형성의 방향성은 운율단어의 오른쪽에서 왼쪽이다.

셋째, 독일어의 비파생어강세에서 투명성을 보이는 경우는 다음과 같다. ① 어말음절의 초중음절에 강세(Fasán[fa.zɑːn] 'pheasant')가 할당된다. ② 어말음절이 초중음절이 아닐 경우는 어말제2음절에 강세 (Plánkton[plaŋk.ton] 'plankton')가 할당된다. ③ 어말음절이 초중음절이 아니고 어말제2음절이 중립모음일 경우는 어말제3음절에 강세 (Búmerang[buː.mə.ʁaŋ] 'boomerang')가 할당된다.

넷째, 독일어의 비파생어강세에서 불투명성을 보이는 경우는 다음과 같다. ① 어말음절이 초중음절임에도 불구하고 어말제2음절에 강세 (Schícksal[ʃɪk.zɑːl] 'destiny')가 할당된다. ② 어말음절이 초중음절이 아니기 때문에 어말제2음절에 강세가 할당되어야 하지만 어말음절에 강 세(Etikétt[e.ti.kɛt] 'label')가 할당된다. ③ 어말음절이 초중음절이 아니 기 때문에 어말제2음절에 강세가 할당되어야 하지만 어말제3음절에 강 세(Gígolo[ʒiː.go.lo] 'gigolo')가 할당된다.

다섯째, 독일어의 비파생어강세에서 투명성과 불투명성을 보이는 경 우 모두 (46)과 같은 단일한 제약위계로 설명할 수 있다.

(46) 독일어의 강세와 제약위계

NH(ə), RT=T, FB-X^{MIN}, F-PH >> NF, WSP >> FB-X^{MAX}
>> AF-L, E(R)

5.7 노르웨이어의 강세

이 절에서는 노르웨이어에 관해 간략하게 소개하고 이 언어의 비파 생어에 나타나는 강세할당에 관해 살펴본 후에 그 결과를 OT로 분석 한다.

5.7.1 노르웨이어 개관

노르웨이어는 인도유럽어족인 게르만어계에 속하는 언어로 스웨덴 어나 덴마크어와 유사하다. 현재 덴마크-노르웨이어와 신노르웨이어

가 공용어로 인정되고 있다. 덴마크-노르웨이어는 덴마크와 노르웨이
가 연합한 기간(1380-1814)에 도입된 것으로 덴마크문어에서 나왔다.
그리고 신노르웨이어는 19세기 중엽에 고대노르웨이어의 전통을 이어
가기 위해 주로 서부지역의 시골방언에서 도입된 것이다. 덴마크-노
르웨이어가 신노르웨이어보다 널리 쓰이고 대중신문과 대부분의 문학
용어로 사용되고 있다.15)

5.7.2 노르웨이어의 강세현상과 OT분석

(47)은 노르웨이어에 나타나는 비파생어의 강세와 관련된 자료이다.

(47) 노르웨이어의 비파생어강세(Rice 2005: 3, 6; Lunden 2006: 31-32,
123, 136, 143, 160, 170, 177, 183, 186, 191)

a. 투명성

ⅰ. /...CVCC/#

horisónt	'horizon'	elefánt	'elephant'
alárm	'alarm'	almanákk	'almanac'
klarinétt	'clarinet'	bagatéll	'trifle' ....

ⅱ. /...CVC/#

basáːr	'raffle'	tulipáːn	'tulip'
basúːn	'basoon'	sjakáːl	'jackal'
tomáːt	'tomato'	diplóːm	'diploma' ....

ⅲ. /...CVC.CV/#

mángo	'mango'	distánse	'distance'
brudúlje	'ruckus'	fiásko	'fiasko' ....

    iv. /(...V).CV.CV/#

báːne	'field'	ráːke	'rake'
éːgo	'ego'	láːma	'llama'
dráːma	'drama'	éːgo	'ego'
epóːke	'era'	gamáːsje	'spats'16) ....

    v. /...VC.CV.CV/#

índigo	'indigo'	dóngeri	'denim'
émbryo	'embryo'	kénguru	'kangaroo'
brókkoli	'brokkoli'		

  b. 불투명성17)

    i. páːragon '(pad of) receipts'

bíːson	'bison'	ádvent	'advent'
álbum	'album'	fýllik	'a drunk'
fósfor	'phosphor'	kásjmir	'cashmere'
ekváːtor	'equator'	dóːktor	'doctor' ....

    ii. dóːmino 'domino'

dóːmino	'domino'	basíːlika	'royal hall'
apóːkope	'apocope'	áːnima	'soul'
páːprika	'paprika'		

    Rice(2003: 2; 2005: 1, 4)에 따르면, 노르웨이어의 음보유형은 모라 강약격이고 음보형성의 방향성은 운율단어의 오른쪽에서 왼쪽이다.
    투명성을 보이는 (47a)에서 (47a, ⅰ)은 기저형이 두 개의 자음으로 끝나는 어말음절에 강세(ho.ri.sónt 'horizon')가 할당됨을 보여준다. 그리고 (47a, ⅱ)는 기저형이 한 개의 자음으로 끝나는 어말음절에 강세(ba.sáːr 'raffle')가 할당됨을 보여준다. 그러나 (47a, ⅱ)는 표면형에서 어말음절이 초중음절로 나타난다.18) 그리고 (47a, ⅲ)는 기저형이

한 개의 모음으로 끝나고 어말제2음절이 한 개의 자음으로 끝나기 때문에 어말제2음절에 강세(mán.go 'mango')가 할당됨을 보여준다. 한편, (47a, ⅳ)는 기저형의 어말음절, 어말제2음절 그리고 어말제3음절이 각각 한 개의 모음으로 끝날 경우에 어말제2음절에 강세(bá:.ne 'field')가 할당됨을 보여준다. 그러나 (47a, ⅳ)는 표면형에서 어말제2음절이 증대되어 중음절로 나타난다. 마지막으로 (47a, ⅴ)는 기저형의 어말음절과 어말제2음절이 한 개의 모음으로 끝나고 어말제3음절이 한 개의 자음으로 끝날 경우에 어말제3음절에 강세(ín.di.go 'indigo')가 할당됨을 보여준다.

불투명성을 보이는 (47b)에서 (47b, ⅰ)은 기저형이 한 개의 자음으로 끝나거나 두 개의 자음으로 끝나지만 어말음절에 강세(pá:.ra.gon '(pad of) receipts', ád.vent 'advent')가 할당되지 않음을 보여준다. 그리고 (47b, ⅱ)는 기저형의 어말음절, 어말제2음절 그리고 어말제3음절이 각각 한 개의 모음으로 끝난다. 따라서 어말제2음절에 강세가 할당되어야 하지만 어말제3음절에 강세(dó:.mi.no 'domino')가 할당되기 때문에 불투명성을 보여준다.

(48)은 (47a, ⅰ-ⅱ)에서 살펴보았던 노르웨이어의 비파생어강세에 나타나는 투명성의 경우를 OT로 평가한 결과이다.

(48) = (47a, ⅰ-ⅱ) 투명성과 OT에 의한 분석

	NH (ə)	RT =T	FB $-X^{MIN}$	F -PH	N F	FB $-X^{MAX}$	W S P	AF -L	E (R)
a. LLH: /horisont/									
☞ i. ho.ri.(són).t								**	
ii. (hó:).ri.son.t							*!		**
iii. ho.(rí:).sont							*!	*	*
iv. (hó).ri.sont			*!					*	**
v. (ho.rí:).sont		*!				*		*	*
vi. ho.ri.(sónt)					*!*	*		**	
b. LH: /basar/									
☞ i. ba.(sá:).r								*	
ii. (bá:).sar							*!		*
iii. ba.(sá:r)					*!*	*		*	

 (48a, ⅴ)는 강세가 음보의 우변에 나타나기 때문에 RT=T를 위반
하고 (48a, ⅳ)는 음보가 한 개의 모라만으로 구성되어 있기 때문에
FB-X^{MIN}을 위반한다. (48a, ⅵ)와 (48b, ⅲ)는 핵음보와 핵음보에 배
치된 핵음절이 운율단어의 최우변에 나타나기 때문에 NF를 각각 두
개씩 위반한다. 그리고 FB-X^{MAX}에 대한 평가에서 (48a, ⅴ-ⅵ)와
(48b, ⅲ)는 음보가 세 개의 모라로 구성되어 있기 때문에 이 제약을
각각 위반한다. 한편, (48a, ⅱ-ⅴ)와 (48b, ⅱ)는 중음절에 강세가 할
당되지 않기 때문에 WSP를 각각 위반한다. 마지막으로 (48a, ⅰ, ⅲ,
ⅵ)와 (48b, ⅰ, ⅲ)는 음보가 운율단어의 최좌변에 나타나지 않기 때
문에 AF-L을 각각 위반하고 (48a, ⅱ-ⅴ)와 (47b, ⅱ)는 핵음절이 운
율단어의 최우변에 나타나지 않기 때문에 E(R)을 각각 위반한다.[19]

(49)는 투명성을 보이는 (47a, ⅲ-ⅳ)를 평가한 결과이다.

(49) = (47a, ⅲ-ⅳ) 투명성과 OT에 의한 분석

	NH (ə)	RT =T	FB -X^{MIN}	F -PH	N F	FB -X^{MAX}	W S P	AF -L	E (R)
a. HL: /mango/									
☞ ⅰ. (mán).go									*
ⅱ. man.(gó:)					*!*		*	*	
b. LL: /bane/									
☞ ⅰ. (bá:).ne									*
ⅱ. ba.(né:)					*!*			*	

(49a, ⅱ)와 (49b, ⅱ)는 핵음보와 핵음보에 배치된 핵음절이 운율단
어의 최우변에 나타나기 때문에 NF를 위반한다.

아래 (50)은 투명성을 보이는 (47a, ⅴ)를 OT로 평가한 것이다.

(50) = (47a, ⅴ) 투명성과 OT에 의한 분석

HLL: /indigo/	NH (ə)	RT =T	FB -X^{MIN}	F -PH	N F	FB -X^{MAX}	W S P	AF -L	E (R)
☞a. (ín).di.go									**
b. in.(dí:).go							*!	*	*

(50b)는 중음절에 강세가 할당되지 않기 때문에 WSP를 위반한다.
(48-50)의 결과를 요약하면, 노르웨이어의 비파생어강세에서 투명
성을 보이는 경우는 NH(ə), RT=T, FB-X^{MIN}, F-PH, NF, FB-X^{MAX}

>> WSP >> AF-L, E(R)의 일관된 제약위계에 의해 (48a, ⅰ), (48b, ⅰ), (49a, ⅰ), (49b, ⅰ) 그리고 (50a)가 각각 최적 후보로 나타남을 잘 보여준다.

(51)은 노르웨이어의 강세할당에서 불투명성을 보이는 (47b, ⅰ-ⅱ)를 OT로 평가한 도표이다.

(51) = (47b, ⅰ-ⅱ) 불투명성과 OT에 의한 분석

	NH (ə)	RT =T	FB $-X^{MIN}$	F -PH	N F	FB $-X^{MAX}$	W S P	AF -L	E (R)
a. LLH: /páragon/									
☞ⅰ. (pá:).ra.gon							*		**
ⅱ. (pá:.ra).gon					*!		*		**
ⅲ. pa.ra.(gó:n)			*!	**	*			**	
b. LLL: /dómino/									
☞ⅰ. (dó:).mi.no									**
ⅱ. do.(mí:).no			*!					*	*

(51a, ⅲ)와 (51b, ⅱ)는 기저형에 어휘적으로 명시된 강세가 표면형에 나타나지 않기 때문에 F-PH를 위반한다. 그리고 (51a, ⅲ)는 NF를 위반하고 (51a, ⅱ-ⅲ)는 FB-X^{MAX}를 각각 위반한다.

(51)의 결과를 요약하면, 노르웨이어의 비파생어강세에서 불투명성을 보이는 경우는 (48-50)에서 살펴보았던 투명성을 보이는 경우와 동일하게 NH(ə), RT=T, FB-X^{MIN}, F-PH, NF, FB-X^{MAX} >> WSP >> AF-L, E(R)의 일관된 제약위계에 의해 (51a, ⅰ)과 (51b, ⅰ)이

각각 최적 후보로 나타남을 보여준다.

5.7.3 요약

5.7에서는 노르웨이어에 관해 간략하게 소개한 후에 이 언어의 비파생어에 나타나는 강세할당에 관해 살펴보았다. 그리고 그 결과를 OT로 분석하였다.

첫째, 노르웨이어는 인도유럽어족인 게르만어계에 속한다. 그리고 이 책에서 다루었던 노르웨이어의 강세는 노르웨이의 서부에 있는 Lynadal 지역의 방언인 Vest-Agder에 나타나는 것들이다.

둘째, Rice(2003: 2; 2005: 1, 4)에 따르면, 노르웨이어의 음보유형은 모라강약격이고 음보형성의 방향성은 운율단어의 오른쪽에서 왼쪽이다.

셋째, 노르웨이어에서 장모음과 겹자음은 표면형에서 강세를 받는 음절에만 나타난다.

넷째, 노르웨이어의 비파생어강세에서 투명성을 보이는 경우는 다음과 같다. ① 기저형이 두 개의 자음으로 끝날 경우에는 어말음절에 강세(ho.ri.sónt 'horizon')가 할당된다. ② 기저형이 한 개의 자음으로 끝날 경우에도 어말음절에 강세(ba.sáːr 'field')가 할당된다. ③ 기저형이 한 개의 모음으로 끝나고 어말제2음절이 한 개의 자음으로 끝날 경우는 어말제2음절에 강세(mán.go 'mango')가 할당된다. ④ 기저형의 어말음절, 어말제2음절 그리고 어말제3음절이 각각 한 개의 모음으로 끝날 경우에는 어말제2음절에 강세(báː.ne 'field')가 할당된다. ⑤ 기저형의 어말음절과 어말제2음절이 한 개의 모음으로 끝나고 어말제

3음절이 한 개의 자음으로 끝날 경우에는 어말제3음절에 강세(ín.di.go 'indigo')가 할당된다.

다섯째, 노르웨이어의 비파생어강세에서 불투명성을 보이는 경우는 다음과 같다. ① 기저형이 한 개나 두 개의 자음으로 끝나지만 어두음절에 강세(pá:.ra.gon '(pad of) receipts', ád.vent 'advent')가 할당된다. ② 기저형의 어말음절, 어말제2음절 그리고 어말제3음절이 각각 한 개의 모음으로 끝나기 때문에 어말제2음절에 강세가 할당되어야 하지만 어말제3음절에 강세(dó:.mi.no 'domino')가 할당된다.

여섯째, 노르웨이어의 비파생어강세에서 투명성과 불투명성을 보이는 경우 모두 (52)와 같은 단일한 제약위계로 설명할 수 있다.

(52) 노르웨이어의 강세와 제약위계

NH(ə), RT=T, FB-X^{MIN}, F-PH, NF, FB-X^{MAX} >> WSP >> AF-L, E(R)

5.8 공통된 특성과 변이

이 절에서는 지금까지 제5장에서 살펴보았던 개별 언어의 강세와 OT로 분석한 결과에 근거하여 유형론적 관점에서 공통된 특성과 변이를 정리한다.[20]

5.8.1 공통된 특성

개별 언어의 강세할당에 나타나는 공통된 특성은 다음과 같다.

(53) 공통된 특성

    a. 음보유형은 모라강약격이다.

    b. 음보형성의 방향성은 운율단어의 오른쪽에서 왼쪽이다.

    c. 음량상관성을 반영하는 고정강세체계이다.

    d. 음보의 크기는 제한음보이다.

    e. 강세할당은 투명성과 불투명성을 체계적으로 보인다.

(53a)를 구체적으로 설명하면, 다음과 같다.

첫째, Hayes(1995: 181)에 따르면, 영어의 음보유형은 모라강약격이다. 따라서 강세(A.(mé.ri).ca 'America')가 음보의 좌변에 할당된다.

둘째, Rosenthall(1994: 145)에 따르면, 스페인어의 음보유형은 모라강약격이다. 따라서 강세(ba.(rá.ta) 'bargain')가 음보의 좌변에 할당된다.

셋째, Al-Mohanna(2004: 7-9)에 따르면, 아랍방언(Levantine, Cairene, Urban Hijazi, Palestinian)의 음보유형은 모라강약격이다. 따라서 강세((ká.ta).bu 'they wrote')가 음보의 좌변에 할당된다.

다섯째, Féry(1996: 1)에 따르면, 독일어의 전형적인 음보유형은 모라강약격이다. 따라서 강세(Scho.(lás).tik[ʃo.las.tɪk] 'scholasticism')가 음보의 좌변에 할당된다.

마지막으로 Rice(2003: 2; 2005: 1, 4)에 따르면, 노르웨이어의 음보유형은 모라강약격이다. 따라서 강세((mán).go 'mango')가 음보의 좌변에 할당된다.

(53b)를 구체적으로 설명하면, 다음과 같다.

첫째, *SPE*(84)의 주강세규칙을 따른 영어의 명사에서 투명성을 보이는 경우를 예로 들면, 운율단어의 오른쪽에서 왼쪽으로 음보형성의 방향성을 설정한다. 그리고 어말음절을 제외하고 어말제2음절이 중음절일 경우에 어말제2음절에 강세(a.(ró).ma 'aroma')가 할당된다.

둘째, 스페인어에서 비동사형의 비파생어강세에 나타나는 투명성의 경우인 Type A를 예로 들면, 운율단어의 오른쪽에서 왼쪽으로 음보형성의 방향성을 설정한다. 그리고 어말음절이 경음절일 경우에는 어말제2음절에 강세(ba.(rá.ta) 'bargain')가 할당된다.

셋째, 아랍방언 가운데 투명성을 보이는 Palestinian Arabic의 경우를 예로 들면, 운율단어의 오른쪽에서 왼쪽으로 음보형성의 방향성을 설정한다. 그리고 어말음절이 초중음절이 아니고 어말제2음절이 경음절일 경우는 어말제3음절에 강세((ká.ta).bu 'they wrote', (ʔíd).fa.ʕuʃ '(you *pl.*) pay')가 할당된다.

다섯째, 독일어의 비파생어강세에서 투명성을 보이는 경우를 예로 들면, 운율단어의 오른쪽에서 왼쪽으로 음보형성의 방향성을 설정한다. 그리고 어말음절이 초중음절이 아닐 경우는 어말제2음절에 강세((Plánk).ton[plaŋk.ton] 'plankton')가 할당된다.

마지막으로 노르웨이어의 비파생어강세에서 투명성을 보이는 경우를 예로 들면, 운율단어의 오른쪽에서 왼쪽으로 음보형성의 방향성을 설정한다. 그리고 기저형의 어말음절과 어말제2음절이 한 개의 모음으로 끝나고 어말제3음절이 한 개의 자음으로 끝날 경우에 어말제3음절에 강세((ín).di.go 'indigo')가 할당된다.

(53c)에서 음량상관성을 반영하는 고정강세체계라 함은 (53b)에 언급된 음보형성의 방향성에 따라 음절무게를 고려하여 초중음절이나 중음절에 우선적으로 강세를 할당하라는 의미이다. 이를 구체적으로 설명하면, 다음과 같다.

첫째, SPE(84)의 주강세규칙을 따른 영어의 동사에서 투명성을 보이는 경우를 예로 들면, 어말음절의 초중음절에 우선적으로 강세(main.(tái).n 'maintain', co.(lláp).se 'collapse')가 할당된다. 그리고 어말음절이 초중음절이 아닐 경우에는 어말제2음절에 강세(in.(tér).pret 'interpret')가 할당된다.

둘째, 스페인어에서 비동사형의 비파생어강세에 나타나는 투명성의 경우인 Type A를 예로 들면, 어말음절의 중음절에 강세(ver.(dór) 'fresh verdure')가 우선적으로 할당된다. 그리고 어말음절이 경음절일 경우에는 어말제2음절에 강세(ca.(nás).ta 'basket', pe.(pí.no) 'cucumber')가 할당된다.

셋째, 아랍방언 가운데 투명성을 보이는 Cairene Arabic의 경우를 예로 들면, 어말음절의 초중음절에 우선적으로 강세(sa.ka.(kíi).n 'knives')가 할당된다. 그리고 어말음절이 초중음절이 아닐 경우는 어말제2음절의 중음절에 강세(mu.(dár).ris 'teacher ms.')가 할당된다. 한편, 어말음절이 초중음절이 아니고 어말제2음절이 경음절일 경우는 어말제3음절에 강세(?ad.wi.ja.(tú.hu).ma 'their dual drugs')가 할당된다.

다섯째, 독일어의 비파생어강세에서 투명성을 보이는 경우를 예로 들면, 어말음절의 초중음절에 우선적으로 강세(A.ppe.(tí).t[a.pe.ti:t] 'appetite')가 할당된다. 그리고 어말음절이 초중음절이 아닐 경우는 어말제2음절에 강세(Karawáne[ka.ʁa.(vɑː).nə] 'caravan')가 할당된다.

마지막으로 노르웨이어의 비파생어강세에서 투명성을 보이는 경우를 예로 들면, 기저형이 두 개의 자음으로 끝나는 어말음절에 우선적으로 강세(e.le.(fán).t 'elephant')가 할당된다. 그리고 기저형이 한 개의 모음으로 끝나고 어말제2음절이 한 개의 자음으로 끝날 경우는 어말제2음절에 강세((mán).go 'mango')가 할당된다.

(53d)는 음보의 구성성분인 음절수에 제한을 받는 음보라는 의미이다. 바꿔 말하면, 제5장에서 다루었던 개별 언어의 강세에 나타나는 음보가 모두 모라강약격이기 때문에 경음절로 구성된 음보의 경우는 음절수가 두 개로 제한된다. 그리고 중음절로 구성된 음보의 경우는 음절수가 한 개로 제한된다.

마지막으로 (53e)에 관해 살펴보기로 한다. 개별 언어에 나타나는 강세할당은 투명성과 불투명성을 체계적으로 보인다. 따라서 일반적으로 불투명성을 보이는 경우도 하나의 체계적인 범주를 이룬다고 볼 수 있다.[21] 투명성의 경우는 (53a-d)에서 살펴보았기 때문에 여기에서는 불투명성의 경우만 살펴보기로 한다.

첫째, SPE(84)의 주강세규칙을 기준으로 한 영어의 경우이다. ① 명사에서 불투명성을 보이는 경우는 어말음절이 [+long]으로 구성된 긴장모음임에도 불구하고 어말제3음절에 강세((bró.cco).li 'broccoli')가 할당된다. 그리고 어말음절을 제외하고 어말제2음절이 경음절임에도 불구하고 어말제2음절에 강세(ab.(scí.ssa) 'abscissa')가 할당된다. ② 동사에서 불투명성을 보이는 경우는 어말음절이 초중음절이 아니

기 때문에 어말제2음절에 강세가 할당되어야 하지만 어말음절에 강세
(be.(gín) 'begin')가 할당된다. ③ 비파생형용사에서 불투명성을 보이
는 경우는 어말음절이 초중음절임에도 불구하고 어말제2음절에 강세
((áb).ject 'abject')가 할당된다.

　둘째, 스페인어에서 비동사형의 비파생어강세에 나타나는 불투명성
을 보이는 경우이다. ① 불투명성을 보이는 Type B는 어말음절이 중
음절임에도 불구하고 어말제2음절에 강세(al.(cán).dor 'a kind of oil')
가 할당된다. 그리고 어말음절이 경음절이기 때문에 어말제2음절에 강
세가 할당되어야 하지만 어말제3음절에 강세((pá.ja).ro 'bird')가 할당
된다. ② 불투명성을 보이는 Type C는 어말음절이 경음절이기 때문에
어말제2음절에 강세가 할당되어야 하지만 어말음절에 강세(hin.(dú)
'hindu')가 할당된다.

　셋째, 아랍방언에서 불투명성을 보이는 경우이다. ① Cairene Arabic
의 경우이다. 어말음절이 초중음절이 아니고 어말제2음절이 경음절이
기 때문에 어말제3음절에 강세가 할당되어야 하지만 어말제2음절에
강세(ka.ta.(bí.tu) 'she wrote it *ms.*')가 할당된다. ② Urban Hijazi
Arabic의 경우이다. 어말음절이 초중음절이 아니고 어말제2음절이 경
음절이기 때문에 어말제3음절에 강세가 할당되어야 하지만 어말제2음
절에 강세(ba.ga.(rá.ti) 'my cow')가 할당된다. ③ Palestinian Arabic
의 경우이다. 어말음절이 초중음절이 아니고 어말제2음절이 경음절이
기 때문에 어말제3음절에 강세가 할당되어야 하지만 어말제4음절에
강세((ʃá.dʒa).ra.ti 'my tree')가 할당된다.

　넷째, 독일어에서 불투명성을 보이는 경우이다. ① 어말음절이 초중음

절임에도 불구하고 어말제2음절에 강세((Schíck).sal[ʃɪk.zɑːl] 'destiny')
가 할당된다. ② 어말음절이 초중음절이 아니기 때문에 어말제2음절에
강세가 할당되어야 하지만 어말음절에 강세(Eti.(kétt)[e.ti.kɛt] 'label')가
할당된다. ③ 어말음절이 초중음절이 아니기 때문에 어말제2음절에 강세
가 할당되어야 하지만 어말제3음절에 강세((Gí).go.lo[ʒiː.go.lo] 'gigolo')
가 할당된다.

마지막으로 노르웨이어의 경우이다. ① 기저형이 한 개나 두 개의 자음
으로 끝나지만 어말음절에 강세((páː).ra.gon '(pad of) receipts', (ád).vent
'advent')가 할당되지 않는다. ② 기저형의 어말음절, 어말제2음절 그리고
어말제3음절이 각각 한 개의 모음으로 끝난다. 따라서 어말제2음절에 강
세가 할당되어야 하지만 어말제3음절에 강세((dóː).mi.no 'domino')가 할
당된다.

5.8.2 변이

개별 언어의 강세할당에 나타나는 변이는 (54)와 같다.

(54) 변이

    a. 음절창

      ⅰ. 영어: A.(mé.ri).ca 'America'

      ⅱ. 스페인어: (pá.ja).ro 'bird'

      ⅲ. 아랍방언

        ⅲ-ⅰ. Levantine: (mád).ra.sa 'school'

        ⅲ-ⅱ. Cairen: ʔin.(ká.sa).ra *msa* 'it *ms.* got broken'

iii-iii. Urban Hijazi: (mák).ta.bah 'library'

iii-iv. Palestinian: (ʃá.ʤa).ra.ti 'my tree'

iv. 독일어: (Bú).me.rang[buː.mə.ʁaŋ] 'boomerang'

v. 노르웨이어: (ín).di.go 'indigo'

b. 개별 언어의 제약위계

i. 영어

i-i. 명사

NH(ə), RT=T, FB-X^{MIN}, F-PH >> FB-X^{MAX},
AF-L >> NF, E(R), WSP

i-ii. 동사와 형용사강세

NH(ə), RT=T, FB-X^{MIN}, F-PH >> NF >>
E(R) >> FB-X^{MAX}, AF-L, WSP

ii. 스페인어

RT=T, F-PH >> FB-X^{MIN}, E(R) >> FB-X^{MAX} >>
AF-L, NF, WSP

iii. 아랍방언(Levantine, Cairen, Urban Hijazi, Palestinian)

RT=T, FB-X^{MIN}, F-PH >> NF >> E(R) >> FB-X^{MAX},
AF-L, WSP

iv. 독일어

NH(ə), RT=T, FB-X^{MIN}, F-PH >> NF, WSP >>
FB-X^{MAX} >> AF-L, E(R)

v. 노르웨이어

NH(ə), RT=T, FB-X^{MIN}, F-PH, NF, FB-X^{MAX} >>
WSP >> AF-L, E(R)

(54a)의 변이는 Palestinian Arabic이 최대 사음절창((ʃá.ʤa).ra.ti 'my tree')을 형성하고 나머지는 최대 삼음절창을 형성하고 있음을 보여준다. 그리고 (54b)의 변이는 개별 언어의 강세를 OT로 분석한 제약위계이다.

주석

1) (1b)의 [kuBjérta 'lid']에서 [j]는 스페인어에 나타나는 전전이음(on-glide)으로 음절 핵음과 함께 하나의 모라로 이루어진 상승이중모음을 구성한다. 이에 관한 구체적인 내용은 Harris(1983: 12)와 Rosenthall(1994: 140, 161-164) 참조.

2) 투명성의 경우에 (1b)의 급여와는 반대의 개념이 (i)과 같은 출혈(bleeding)이다.

(i) Palestinian Arabic(McCarthy 2007: 10, 14)

기저형	/batˤn-ha/
모음삽입	batˤinha
순행동화	*DNA*
역행동화	bˤaˤtˤinha
표면형	[bˤaˤtˤinha] 'her stomach'

(i)의 Palestinian Arabic에서는 자음군연쇄를 금하기 위해 모음삽입이 일어난다. 그 결과 모음삽입규칙이 순행동화규칙(Progressive Assimilation Rule)을 저지하는 출혈의 경우로 표면형에서 음운규칙이 정상적용된 투명성을 보여준다.

3) Andrew(2000: 1, 5, 7)에 따르면, (3a, ⅰ-ⅱ)에서처럼 이 언어에서 기저형의 중음절은 표면형에서 어두음절을 제외하고 경음절로 중화된다.

4) Revithiadou(1999: 12)에 따르면, Murik에서는 기저형의 장모음이 표면형의 강세음절에만 나타난다.

5) 제5장의 나머지 뒷부분에서는 (7)의 도표를 포함한 개별 언어의 강세분석에서 R$_{OOT}$,

P-σ, N$_O$G 그리고 D-M은 잉여적이기 때문에 사용하지 않겠다. 참고로 R$_{OOT}$는 개별 언어에서 최상위에 놓이게 되고 P-σ은 최하위에 놓이게 된다. 그리고 N$_O$G는 독일어의 경우에 최하위에 놓이게 되고 D-M은 노르웨이어의 경우에 최하위에 놓이게 된다. 한편, (7)의 도표를 포함한 개별 언어의 강세분석에서 L은 경음절을 나타내고 H는 초중음절과 중음절 모두를 나타낸다.

6) Prince & Smolensky(2004: 63)에 따르면, (i)에서처럼 중음절과 경음절로 구성된 음보는 모라강약격의 언어에서 유표적(marked)이다((i)에서 굵은 글자로 된 **H**는 핵음절을 나타낸다.).

　　(i) R$_H$H$_{RM}$: *(**H**L)

　한편, 이 책에서는 음보구성의 이분지를 설명하기 위해 일반적으로 사용되는 F$_T$B$_{IN}$을 FB-X^{MIN}와 FB-X^{MAX}로 나눔으로써 다음과 같은 두 가지 장점을 얻을 수 있다.
　첫째, 음보구성의 이분지를 (7)에서처럼 보다 구체적으로 분석할 수 있다.
　둘째, F$_T$-B$_{IN}$^{MAX}를 이용하면 위의 (i)은 잉여적이기 때문에 문법의 경제성을 얻을 수 있다.

7) (7a, i ‐iv)가 NF를 위반하지 않는 이유는 운율단어의 최우변에 나타난 자음이 여분 운율성의 적용을 받기 때문이다. 여기에서 운율단어의 최우변에 나타난 자음은 표류자음(stray consonant)으로 남아 있다가 음보구성이 끝난 후에 운율단어에 부가된다. 이에 대한 구체적인 내용은 Al-Mohanna(2004: 14) 참조. 한편, (7)에서처럼 운율단어의 최우변에 나타난 자음을 표류자음으로 처리하면 (7a, i)에서처럼 E(R)의 위반도 피할 수 있다.

8) 제5장의 나머지 뒷부분에서에서는 설명의 복잡성을 피하기 위해 개별 언어별로 첫 번째 도표에서만 자세히 설명하도록 하겠다.

9) 스페인어에 관한 개관은 다음백과사전을 토대로 정리한 것이다(2008년 11월 27일 11시 53분). 이에 대해서는 인터넷주소(http://alldic.daum.net/dic/search_result_total.do?w=dic&q=%BD%BA%C6%E4%C0%CE%BE%EE) 참조.

10) 아랍방언에 관한 개관은 다음백과사전을 토대로 정리한 것이다(2008년 11월 28일 20시 02분). 이에 대해서는 인터넷주소(http://enc.daum.net/dic100/contents.do?query1=b14a0867a) 참조.

11) 강세와 관련된 음절창은 음보형성의 방향성과 관련하여 운율단어의 강세가 나타나는 오른쪽 또는 왼쪽의 음절을 의미한다. 바꿔 말하면, 어떤 언어에서 강세가 운율단어의

오른쪽에서 왼쪽으로 음절창을 형성할 때, 가상의 단어 /bababab/에서 [ba.ba.ba.bá]
는 어말음절에 강세가 나타나기 때문에 일음절창을 형성한다. 그리고 [ba.ba.bá.ba]는
어말제2음절에 강세가 나타나기 때문에 이음절창을 형성하고 [ba.bá.ba.ba]는 어말제3
음절에 강세가 나타나기 때문에 삼음절창을 형성한다. 한편, [bá.ba.ba.ba]는 어말제4
음절에 강세가 나타나기 때문에 사음절창을 형성한다. 강세음절창에 관한 보다 세부적
인 내용은 6.1 참조.

12) 독일어에 관한 개관은 다음백과사전을 토대로 정리한 것이다(2008년 12월 3일 05시
26분). 이에 대해서는 인터넷주소(http://enc.daum.net/dic100/viewContents.do?
query1=b01g2408a) 참조.

13) Féry(1999: 2-3)는 독일어에서 세 개의 모라로 구성된 음절을 중음절로 분류하고
두 개의 모라로 구성된 음절은 경음절로 분류한다. 그리고 중립모음이나 성절공명음
(syllabic sonorant)으로 구성된 음절은 초경음절(superlight syllable)로 분류한다. 그
러나 이 책에서 다루고 있는 언어들과의 통일성을 감안하여 Féry(1999)의 분류에 의
한 독일어의 중음절은 초중음절이라고 하고 경음절은 중음절이라고 한다. 한편,
Féry(1999)의 분류에 의한 독일어의 초경음절과 하나의 모라로 구성된 음절은 경음절
이라고 한다.

14) 독일어의 강세할당에 대해서는 음보의 구성요소를 설정하는 문제와 관련하여 학자들
마다 의견이 다르다. Giegerich(1985: 31)는 Féry(1999: 2-3)와 마찬가지로 음절구조에
따른 음절무게에 기준을 둔다. 그리고 Hall(1992: 23-26)은 구성소구조(constituent
structure)에 따른 음절말 자음에 기준을 둔다. 한편, Féry(1996: 1, 18; 1999: 2-3, 15,
18)는 독일어의 전형적인 음보유형이 모라강약격이라고 주장하면서 어말음절에 한하
여 모라강약격을 설정하고 어말음절 이외의 음절에는 음절강약격을 설정한다. 그럼에
도 불구하고 Giegerich(1985: 31), Hall(1992: 23-26) 그리고 Féry(1999: 2-3)의 강세
할당과 관련된 주장들은 체계적인 불투명성을 보인다. 이 책에서는 독일어의 전형적인
음보유형이 모라강약격이라는 Féry(1996: 1)의 주장을 따라 일관되게 모라강약격을
독일어의 강세할당에 적용하였다.

15) 노르웨이어에 관한 개관은 다음백과사전을 토대로 정리한 것이다(2008년 12월 3일
20시 35분). 이에 대해서는 인터넷주소(http://enc.daum.net/dic100/contents.do?
query1=b03n4349a) 참조. 한편, 이 책에서 다루고 있는 노르웨이어의 강세는 노르웨
이의 서부에 있는 Lynadal 지역의 방언인 Vest-Agder에 나타나는 것들이다. 이에
대한 보다 구체적인 내용은 Lunden(2006: 23-24) 참조.

16) Lunden(2006: 136)에 따르면, [ga.má:.sje]('spats')의 [sj]는 노르웨이어에서 무성경구개마찰음으로 하나의 분절음이다. 따라서 [ga.má:.sje]('spats')의 어말제2음절은 폐쇄음절이 아니다.

17) 이 밖에도 노르웨이어에는 (i)에서와 같이 불투명성을 보이는 강세할당이 나타난다.

　(i) Lunden(2006: 160, 170, 177)
　　　a. kó:kos　　'coconut'　　　amaríllis　'amaryllis' ....
　　　b. bó:raks　 'borax'　　　　lá:rynks　'larynx'
　　　　 bí:ceps　 'biceps' ....
　　　c. fó:lie　　 'foil'　　　　　á:rie　 'aria' ....

　(i a)는 기저형의 어말음절이 마찰음 /s/, 즉 자음으로 끝나지만 어말음절에 강세(kó:.kos 'coconut')가 할당되지 않는다. 그리고 (i b)도 기저형의 어말음절이 /C(C)s/, 즉 한 개 또는 두 개의 자음과 마찰음 /s/의 연쇄이기 때문에 결국은 자음으로 끝나지만 어말음절에 강세(bó:.raks 'borax', lá:.rynks 'larynx')가 할당되지 않는다. 한편, (i c)는 어말음절과 어말제2음절이 기저형에서 각각 한 개의 모음으로 끝나는 경음절이지만 어말음절과 어말제2음절에 모음충돌(hiatus)이 일어날 경우에는 강세(fó:.li.e 'foil')가 어말제2음절이 아닌 어말제3음절에 할당된다. Lunden(2006: 167, 172, 180)은 이와 같은 불투명성을 해결하기 위해 (i a)는 *CVs#, (i b)는 *CVC(C)s# 그리고 (i c)는 *CV.V# 등과 같은 제약들을 제약위계의 상위에 놓는다(여기에서 굵은 글자로 된 **V**는 강세를 받는 음절을 나타낸다.). 이에 대한 세부적인 내용은 Lunden(2006: 160-173, 177-182) 참조.

18) (47a, ii)의 표면형에서 [ba.sá:r]('raffle')의 [á:]는 기저형의 단모음이 강세를 받는 음절에서 증대(augmentation)되어 장모음이 된 것이다. 그리고 Lunden(2006: 133-134)에 따르면, 노르웨이어에서 장모음과 겹자음은 표면형에서 강세를 받는 음절에만 나타난다.

19) (48b, i)에서처럼 기저형의 단모음이 증대에 의해 표면형에 장모음으로 나타나는 경우는 5.3.2의 (6b, ii)에서 살펴보았던 D-M, 즉 출력형에 나타난 모든 모라는 입력형에 그 대응소를 가질 것을 요구하는 제약을 위반한다. 물론 이 제약은 노르웨이어에서 최하위에 놓일 것이다.

20) 이 책에서 유형론적 관점이라 함은 (i)과 같은 입장을 의미한다.

　(i) Archangeli & Langendoen(1997: 3)

단일 언어에 초점을 둔 연구들은 그 언어에 존재하는 유형들을 탐구한다. 그리
고 여러 언어들 사이에 존재하는 비교 가능한 현상에 초점을 둔 연구들은 자연
언어 내에서 발견 가능한 변이의 범위를 탐구한다. 이로 인해 발생하는 변이를
이해함으로써 우리는 또한 변이가 발생하지 않는 영역을 결정할 수도 있다.
보다 공통된 특성들(common properties)이나 유형들은 우리의 내적 언어능력
의 일부인 보편성(universal)으로 인식되지만 변이 때문에 모든 보편성이 같은
방식으로 실현되지는 않는다.

21) 5.5.2.1의 Levantine Arabic에서는 불투명성을 보이는 강세할당의 예를 찾지 못했다.
그러나 예외 없는 규칙이 없듯이 Levantine Arabic에서도 불투명성의 경우가 있으리
라 생각한다. 물론 불투명성의 경우가 발견된다 하더라도 Levantine Arabic 이외의
아랍방언에서처럼 F-PH를 이용해 이 책에서 설정한 OT의 제약위계로 일관되게 설명
할 수 있다.

제6장
강세할당과 그 밖의 문제들

이 장에서는 강세할당과 그 밖의 문제들을 OT에 의해 유형론적 관점에서 고찰한다. 이를 위해 6.1에서는 강세할당과 음절창의 상관관계를 살펴본다. 그리고 6.2에서는 모음탈락(vowel deletion)과 강세할당의 상관관계를 살펴본다.

6.1 강세와 음절창

이 절에서는 Swahili, 영어, 스페인어 그리고 Palestinian Arabic의 강세할당에 나타나는 음절창을 유형별로 분류한다. 그리고 그러한 분류의 결과를 OT에 의해 유형론적 관점에서 분석한다.

6.1.1 자료의 분석

6.1.1에서는 Swahili, 영어, 스페인어 그리고 Palestinian Arabic에 나타나는 강세할당과 음절창의 상관관계를 유형별로 분류한다.

(1)은 Swahili의 자료이다.

(1) Swahili(Broselow 1982; Alderete 1999: 1)
 a. jíko   'kitchen'
    jikóni   'in the kitchen'
    nilimpíga   'I hit him'
    nitakupíga   'I shall hit him'
 b. tíket – tikéti   'ticket'
    rátli – ratíli   'pound'

Alderete(1999: 1, 10)에 따르면, Swahili는 음량무관체계로 음보유형은 음절강약격이고 음보형성의 방향성은 운율단어의 오른쪽에서 왼쪽이다. 그리고 강세는 운율단어의 어말제2음절에 할당되고 최대 이음절창을 형성한다.

Swahili에서는 (1a)에서처럼 강세(jí.ko 'kitchen')가 어말제2음절에만 할당된다. 한편, 이 언어에서는 일반적으로 음절말음에 장애음을 허용하지 않는다. 따라서 (1b)의 차용어(loanword)에서는 밑줄 친 부분에서처럼 모음삽입이 일어나지만 (1a)에서처럼 어말제2음절에 강세(ti.ké.ti 'ticket')가 할당된다(이에 대한 보다 구체적인 내용은 8.2.2의 (23) 참조).

(2)는 (1)에 근거한 Swahili의 음절창이다.

(2) Swahili의 음절창

a. 일음절창	b. 이음절창	c. 삼음절창
*ni.lim.pi.gá	ni.lim.pí.ga	*ni.lím.pi.ga

(2)는 Swahili의 강세가 (2b)에서처럼 이음절창만을 형성함을 보여
준다.

(3)은 영어에 나타나는 명사의 강세할당과 관련된 자료이다.

(3) 영어(*SPE*: 71, 78)

　a. kangaróo　canóe　cheróot　políce ....

　b. agénda　veránda　consénsus　synópsis ....

　c. América　cínema　aspáragus　jávelin　vénsion ....

Hayes(1995: 181)에 따르면, 영어의 음보유형은 모라강약격이고 음
보형성의 방향성은 운율단어의 오른쪽에서 왼쪽이다.

SPE(84)의 주강세규칙에 따르면, 영어에서는 (3a)에서처럼 [+long]
으로 구성된 명사의 어말긴장모음에는 강세(kan.ga.róo 'kangaroo')가
할당된다. 그리고 (3b)에서처럼 어말음절을 제외하고 어말제2음절이
중음절일 경우는 어말제2음절에 강세(a.gén.da 'agenda')가 할당된다.
한편, (3c)에서처럼 어말음절을 제외하고 어말제2음절이 경음절일 경
우는 어말제3음절에 강세(A.mé.ri.ca 'America')가 할당된다.

(4)는 (3)을 토대로 한 영어의 음절창이다.

(4) 영어의 음절창

a. 일음절창	b. 이음절창	c. 삼음절창	d. 사음절창
kan.ga.róo	a.gén.da	A.mé.ri.ca	*Á.me.ri.ca

(4)에서 영어는 (2)에서 살펴보았던 Swahili와는 달리 강세가 최대 삼음절창을 형성함을 보여준다.

다음은 스페인어에 나타나는 비동사형의 비파생어강세와 관련된 자료의 일부이다.

(5) 스페인어(Kikuchi 1999: 3; Piñeros 2000: 3)

　　a. Type A
　　　　naturál　　'natural'　　　matíz　　'tone'
　　　　sabána　　'savanna'　　　paló.ma 'pigeon' ....

　　b. Type B
　　　　kanóniko 'canonical'　　pájaro　'bird'
　　　　pirámide 'pyramid' ....

Rosenthall(1994: 145)에 따르면, 스페인어의 음보유형은 모라강약격이고 음보형성의 방향성은 운율단어의 오른쪽에서 왼쪽이며 강세는 최대 삼음절창을 형성한다.

투명성을 보이는 (5a)의 Type A는 어말음절이 중음절일 경우에 그 음절에 강세(na.tu.rál 'natural')가 할당된다. 그리고 어말음절이 경음절일 경우에는 어말제2음절에 강세(sa.bá.na 'savanna')가 할당된다. 불투명성을 보이는 Type B는 어말음절이 경음절이기 때문에 어말제2음절에 강세가 할당되어야 하지만 어말제3음절에 강세(ka.nó.ni.ko 'canonical')가 할당된다.

(6)은 (5)를 토대로 한 스페인어의 음절창이다.

(6) 스페인어의 음절창

a. 일음절창	b. 이음절창	c. 삼음절창	d. 사음절창
na.tu.rál	sa.bá.na	ka.nó.ni.ko	*ká.no.ni.ko

(6)은 (4)에서 살펴보았던 영어와 동일하게 강세가 최대 삼음절창을 형성함을 보여준다.

마지막으로 Palestinian Arabic의 경우이다. (7)은 Palestinian Arabic에 나타나는 강세할당과 관련된 자료이다.

(7) Palestinian Arabic(Al-Mohanna 2004: 7-8)
    a. dukkáan   'shop'
       maktábna   'our office'
       ʃadʒarátuhu *msa*   'his tree' ....
    b. ʃádʒarati *msa*   'my tree'
       ʃádʒaratun *msa*   'a tree'

Al-Mohanna(2004: 7-9)에 따르면, 아랍방언의 음보유형은 모라강 약격이고 음보형성의 방향성은 운율단어의 오른쪽에서 왼쪽이며 최대 사음절창을 형성한다.

투명성을 보이는 (7a)는 어말음절의 초중음절에 강세(duk.káan 'shop')가 할당된다. 그리고 어말음절이 초중음절이 아니기 때문에 어말제2음절의 중음절에 강세(mak.táb.na 'our office')가 할당된다. 한편, 어말음절이 초중음절이 아니고 어말제2음절이 경음절일 경우는 어말제3음절의 경음절에 강세(ʃa.dʒa.rá.tu.hu 'his tree')가 할당된다. 불

투명성을 보이는 (7b)에서는 어말음절이 초중음절이 아니고 어말제2
음절이 경음절이기 때문에 어말제3음절에 강세가 할당되어야 하지만
어말제4음절에 강세(ʃá.dʒa.ra.ti 'my tree')가 할당된다.

(8)은 (7)을 토대로 한 Palestinian Arabic의 음절창이다.

(8) Palestinian Arabic의 음절창

a. 일음절창	b. 이음절창	c. 삼음절창	d. 사음절창	e. 오음절창
duk.káa.n	mak.táb.na	ʃa.dʒa.rá.tu.hu	ʃá.dʒa.ra.ti	*ʃá.dʒa.ra.tu.hu

(8)은 (2)의 Swahili, (4)의 영어 그리고 (6)의 스페인어와는 달리 강
세가 최대 사음절창을 형성함을 보여준다.

지금까지 6.1.1에서는 Swahili, 영어, 스페인어 그리고 Palestinian
Arabic에 나타나는 강세할당과 음절창의 상관관계를 살펴보았다. 그
결과를 유형별로 분류하면, 다음과 같다.

(9) 강세와 음절창

언어별	예	음절창
a. = (2) Swahili	ni.lim.pí.ga	이음절창
	*ni.lim.pi.gá	
	*ni.lím.pi.ga	
b. = (4) 영어	A.mé.ri.ca	삼음절창
	*Á.me.ri.ca	
c. = (6) 스페인어	ka.nó.ni.ko	
	*ká.no.ni.ko	
d. = (8) Palestinian Arabic	ʃá.dʒa.ra.ti	사음절창
	*ʃá.dʒa.ra.tu.hu	

(9)에 나타난 결과를 요약하면, (9a)의 Swahili는 음보유형이 음절 강약격이고 음보형성의 방향성이 운율단어의 오른쪽에서 왼쪽인 언어 에서 강세가 최대 이음절창을 형성한다. 그리고 (9b)의 영어와 (9c)의 스페인어는 음보유형이 모라강약격이고 음보형성의 방향성이 운율단 어의 오른쪽에서 왼쪽인 언어에서 강세가 각각 최대 삼음절창을 형성 한다. (9d)의 Palestinian Arabic은 음보유형이 모라강약격이고 음보 형성의 방향성이 운율단어의 오른쪽에서 왼쪽인 언어에서 강세가 최 대 사음절창을 형성한다.

6.1.2 OT에 의한 분석

6.1.2에서는 6.1.1의 (9)에서 살펴보았던 결과를 유형론적 관점에서 OT로 분석한다.

6.1.1의 (9)에 나타난 결과를 OT로 설명하기 위해 필요한 제약들을 (10)에 열거한다. 아래 (10)에서 (6a-e)는 5.3.2의 (6)에서 살펴보았던

제약들의 일부를 편의상 다시 쓴 것이다.

(10) 관련 제약들

a. R$_H$T$_{YPE}$=T: RT=T(Kager 1999: 172)
   강세는 음보의 좌변에 나타난다.

b. A$_{LL}$F$_{OOT}$-L$_{EFT}$: AF-L(Kager 1999: 157)
   모든 음보는 운율단어의 최좌변에 나타난다.

c. N$_{ON}$F$_{INALITY}$: NF(Prince & Smolensky 2004: 61)
   핵음보와 핵음보에 배치된 핵음절이 운율단어의 최우변에 나
   타날 수 없다.

d. E$_{DGEMOST}$(pk;R;Word): E(R)(Prince & Smolensky 2004: 39)
   핵음보의 핵음절은 운율단어의 최우변에 나타난다.

e. F$_{AITH}$-P$_{ROSODIC}$H$_{EAD}$: F-PH(Lunden 2006: 184)
   어휘적으로 명시된 주강세는 표면형에 나타난다.

f. S$_{YLLABLE}$W$_{INDOW}$-X: SW-X

   ⅰ. SW-2
      강세는 최대 이음절창을 형성한다.

   ⅱ. SW-3
      강세는 최대 삼음절창을 형성한다.

   ⅲ. SW-4
      강세는 최대 사음절창을 형성한다.

(10a-d)는 유표성제약이고 (10e)는 충실성제약이다. (10f)의 SW-X
는 Swahili의 경우에 Alderete(1999: 1, 10), 영어의 경우에 5.3.2에서 살
펴보았던 강세할당의 결과 스페인어의 경우에 Rosenthall(1994, 145) 그
리고 Palestinian Arabic의 경우에 Al-Mohanna(2004: 7-9)에 근거하

여 설정한 유표성제약이다.

(10)의 제약들에 따라 Swahili의 음절창을 OT로 분석한 결과는 (11)과 같다.

(11) = (9a) Swahili의 음절창과 OT에 의한 분석

/nilimpiga/	SW-2	RT-T	F-PH	AF-L	NF	E(R)
☞a. ni.lim.(pí.ga)				**	*	*
b. ni.lim.(pi.gá)		*!		**	**	
c. ni.(lím.pi).ga	*!			*		**
d. (ní.lim).pi.ga	*!					***

(11c-d)는 강세가 각각 삼음절창과 사음절창을 형성하기 때문에 SW-2를 위반하고 (11b)는 강세가 음보의 우변에 나타나기 때문에 RT=T를 위반한다. 그리고 모든 음보가 운율단어의 최좌변에 나타나야 함을 요구하는 AF-L에 대한 평가에서 (11a-c)가 각각 이 제약을 위반하고 핵음보와 핵음보에 배치된 핵음절이 운율단어의 최우변에 나타나는 것을 금하는 NF에 대한 평가에서 (11a-b)가 이 제약을 각각 위반한다. 마지막으로 E(R)에 대한 평가에서 (11a, c-d)는 핵음절이 운율단어의 최우변에 나타나지 않기 때문에 이 제약을 각각 위반한다.

(11)의 결과를 요약하면, 음보유형이 음절강약격이고 음보형성의 방향성이 운율단어의 오른쪽에서 왼쪽인 사음절로 구성된 운율단어가 최대 이음절창을 형성한다. 따라서 (11a)가 SW-2, RT=T, F-PH >> AF-L, NF, E(R)의 제약위계에 의해 최적형으로 나타남을 보여준다.

다음은 영어의 경우이다.

(12) = (9b) 영어의 음절창과 OT에 의한 분석

/America/	SW-3	RT=T	F-PH	AF-L	NF	E(R)
☞a. A.(mé.ri).ca				*		**
b. A.me.(ri.cá)		*!		**	**	
c. A.me.(rí.ca)				*!*	*	*
d. (Á.me).ri.ca	*!					***

(12d)는 강세가 사음절창을 형성하기 때문에 SW-3를 위반하고 (12b)는 강세가 음보의 우변에 나타나기 때문에 RT=T를 위반한다. 그리고 (11a-c)는 음보가 운율단어의 최좌변에 나타나지 않기 때문에 AF-L을 위반한다.

(12)의 결과를 요약하면, 음보유형이 모라강약격이고 음보형성의 방향성이 운율단어의 오른쪽에서 왼쪽인 사음절로 구성된 운율단어가 최대 삼음절창을 형성한다. 따라서 (12a)가 SW-3, RT=T, F-PH >> AF-L >> NF, E(R)의 제약위계에 의해 최적형으로 나타남을 보여준다.[1]

아래 (13)은 스페인어의 경우이다.

(13) = (9c) 스페인어의 음절창과 OT에 의한 분석

/kanóniko/	SW-3	RT=T	F-PH	E(R)	AF-L	NF
☞a. ka.(nó.ni).ko				**	*	
b. ka.no.(ni.kó)		*!	*		**	**
c. ka.no.(ní.ko)			*!	*	**	*
d. (ka.nó).ni.ko		*!		**		
e. (ká.no).ni.ko	*!		*	***		

(13e)는 강세가 사음절창을 형성하기 때문에 SW-3를 위반하고 (13b, d)는 강세가 음보의 우변에 나타나기 때문에 RT=T를 위반한다. 그리고 (13b-c, e)는 기저형에 어휘적으로 명시된 강세가 표면형에 나타나지 않기 때문에 F-PH를 각각 위반한다.

(13)의 결과를 요약하면, 음보유형이 모라강약격이고 음보형성의 방향성이 운율단어의 오른쪽에서 왼쪽인 사음절로 구성된 운율단어가 최대 삼음절창을 형성한다. 따라서 (13a)가 SW-4, RT=T, F-PH >> E(R) >> AF-L, NF의 제약위계에 의해 최적형으로 나타남을 보여준다. 마지막으로 Palestinian Arabic의 경우이다.

(14) = (9d) Palestinian Arabic의 음절창과 OT에 의한 분석

/ʃádʒarati/	SW-4	RT=T	F-PH	NF	E(R)	AF-L
☞a. (ʃá.dʒa).ra.ti					***	
b. ʃa.dʒa.(ra.tí)		*!	*	**		**
c. ʃa.dʒa.(rá.ti)			*!	*	*	**
d. ʃa.(dʒá.ra).ti			*!		**	*

(14b)는 강세가 음보의 우변에 나타나기 때문에 RT=T를 위반한다. 그리고 (14b-d)는 기저형에 어휘적으로 명시된 강세가 표면형에 나타나지 않기 때문에 F-PH를 각각 위반한다.

아래 (15)는 Palestinian Arabic의 음절창을 보다 구체적으로 살펴보기 위해 오음절로 구성된 단어를 (14)와 동일한 제약위계에 의해 분석한 결과이다.

(15) = (7a) Palestinian Arabic의 음절창과 OT에 의한 분석

/ʃadʒaratuhu/	SW-4	RT=T	F-PH	NF	E(R)	AF-L
☞a. ʃa.dʒa.(rá.tu).hu					**	**
b. ʃa.dʒa.ra.(tu.hú)		*!		**		***
c. ʃa.dʒa.ra.(tú.hu)				*!	*	***
d. ʃa.(dʒá.ra).tu.hu					**!*	*
e. (ʃá.dʒa).ra.tu.hu	*!				****	

(15e)는 강세가 오음절창을 형성하기 때문에 SW-4를 위반하고 (15b)는 강세가 음보의 우변에 나타나기 때문에 RT=T를 위반한다. 그리고 (15b)는 핵음보와 핵음보에 배치된 핵음절이 운율단어의 최우변에 나타나기 때문에 NF를 두 개 위반하고 (15c)는 핵음보가 운율단어의 최우변에 나타나기 때문에 NF를 한 개 위반한다. 한편, (15a, c-e)는 핵음절이 운율단어의 최우변에 나타나지 않기 때문에 E(R)을 각각 위반한다. (14-15)의 결과를 요약하면, 음보유형이 모라강약격이고 음보형성의 방향성이 운율단어의 오른쪽에서 왼쪽인 언어에서 사음절로 구성된 (14a)는 사음절창을 형성하고 오음절로 구성된 (15a)는 삼음절

창을 형성한다. 따라서 (14a)와 (15a)가 SW-4, RT=T, F-PH >> NF >> E(R) >> AF-L의 제약위계에 의해 각각 최적형으로 나타남을 보여준다.

6.1.3 요약

6.1에서는 Swahili, 영어, 스페인어 그리고 Palestinian Arabic의 강세할당에 나타나는 음절창을 유형별로 분류하였다. 그리고 그러한 분석에서 나타나는 음절창을 OT에 의해 유형론적 관점에서 분석하였다. 그 결과는 다음과 같다.

첫째, Swahili는 음보유형이 음절강약격이고 음보형성의 방향성이 운율단어의 오른쪽에서 왼쪽인 언어에서 강세가 최대 이음절창(ni.lim.pí.ga 'I hit him')을 형성한다.

둘째, 영어와 스페인어는 음보유형이 모라강약격이고 음보형성의 방향성이 운율단어의 오른쪽에서 왼쪽인 언어에서 강세가 각각 최대 삼음절창(A.mé.ri.ca 'America', ka.nó.ni.ko 'canonical')을 형성한다.

셋째, Palestinian Arabic은 음보유형이 모라강약격이고 음보형성의 방향성이 운율단어의 오른쪽에서 왼쪽인 언어에서 강세가 최대 사음절창(ʃá.ʤa.ra.ti 'my tree')을 형성한다.

넷째, Swahili, 영어, 스페인어 그리고 Palestinian Arabic의 강세할당에 나타나는 음절창을 OT로 분석한 제약위계는 다음과 같다.

(16) 음절창과 제약위계
   a. Swahili

SW-2, RT=T, F-PH >> AF-L NF, E(R)
b. 영어
   SW-3, RT=T, F-PH >> AF-L >> NF, E(R)
c. 스페인어
   SW-3, RT=T, F-PH >> E(R) >> AF-L, NF
d. Palestinian Arabic
   SW-4, RT=T, F-PH >> NF >> E(R) >> AF-L

6.2 모음탈락과 강세

이 절에서는 Tonkawa, 영어, Hopi, Palestinian Arabic, Tripoli Arabic 그리고 Southeastern Tepehuan에 나타나는 모음탈락과 강세할당의 상관관계를 정리한다(6.2에서 '모음탈락'이라 함은 어중음탈락, 어말음탈락(apocope), 모음충돌회피 그리고 단모음화(vowel shortening)를 통칭한다.). 그리고 그 결과를 OT에 의해 유형론적 관점에서 분석해 봄으로써 이들 언어에서 모음탈락과 관련되어 나타나는 강세할당이 과정의 이질성(heterogeneity of process)에 의한 목표의 동질성(homogeneity of target) 실현이라는 언어 보편적인 원리를 반영하고 있음을 밝힌다.

6.2.1 자료의 분석

6.2.1에서는 6.2의 서두에서 열거한 언어들에 나타나는 모음탈락과 강세할당의 상관관계를 살펴본다.

자료의 분석에 들어가기 전에 언어 내부에서 과정의 이질성에 의해 목표의 동질성이 실현되는 방식에 관해 살펴보기로 한다.

McCarthy(2002b: 93-95)에 따르면, 목표의 동질성으로 표현되는 동일한 출력형의 형태가 언어 내부에서 뿐만 아니라 언어들 사이에서도 문맥(context)에 따라 다른 방식, 즉 어중음탈락, 어말음탈락, 모음 충돌회피 그리고 단모음화와 같은 과정의 이질성에 의해 실현될 수 있다. 이와 같은 과정의 이질성을 보이는 경우가 (17)에서와 같은 공모(conspiracy)를 통해 나타난다.

(17) 과정의 이질성에 의한 목표의 동질성

　　a. Sanskrit(Steriade 1988: 93)

　　　　 i . 단모음화
　　　　　　V: → V/ ＿ V

　　　　ii . 축약
　　　　　　ai → e(= /e:/); au → o(= /o:/)

　　　　iii . 전이음형성
　　　　　　ia → ja; ua → wa

　　　　iv . 전이음삽입
　　　　　　ia → ija; ua → uwa

　　b. McCarthy(2002b: 94)

　　　　 i . Toba Batak(Hayes 1986)
　　　　　　/maŋinum tuak/ → [maŋinup tuak]
　　　　　　'drink palm wine'

　　　　ii . Kelantan Malay(Teoh 1988)
　　　　　　/pintu/ → [pitu] 'door'

　　　　iii . Japanese(Itô & Mester 1995)
　　　　　　/sin-ta/ → [šinda] 'died'

(17a)는 언어 내부에서 모음충돌회피를 위해 공모하고 있는 경우로
각각 단모음화, 축약(contraction), 전이음형성(glide formation) 그리
고 전이음삽입(glide insertion)이 일어나고 있음을 보여준다(이하 6.2
의 나머지 뒷부분에서 L과 H는 각각 경음절과 중음절을 나타낸다.).[2]

(17b)는 비음과 무성자음의 연쇄를 금하기 위해 언어들 사이에서 공
모하고 있는 경우로 (17b, ⅰ)에서는 기저형 /m/이 표면형에서 [p]로
실현되고 (17b, ⅱ)에서는 비강자음이 탈락함으로써 기저형 /pintu/가
표면형에서 [pitu]('door')로 실현됨을 보여준다. 그리고 (17b, ⅲ)에서
는 무성자음이 유성음화되어 기저형 /t/가 표면형에서 [d]로 실현되고
있음을 보여준다.

(18)은 Tonkawa에 나타나는 어중음탈락과 모음충돌회피에 관한
자료이다.

(18) Tonkawa(Gouskova 2003: 128)

    a. /yakapa-oʔ/ → [(yàk).(póʔ)]
       'he hits it'

    b. /ke-yamaxa-oʔ/ → [(kèy.ma).(xóʔ)]
       'he paints my face'

    c. /nes-yamaxa-oʔ/ → [(nès).(yàm).(xóʔ)]
       'he causes him to paint his face'

(18a)의 [(yàk).(póʔ)]('he hits it')는 기저형 /yakapa-oʔ/에 어중음
탈락과 모음충돌회피가 일어나지 않을 경우, 표면형에서 [LLLH]의 음
절구조로 나타날 것이다.[3] 그러나 어말제3음절에는 어중음탈락이 일

어나고 어말제2음절은 어말음절과 모음충돌이 발생하기 때문에 이를
피하기 위해 모음충돌회피가 일어난다. 따라서 표면형에 [HH]의 음절
구조로 나타난다. 그리고 (18b)의 [(kèy.ma).(xó?)]('he paints my
face')는 기저형 /ke-yamaxa-o?/에 어중음탈락과 모음충돌회피가 일
어나지 않을 경우, 표면형에서 [LLLLH]의 음절구조로 나타날 것이다.
그러나 어말제4음절에는 어중음탈락이 일어나고 어말제2음절은 어말
음절과 모음충돌이 발생하기 때문에 이를 피하기 위해 모음충돌회피
가 일어난다. 따라서 표면형에서는 [HLH]의 음절구조로 나타난다. 한
편, (18c)의 [(nès).(yàm).(xó?)]('he causes him to paint his face')는
기저형 /nes-yamaxa-o?/에 어중음탈락과 모음충돌회피가 일어나지
않을 경우, 표면형에서 [HLLLH]의 음절구조로 나타날 것이다. 그러
나 어말제3음절에는 어중음탈락이 일어나고 어말제2음절은 어말음절
과 모음충돌이 발생하기 때문에 이를 피하기 위해 모음충돌회피가 일
어난다. 따라서 표면형에서는 [HHH]의 음절구조로 나타난다.

  (19)는 영어의 경우이다.

  (19) 영어(Hammond 1997: 47; 1999: 165-166; Kim, J-H 2002: 53)

    a. /Toronto/ → [(Trón).to]   'Toronto'
       /parade/ → [(práde)]   'parade' ….

    b. /family/ → [(fám).ly]   'family'
       /memory/ → [(mém).ry]   'memory'
       /vegetable/ → [(vég).table] 'vegetable' ….

(19)는 영어의 빠른 발화에 나타나는 어중음탈락과 관련된 자료이다. (19a)의 [(Trón).to]('Toronto')는 기저형 /Toronto/에 어중음탈락이 일어나지 않을 경우, 표면형에서 [LHH]의 음절구조로 나타날 것이다. 그러나 어말제3음절, 즉 강세음절 앞에서 어중음탈락이 일어나 표면형에서는 [HH]의 음절구조로 나타난다. 그리고 (19b)의 [(fám).ly]('family')는 기저형 /family/에 어중음탈락이 일어나지 않을 경우, 표면형에서 [LLL]의 음절구조로 나타날 것이다. 그러나 어말제2음절, 즉 강세음절 뒤에서 어중음탈락이 일어나 표면형에서는 [HL]의 음절구조로 나타난다.

다음은 Hopi의 경우이다.

(20) Hopi(Gouskova 2003: 94, 97)

    a. /soma-ya/ → [(sóm).ya] 'tie, pl'
       /soʔa-ya/ → [(sóʔ).ya]   'die, pl'
    b. /naala-ya-n-ta/ → [(nál).yan.ta] 'sleep, future'
       /mooki-ni/ → [(mók).ni]   'die, future'
    c. /aŋa-katsina/ → [(a.ŋák).tsi.na]
       'Long Hair kachina'
       /kawayo-sa-p/ → [(ka.wáy).sap]
       'as high as a horse'

(20)은 Hopi에 나타나는 어중음탈락과 단모음화에 관한 자료이다. (20a)의 [(sóm).ya]('tie, pl')는 기저형 /soma-ya/에 어중음탈락이 일어나지 않을 경우, 표면형에서 [LLL]의 음절구조로 나타날 것이다.[4] 그러나 어말제2음절에 어중음탈락이 일어나 표면형에서는 [HL]의 음절구조

로 나타난다. 그리고 (20b)의 [(nál).yan.ta]('sleep, future')는 기저형 /naala-ya-n-ta/에 단모음화와 어중음탈락이 일어나지 않을 경우, 표면형에 [HLHL]의 음절구조로 나타날 것이다. 그러나 어말제4음절에는 단모음화가 일어나고 어말제3음절에는 어중음탈락이 일어나 표면형에 [HHL]의 음절구조로 나타난다. 한편, (20c)의 [(a.ŋák).tsi.na]('Long Hair kachina')는 기저형 /aŋa-katsina/에 어중음탈락이 일어나지 않을 경우, 표면형에 [LLLLL]의 음절구조로 나타날 것이다. 그러나 어말제3음절에 어중음탈락이 일어나 표면형에 [LHLL]의 음절구조로 나타난다.

(21)은 Palestinian Arabic의 경우이다.

(21) Palestinian Arabic(Brame 1974; Kager 1995b: 4-5)

    a. ⅰ. /fihim/ 'to understand' (verb stem)
       ⅱ. /fihim-ni/ → [fi.(hím).ni] 'he understood me'
               /fihim-ha/ → [fi.(hím).ha] 'he understood her'
    b. ⅰ. /fihim-na/ → [(fhím).na] 'we understood'
       ⅱ. /fihim-u/ → [(fíh).mu] 'they understood'

Al-Mohanna(2004: 7-9)에 따르면, 아랍방언의 음보유형은 모라강약격이고 음보형성의 방향성은 운율단어의 오른쪽에서 왼쪽이다. 그리고 음보는 음절무게에 따라 이접적으로 형성된다.

(21)은 Palestinian Arabic에서 개음절로 끝나는 무강세 비어말음절(unstressed nonfinal syllable)에 나타나는 /i/의 어중음탈락과 관련된 자료이다.[5] (21a)에서 (21a, ⅱ)의 [fi.(hím).ni]('he understood me')는 (21a, ⅰ)의 동사어간(/fihim/)에 목적어의 수, 인칭 그리고 성을 나타

내는 대격접미사(/ni/)가 첨가된 것으로 어중음탈락의 환경임에도 불구하고 /i/가 탈락되지 않음을 보여준다. 그러나 (21b, ⅰ-ⅱ)의 [(fhím).na]('we understood')와 [(fíh).mu]('they understood')는 각각 동사어간(/fihim/)에 주어의 수, 인칭 그리고 성을 나타내는 주격접미사(/na/와 /u/)가 첨가되어 개음절로 끝나는 무강세 비어말음절의 /i/가 탈락됨을 보여준다. 바꿔 말하면, (21b, ⅰ)의 [(fhím).na]('we understood')는 기저형 /fihim-na/에 어중음탈락이 일어나지 않을 경우, 표면형에 [LHL]의 음절구조로 나타날 것이다. 그러나 어말제3음절에 어중음탈락이 일어나 표면형에 [HL]의 음절구조로 나타남을 보여준다. 그리고 (21b, ⅱ)의 [(fíh).mu]('they understood')는 기저형 /fihim-u/에 어중음탈락이 일어나지 않을 경우, 표면형에 [LLL]의 음절구조로 나타날 것이다. 그러나 어말제2음절에 어중음탈락이 일어나 표면형에 [HL]의 음절구조로 나타남을 보여준다.

다음은 Tripoli Arabic의 경우이다.

(22) Tripoli Arabic(Kenstowicz & Abdul-Karim 1980: 50; Kager 1995b: 20)

    a. ⅰ. /ḍarab-ni/ → [ḍa.(ráb).ni]
        'he hit me'   *[(ḍráb).ni]
        /ḍarab-ik/ → [(ḍá.ra).bik]
        'he hit you f.' *[(ḍár).bik]
      ⅱ. /ḍarab-ti/ → [(ḍráb).ti] 'you f. sg. hit'
      ⅲ. /ḍarab-it/ → [(ḍár).bet] 'she hit'
    b. ⅰ. /baʔar-na/ → [ba.(ʔár).na]

     'our cattle'   *[(bʔár).na]

     /baʔar–i/ → [(bá.ʔa).ri]

     'my cattle'   *[(báʔ).ri]

  ii. /baʔar–a/ → [(báʔ).ra] 'a cow'

    (22)는 Tripoli Arabic에서 개음절로 끝나는 무강세 비어말음절에 나타나는 /a/의 어중음탈락과 관련된 자료이다.[6]

    (22a, ⅰ)의 [ḍa.(ráb).ni]('he hit me')는 동사어간(/ḍarab/)에 대격접미사(/ni/)가 첨가되어 어중음탈락의 환경임에도 불구하고 /a/가 탈락되지 않음을 보여준다. 그러나 (22a, ⅱ–ⅲ)의 [(ḍráb).ti]('you f. sg. hit')와 [(ḍár).bet]('she hit')는 각각 동사어간(/ḍarab/)에 주격접미사(/ti/와 /it/)가 첨가되어 개음절로 끝나는 무강세 비어말음절에 a–어중음탈락규칙이 적용되어 /a/가 탈락됨을 보여준다.[7] 한편, (22b, ⅰ)의 [ba.(ʔár).na]('our cattle')는 동사어간(/baʔar/)에 소유격접미사(/na/)가 첨가되어 어중음탈락의 환경임에도 불구하고 /a/가 탈락되지 않음을 보여준다. 그러나 (22b, ⅱ)의 [(báʔ).ra]('a cow')는 동사어간(/baʔar/)에 단수형접미사(/a/)가 첨가되어 개음절로 끝나는 무강세 비어말음절의 /a/가 탈락됨을 보여준다. 바꿔 말하면, (22a, ⅱ)의 [(ḍráb).ti]('you f. sg. hit')는 기저형 /ḍarab-ti/에 어중음탈락이 일어나지 않을 경우, 표면형에 [LHL]의 음절구조로 나타날 것이다. 그러나 어말제3음절에 어중음탈락이 일어나 표면형에 [HL]의 음절구조로 나타남을 보여준다. 그리고 (22a, ⅲ)의 [(ḍár).bet]('she hit')은 기저형 /ḍarab-it/에 어중음탈락이 일어나지 않을 경우, 표면형에 [LLH]의 음절구조로 나타날 것

이다. 그러나 어말제2음절에 어중음탈락이 일어나 표면형에 [HH]의 음
절구조로 나타남을 보여준다. 그리고 (22b, ⅱ)의 [(báʔ).ra]('a cow')는
기저형 /baʔar-a/에 어중음탈락이 일어나지 않을 경우, 표면형에 [LLL]
의 음절구조로 나타날 것이다. 그러나 어말제2음절에 어중음탈락이 일
어나 표면형에 [HL]의 음절구조로 나타남을 보여준다.

마지막으로 (23)은 Southeastern Tepehuan의 경우이다.

(23) Southeastern Tepehuan(Kager 1997: 475-476; 1999: 177-178)

    a. ⅰ. /takaaruiʔ/ → [(ta.káa).ruiʔ]   'chicken'
             /ka-karvaʃ/ → [(ka.kár).vaʃ]   'goats'
      ⅱ. /to-topaa/ → [(tót).pa]   'pestles'
          /tiroviɲ/ → [(tír).viɲ]   'rope'
    b. ⅰ. /ʔaɽii/ → [(ʔa.ɽíi)]   'child'
          /ga-gaa/ → [(ga.gáa)]   'cornfields'
      ⅱ. /novi/ → [(nóv)]   'hand'
          /hiɲ#novi/ → [hiɲ#(ɲóv]   'my hand'

(23)은 Southeastern Tepehuan에 나타나는 어중음탈락, 어말음탈
락 그리고 단모음화와 관련된 자료이다.[8] (23a, ⅰ)의 [(ta.káa).ruiʔ]
('chicken')는 기저형 /takaaruiʔ/에 아무런 음운변화가 일어나지 않기
때문에 표면형에 [LHH]의 음절구조로 나타남을 보여준다. 그러나
(23a, ⅱ)의 [(tót).pa]('pestles')는 기저형 /to-topaa/에 어중음탈락과
단모음화가 일어나지 않을 경우, 표면형에 [LLH]의 음절구조로 구성
될 운율단어의 어말제2음절에는 어중음탈락이 일어나고 어말음절에

는 단모음화가 일어나 표면형에 [HL]의 음절구조로 나타남을 보여준다. 바꿔 말하면, (23a, ⅰ)의 /takaarui?/에는 단모음화가 일어나지 않아도 중음절에 강세([(ta.káa).rui?] 'chicken')가 할당되기 때문에 아무런 변화가 일어나지 않는다고 볼 수 있다. 오히려 단모음화가 일어난다면, 경음절에 강세(*[(ta.ká).rui?])가 할당되는 결과를 초래할 것이다. 반대로 (23a, ⅱ)의 /to-topaa/에 어중음탈락이 일어나지 않는다면, 경음절에 강세(*[(to.tó).paa])가 할당되는 결과를 초래할 것이다. 한편, (23b, ⅰ)의 [(ʔa.ɾíi)]('child')는 기저형 /ʔaɾii/에 아무런 음운변화가 일어나지 않기 때문에 표면형에 [LH]의 음절구조로 나타남을 보여준다. 그러나 (23b, ⅱ)의 [(nóv)]('hand')는 기저형 /novi/에 어말음탈락이 일어나지 않을 경우, 표면형에 [LL]의 음절구조로 구성될 운율단어에 어말음탈락이 일어나 표면형에 [H]의 음절구조로 나타남을 보여준다. 바꿔 말하면, (23b, ⅰ)의 /ʔaɾii/는 단모음화가 일어나지 않아도 중음절에 강세([(ʔa.ɾíi)] 'child')가 할당되기 때문에 아무런 변화가 일어나지 않는다고 볼 수 있다. 오히려 단모음화가 일어난다면, 경음절에 강세(*[(ʔa.ɾí)])가 할당되는 결과를 초래할 것이다. 그리고 어말음탈락이 일어난다면, *[(ʔáɾ)]와 같은 결과를 초래할 것이다.9) 반대로 (23b, ⅱ)의 /novi/에 어말음탈락이 일어나지 않는다면, 경음절에 강세(*[(no.ví)])가 할당되는 결과를 초래할 것이다.

  6.2.1에서는 Tonkawa, 영어, Hopi, Palestinian Arabic, Tripoli Arabic 그리고 Southeastern Tepehuan에 나타나는 모음탈락과 강세할당의 상관관계에 관한 자료를 분석하였다. 그 결과는 다음과 같다.

(24) 모음탈락과 강세의 상관관계에 관한 자료분석의 결과

언어별	모음탈락이 일어나지 않을 경우	모음탈락				모음탈락이 일어나는 경우
		A	B	C	D	
a.=(18) T	i.=(18a) /yakapa-o?/ (/LLLH/)	O		O		[(yàk).(pó?)] ([HH])
	ii.=(18b) /ke-yamaxa-o?/ (/LLLLH/)	O		O		[(kèy.ma).(xó?)] ([HLH])
	iii.=(18c) /nes-yamaxa-o?/ (/HLLLH/)	O		O		[(nès).(yàm).(xó?)] ([HHH])
b.=(19) E	i.=(19a) /Toronto/ (/LHH/)	O				[(Trón).to] ([HH])
	ii.=(19b) /family/ (/LLL/)	O				[(fám).ly] ([HL])
c.=(20) H	i.=(20a) /soma-ya/ (/LLL/)	O				[(sóm).ya] ([HL])
	ii.=(20b) /naala-ya-n-ta/ (/HLHL/)	O			O	[(nál).yan.ta] ([HHL])
	iii.=(20c) /aŋa-katsina/ (/LLLLL/)	O				[(a.ŋák).tsi.na] ([LHLL])
d.=(21) PA	i.=(21a, ii) /fihim-ni/ → [fi.(hím).ni] (/LHL/)					
	ii.=(21b, i) /fihim-na/ (/LHL/)	O				[(fhím).na] ([HL])
	iii.=(21b, ii) /fihim-u/ (/LLL/)	O				[(fíh).mu] ([HL])

언어별	모음탈락이 일어나지 않을 경우	모음탈락				모음탈락이 일어나는 경우
		A	B	C	D	
e.=(22) TA	ⅰ.=(22a, ⅰ) /ḍarab-ni/ → [ḍa.(ráb).ni] ([LHL])					
	ⅱ.=(22b, ⅰ) /baʔar-na/ → [ba.(ʔár).na] ([LHL])					
	ⅲ.=(22a, ⅱ) /ḍarab-ti/ (/LHL/)	O				[(ḍráb).ti] ([HL])
	ⅳ.=(22a, ⅲ) /ḍarab-it/ (/LLH/)	O				[(ḍár).bet] ([HH])
	ⅴ.=(22b, ⅱ) /baʔar-a/ (/LLL/)	O				[(báʔ).ra] ([HL])
f.=(23) ST	ⅰ.=(23a, ⅰ) /takaaruiʔ/ → [(ta.káa).ruiʔ] ([LHH])					
	ⅱ.=(23b, ⅰ) /ʔaṛii/ → [(ʔa.ṛíi)] ([LH])					
	ⅲ.=(23a, ⅱ) /to-topaa/ (/LLH/)	O		O		[(tót).pa] ([HL])
	ⅳ.=(23b, ⅱ) /novi/ (/LL/)		O			[(nóv)] ([H])

(24)에서 T는 Tonkawa, E는 영어, H는 Hopi, PA는 Palestinian Arabic, TA는 Tripoli Arabic 그리고 ST는 Southeastern Tepehuan 을 나타낸다. 그리고 A는 어중음탈락, B는 어말음탈락, C는 모음충돌 회피 그리고 D는 단모음화를 나타낸다.

(24)의 결과를 요약하면, (24a)의 Tonkawa에는 어중음탈락과 모음충돌

회피가 일어나고 (24b)의 영어에는 어중음탈락이 일어난다. (24c)의 Hopi 에서 (24c, ⅰ, ⅲ)에는 어중음탈락이 일어나고 (24c, ⅱ)에는 어중음탈락과 단모음화가 일어난다. 그리고 (24d)의 Palestinian Arabic에서 (24d, ⅰ)에 는 어중음탈락의 환경임에도 불구하고 /i/가 탈락되지 않지만 (24d, ⅱ-ⅲ) 에는 어중음탈락이 일어난다. 또한 (24e)의 Tripoli Arabic에서도 (24d)의 Palestinian Arabic과 마찬가지로 (24e, ⅰ-ⅱ)에는 어중음탈락의 환경임 에도 불구하고 /a/가 탈락되지 않지만 (24e, ⅲ-ⅴ)에는 어중음탈락이 일 어난다. 마지막으로 (24f)의 Southeastern Tepehuan에서 (24f, ⅰ-ⅱ)에 는 모음탈락이 일어나지 않는다. 그러나 (24f, ⅲ)에는 어중음탈락과 단모 음화가 일어나고 (24f, ⅳ)에는 어말음탈락이 일어난다.

6.2.2 OT에 의한 분석

6.2.2에서는 (24)를 OT에 의해 분석한 후에 Tonkawa, 영어, Hopi, Palestinian Arabic, Tripoli Arabic 그리고 Southeastern Tepehuan 에 나타나는 모음탈락과 강세의 상관관계를 유형론적 관점에서 밝 힌다.

(24)의 결과에 나타나는 모음탈락과 강세할당의 상관관계를 OT로 분석해야만 하는 이론적 근거를 크게 두 가지로 요약할 수 있다.

첫째, (24)의 결과를 기존의 규칙기반이론인 생성음운론에 의해 분 석할 경우, 문법의 간결성을 추구하는 이 이론의 목표와 정면으로 배 치된다는 점이다. 바꿔 말하면, (24)는 어중음탈락, 어말음탈락, 모음충 돌회피 그리고 단모음화와 같은 과정의 이질성에 의해 보다 무표적인 (unmarked) 음보구조라는 목표의 동질성에 접근하고 있음을 보여준다. 그러나 이러한 하나의 공통된 목표를 위해 (24)에서는 네 개의 서로 다른 규칙이 작용하므로 문법이 너무 복잡해지기 때문에 문법의 간결성을 추구하는 생성음운론의 목표와 배치된다는 점이다.

둘째, 또 다른 이론적 근거는 McCarthy(2002b: 93)에서 찾을 수 있다. McCarthy(2002b)에 따르면, OT가 추구하는 출력형 중심의 문법은 과정의 작용적인 측면과 그 작용을 유발하거나 저지하는 조건으로 분리하는 것과 밀접하게 관련되어 있다는 점이다. 이와 같은 특성은 OT에 의한 유형론적 분석의 토대를 제공한다고 볼 수 있는 것으로 McCarthy(2002b)가 말하는 목표의 동질성과 과정의 이질성이다. 바꿔 말하면, 목표의 동질성으로 표현되는 동일한 출력형의 형태가 언어 내부에서뿐만 아니라 언어들 사이에서도 문맥에 따라 다른 방식, 즉 과정의 이질성에 의해 실현될 수 있다는 것이다. 이러한 예견은 OT의 두 가지 기본적인 전제, 즉 유표성과 충실성으로 구분되는 이분법과 유형론이 이끌어내는 당연한 결과이기 때문에 (24)와 같은 결과를 OT로 분석하는 데 있어서 타당한 이론적 근거를 제공한다고 볼 수 있다 (이에 대한 보다 세부적인 내용은 McCarthy(2002b: 91-101) 참조).

(24)의 결과를 OT로 설명하기 위해 필요한 제약들은 (25)와 같다.

(25) a. STRESS-TO-WEIGHT: SWP(Rice 2005: 8)

A stressed syllable must not be monomoraic.

(강세를 받는 음절은 중음절이어야 한다.)

b. MAX-IO: M-IO(Kager 1999: 176, 205)

Every element of S_1 has a correspondent in S_2.

(S_1의 모든 요소는 S_2에 대응소를 갖는다.)

(25a)의 SWP는 강세를 받는 음절이 중음절일 것을 요구하는 유표성 제약으로 자음이 모라를 할당받는 언어의 /$C_1V_1C_2V_2$/ 연쇄에서 /V_2/가 탈락되면 [$C_1V_1C_2$]와 같은 음절구조를 형성하기 때문에 이 제약을 위반하지 않을 것이다. 그리고 (25b)의 M-IO는 S_1(입력형)에 나타나는 분절음이 S_2(출력형)에도 나타날 것을 요구하는 충실성제약이다.

(25)의 제약들에 P-σ을 추가하여 Tonkawa를 OT로 분석한 결과는 다음과 같다.

(26) = (24a) Tonkawa

	SWP	P-σ	M-IO
a. /yakapa-oʔ/			
i. (yà.ka).(pá.oʔ)	*!*		
☞ii. (yàk).(póʔ)			**
b. /ke-yamaxa-oʔ/			
i. (kè.ya).ma.(xá.oʔ)	*!*	*	
☞ii. (kèy.ma).(xóʔ)			**
c. /nes-yamaxa-oʔ/			
i. (nès).(yà.ma).(xá.oʔ)	*!*		
☞ii. (nès).(yàm).(xóʔ)			**

(26)의 Tonkawa는 음보유형이 모라강약격이고 음보형성의 방향성은 운율단어의 왼쪽에서 오른쪽이다. 그리고 음보는 반복적으로 형성되고 부차강세는 운율단어의 왼쪽에서 오른쪽으로 반복적으로 할당되

며 강세는 최우측 음보에 할당되는 언어에서 어중음탈락과 모음충돌 회피가 일어난 것이다. 따라서 (26a, ⅱ)와 (26c, ⅱ)는 중음절에 강세가 할당된다. 그리고 (26b, ⅱ)는 음보화되지 않은 음절의 수를 최소화할 뿐만 아니라 중음절에 강세가 할당된다.

SWP에 대한 평가에서 (26a, ⅰ), (26b, ⅰ) 그리고 (26c, ⅰ)이 경음절에 강세가 할당되기 때문에 이 제약을 각각 두 개씩 위반한다. 그리고 P-σ에 대한 평가에서 (26b, ⅰ)은 음보에 배치되지 않은 음절 때문에 이 제약을 한 개 위반한다. 마지막으로 M-IO에 대한 평가에서 (26a, ⅱ)는 입력형의 어말제3음절에 어중음탈락이 일어나고 어말제2음절과 어말음절 사이에는 모음충돌회피가 일어나므로 이 제약을 두 개 위반한다. 그리고 (26b, ⅱ) 또한 입력형의 어말제4음절에는 어중음탈락이 일어나고 어말제2음절과 어말음절 사이에는 모음충돌회피가 일어나므로 이 제약을 두 개 위반한다. (27c, ⅱ)도 입력형의 어말제3음절에는 어중음탈락이 일어나고 어말제2음절과 어말음절 사이에는 모음충돌회피가 일어나므로 이 제약을 두 개 위반한다. 따라서 (26)에서는 (26a, ⅱ), (26b, ⅱ) 그리고 (26c, ⅱ)가 최적 후보로 나타난다.

다음은 영어의 경우이다.

(27) = (24b) 영어

	SWP	P-σ	M-IO
a. /Toronto/			
ⅰ. To.(rón).to		*!*	
☞ⅱ. (Trón).to		*	*
b. /family/			
ⅰ. (fá.mi).ly	*!	*	
☞ⅱ. (fám).ly		*	*

(27)의 영어는 음보유형이 모라강약격이고 음보형성의 방향성이 운율단어의 오른쪽에서 왼쪽인 언어에서 어중음탈락이 일어난 경우이다. 따라서 (27a, ⅱ)는 음보화되지 않은 음절의 수를 최소화하고 (27b, ⅱ)는 중음절에 강세가 할당된다.

(27b, ⅰ)은 SWP를 위반하고 (27a, ⅰ-ⅱ)와 (27b, ⅰ-ⅱ)는 P-σ을 위반한다. 결과적으로 (27a)에서는 P-σ에 대한 위반의 정도가 덜한 (27a, ⅱ)가 최적 후보로 나타나고 (27b)에서는 SWP를 준수하는 (27b, ⅱ)가 최적 후보로 나타난다.

(28)은 Hopi의 경우를 OT로 평가한 결과이다.

(28) = (24c) Hopi

	SWP	P-σ	M-IO
a. /soma-ya/			
ⅰ. (so.má).ya	*!	*	
☞ⅱ. (sóm).ya		*	*
b. /naala-ya-n-ta/			
ⅰ. (náa).la.yan.ta		**!*	
☞ⅱ. (nál).yan.ta		**	*
c. /aŋa-katsina/			
ⅰ. (a.ŋá).ka.tsi.na	*!	***	
☞ⅱ. (a.ŋák).tsi.na		**	*

(28)과 같이 음보유형이 모라약강격이고 음보형성의 방향성이 운율
단어의 왼쪽에서 오른쪽인 Hopi에서 (28a, ⅱ)는 어중음탈락의 결과
중음절에 강세가 할당된다. 그리고 (28b, ⅱ)는 단모음화와 어중음탈
락의 결과 음보화되지 않은 음절의 수를 최소화한다. 한편, (28c, ⅱ)는
어중음탈락의 결과 음보화되지 않은 음절의 수를 최소화할 뿐만 아니
라 중음절에 강세가 할당된다.

(28a, ⅰ)과 (28c, ⅰ)은 SWP를 위반하고 (28a, ⅰ-ⅱ), (28b, ⅰ-ⅱ)
그리고 (28c, ⅰ-ⅱ)는 P-σ을 위반한다. 따라서 (28a)에서는 SWP를
준수하는 (28a, ⅱ)가 최적 후보로 평가되고 (28b)에서는 P-σ에 대한
위반의 정도가 덜한 (28b, ⅱ)가 최적 후보로 평가된다. 그리고 (28c)
에서는 SWP를 준수하는 (28c, ⅱ)가 최적 후보로 평가된다.

아래 (29)는 Palestinian Arabic의 경우이다.

(29) = (24d) Palestinian Arabic

	SWP	P-σ	M-IO
a. /fihim-na/			
i. fi.(hím).na		*!*	
☞ii. (fhím).na		*	*
b. /fihim-u/			
i. (fí.hi).mu	*!	*	
ii. (fhí.mu)	*!		*
☞iii. (fíh).mu		*	*

(29)와 같이 음보유형이 모라강약격이고 음보형성의 방향성이 운율 단어의 오른쪽에서 왼쪽인 Palestinian Arabic에서 어중음탈락의 결과 (29a, ii)는 음보화되지 않은 음절의 수를 최소화한다. 그리고 (29b, iii)는 중음절에 강세가 할당된다.

(29b, i - ii)는 SWP를 위반하고 (29a, i - ii)와 (29b, i, iii)는 P-σ 을 위반한다. 따라서 (29a)에서는 P-σ에 대한 위반의 정도가 덜한 (29a, ii)가 최적 후보로 나타나고 (29b)에서는 SWP를 준수하는 (29b, iii)가 최적 후보로 나타난다.

다음은 Tripoli Arabic의 경우이다.

(30) = (24e) Tripoli Arabic

	SWP	P-σ	M-IO
a. /ḍarab-ti/			
ⅰ. ḍa.(ráb).ti		*!*	
☞ⅱ. (ḍráb).ti		*	*
b. /ḍarab-it/			
ⅰ. (ḍá.ra).bet	*!	*	
ⅱ. (ḍrá).bet	*!	*	*
☞ⅲ. (ḍár).bet		*	*
c. /baʔar-a/			
ⅰ. (bá.ʔa).ra	*!	*	
ⅱ. (bʔá).ra	*!	*	*
☞ⅲ. (báʔ).ra		*	*

(30)의 Tripoli Arabic은 음보유형이 모라강약격이고 음보형성의 방향성이 운율단어의 오른쪽에서 왼쪽인 언어에서 어중음탈락이 일어난 것이다. 따라서 (30a, ⅱ)는 음보화되지 않은 음절의 수를 최소화한다. 그리고 (30b, ⅲ)와 (30c, ⅲ)는 중음절에 강세가 할당된다.

(30b, ⅰ‐ⅱ)와 (30c, ⅰ‐ⅱ)는 SWP를 위반하고 (30a, ⅰ‐ⅱ), (30b, ⅰ‐ⅲ) 그리고 (30c, ⅰ‐ⅲ)는 P-σ을 위반한다. 따라서 (30a)에서는 P_ARSE-σ에 대한 위반의 정도가 덜한 (30, ⅱ)가 최적 후보로 나타난다. 그리고 (30b-c)에서는 SWP를 준수하는 (30b, ⅲ)와 (30c, ⅲ)가 각각 최적 후보로 나타난다.

마지막으로 Southeastern Tepehuan의 경우이다.

(31) = (24f) Southeastern Tepehuan

	SWP	P-σ	M-IO
a. /to-topaa/			
ⅰ. (to.tó).paa	*!	*	
☞ⅱ. (tót).pa		*	*
b. /novi/			
ⅰ. (no.ví)	*!		
☞ⅱ. (nóv)			*

(31)의 Southeastern Tepehuan은 음보유형이 모라약강격이고 음
보형성의 방향성이 운율단어의 왼쪽에서 오른쪽인 언어에서 (31a, ⅱ)
는 어중음탈락의 결과 중음절에 강세가 할당되고 (31b, ⅱ)는 어말음
탈락의 결과 중음절에 강세가 할당된다.

(31a, ⅰ)과 (31b, ⅰ)은 SWP를 위반한다. 따라서 (31)에서는 SWP
를 준수하는 (31a, ⅱ)와 (31b, ⅱ)가 각각 최적 후보로 평가된다.

지금까지 6.2.2에서는 (24)의 결과를 OT에 의해 유형론적 관점에서
분석하였다. 그 결과를 요약하면, 다음과 같다((32)에서 Ⅰ은 음보화되
지 않은 음절의 수를 최소화함을 나타내고 Ⅱ는 중음절에 강세가 할당
됨을 나타낸다. 그리고 '*'는 제약의 위반 여부를 나타낸다.).

(32) 모음탈락과 강세의 상관관계에 관한 OT분석의 결과

언어별		S W P	P-σ	M-IO	과정의 이질성				목표의 동질성	
					A	B	C	D	I	II
a.=(26) T	i . /yakapa-o?/ → [(yàk).(pó?)]([HH])			**	O		O			O
	ii . /ke-yamaxa-o?/ → [(kèy.ma).(xó?)]([HLH])			**	O		O		O	O
	iii . /nes-yamaxa-o?/ → [(nès).(yàm).(xó?)]([HHH])			**	O		O			O
b.=(27) E	i . /Toronto/ → [(Trón).to]([HH])	*	*		O				O	
	ii . /family/ → [((fám).ly]([HL])	*	*		O					O
c.=(28) H	i . /soma-ya/ → [(sóm).ya]([HL])	*	*		O					O
	ii . /naala-ya-n-ta/ → [(nál).yan.ta]([HHL])	**	*		O			O	O	
	iii . /aŋa-katsina/ → [(a.ŋák).tsi.na]([LHLL])	**	*		O				O	O
d.=(29) PA	i . /fihim-na/ [(fhím).na]([HL])	*	*		O				O	
	ii . /fihim-u/ → [(fíh).mu]([HL])	*	*		O					O
e.=(30) TA	i . /ḍarab-ti/ → [(ḍráb).ti]([HL])	*	*		O				O	
	ii . /ḍarab-it/ → [(ḍár).bet]([HH])	*	*		O					O
	iii . /baʔar-a/ → [(báʔ).ra]([HL])	*	*		O					O

언어별		S W P	P- σ	M- IO	과정의 이질성				목표의 동질성	
					A	B	C	D	I	II
f.=(31) ST	i. /to-topaa/ → [(tót).pa]([HL])		*	*	O			O		O
	ii. /novi/ → [(nóv)]([H])			*		O				O

    (32a)의 Tonkawa에는 어중음탈락과 모음충돌회피가 일어났다. 따라서 (32a, ⅰ)과 (32a, ⅲ)에서는 중음절에 강세가 할당되고 (32a, ⅲ)에서는 음보화되지 않은 음절의 수를 최소화할 뿐만 아니라 중음절에 강세가 할당된다. (32b)의 영어에는 어중음탈락이 일어났다. 따라서 (32b, ⅰ)에서는 음보화되지 않은 음절의 수를 최소화하고 (32b, ⅱ)에서는 중음절에 강세가 할당된다. (32c)의 Hopi에서 (32c, ⅰ)은 어중음탈락의 결과 중음절에 강세가 할당되고 (32c, ⅱ)는 단모음화와 어중음탈락의 결과 음보화되지 않은 음절의 수를 최소화한다. 그리고 (32c, ⅲ)는 어중음탈락의 결과 음보화되지 않은 음절의 수를 최소화할 뿐만 아니라 중음절에 강세가 할당된다. (32d)의 Palestinian Arabic은 어중음탈락의 결과 (32d, ⅰ)에서는 음보화되지 않은 음절의 수를 최소화하고 (32d, ⅱ)에서는 중음절에 강세가 할당된다. (32e)의 Tripoli Arabic은 어중음탈락의 결과 (32e, ⅰ)은 음보화되지 않은 음절의 수를 최소화하고 (32e, ⅱ-ⅲ)는 중음절에 강세가 할당된다. 마지막으로 (32f)의 Southeastern Tepehuan에서 (32f, ⅰ)은 어중음탈락과 단모음화의 결과 중음절에 강세가 할당되고 (32f, ⅱ)는 어말음탈락의 결과 중음절에

강세가 할당된다.

6.2.3 요약

6.2에서는 Tonkawa, 영어, Hopi, Palestinian Arabic, Tripoli Arabic 그리고 Southeastern Tepehuan에 나타나는 모음탈락과 강세할당의 상관관계를 살펴보았다. 그리고 그 결과를 OT에 의해 유형론적 관점에서 분석하였다. 이를 요약하면, 다음과 같다.

첫째, 6.2에서 다루었던 언어들에 나타나는 모음탈락과 강세할당의 상관관계는 어중음탈락, 어말음탈락, 모음충돌회피 그리고 단모음화와 같은 과정의 이질성에 의해 음보화되지 않은 음절의 수를 최소화하거나 중음절에 강세를 할당하는 무표적인 음보구조라는 목표의 동질성을 실현한다.

둘째, 6.2에서 다루었던 언어들에 나타나는 모음탈락과 강세할당의 상관관계를 OT로 분석해야만 하는 이론적 근거를 크게 두 가지로 요약할 수 있다. 하나는 (24)의 결과를 기존의 규칙기반이론인 생성음운론으로 분석할 경우, 문법의 간결성을 추구하는 이 이론의 목표와 정면으로 배치된다. 다른 하나는 OT가 추구하는 출력형 중심의 문법은 과정의 작용적인 측면과 그 작용을 유발하거나 저지하는 조건으로 분리하는 것과 밀접하게 관련되어 있다.

셋째, (32)의 결과를 요약하면, 6.2에서 다루었던 언어들에 나타나는 모음탈락과 강세할당의 상관관계는 어중음탈락, 어말음탈락, 모음충돌회피 그리고 단모음화와 같은 과정의 이질성에 의해 음보화되지 않

은 음절의 수를 최소화 하거나 중음절에 강세를 할당하는 무표적인 음
보구조라는 목표의 동질성이 SWP >> P$_{ARSE}$-σ >> M$_{AX}$-IO의 일관
된 제약위계에 의해 실현된다.

주석

1) (12a)에서는 NF가 위반되지 않았지만 제약위계의 하위에 놓여있다. 그 이유는 5.3.2의
   (7)에서 살펴보았던 영어명사에 나타나는 비파생어강세의 제약위계(NH(ə), RT=T,
   FB-X^{MIN}, F-PH >> FB-X^{MAX}, AF-L >> NF, E(R), WSP)를 따랐기 때,문이다.
   한편, 5.3.2의 (7)에 나타난 제약위계에서 NH(ə), FB-X 그리고 WSP는 (12)의 제약
   위계에 포함시키지 않아도 OT에 의한 분석에는 영향을 미치지 않기 때문에 복잡성을
   피하기 위해 사용하지 않았다. 이하 6.1의 나머지 뒷부분에 나타난 스페인어와
   Palestinian Arabic도 같은 이유 때문에 NH(ə), FB-X 그리고 WSP를 사용하지
   않았다.

2) (17a)에 나타난 공모의 경우는 (i)에서처럼 한국어에도 나타난다.

   (i) 전상범(2004: 317)
      a. 탈락
         /maim/(마음) → [maːm](맘)
      b. 전이음형성
         /ku-ə/(구어) → [kwəː]((귀) 먹다))
         /ki-ə/(기어) → [kyəː]((겨) 다니다))
      c. 전이음삽입
         /pi-e/(비에) → [piye](비예)
      d. 축약
         /sai/(사이) → [sæː](새)
      e. [ŋ]-삽입
         /nazi/(나ᅀᅵ) → nai → naŋi → [næŋi](냉이)

(i)은 한국어에서 모음충돌회피를 위해 공모하고 있는 경우로 각각 탈락, 전이음형
성, 전이음삽입, 축약 그리고 후기 중세국어에서 [ŋ]-삽입이 일어나고 있음을 보여준다.

3) Hoijer(1933: 21; Gouskova 2003: 123)에 따르면, Tonkawa의 음절은 CV, CVC,
CVV 그리고 CVVC로 구성되어 있고 CVC, CVV 그리고 CVVC는 중음절을 구성한
다. 또한 Gouskova(2003: 124, 129, 131)에 따르면, Tonkawa의 음보유형은 모라강약
격이고 음보형성의 방향성은 운율단어의 왼쪽에서 오른쪽으로 부차강세가 반복적으
로 할당되며 강세는 운율단어의 최우측 음보에 할당된다.

4) Gouskova(2003: 86, 96)에 따르면, Hopi의 음절은 CVV, CVC 그리고 CV로 구성되
어 있고 CVV와 CVC는 중음절을 구성한다. 또한 Hopi의 음보유형은 모라약강격
(mora iamb)이고 음보형성의 방향성은 운율단어의 왼쪽에서 오른쪽이며 음보는 음절
무게에 따라 이접적으로 형성된다. 바꿔 말하면, 삼음절로 구성된 운율단어의 경우에
어말제3음절의 중음절([(ʔác).ve.ce] 'planting stick')에 강세가 할당된다. 그리고
(20c)에서처럼 어말제3음절이 경음절일 경우는 어말제2음절에 강세([(ka.wáy).sap]
'as high as a horse')가 할당된다. 그러나 이음절로 구성된 단어의 경우는 어말제2음
절에 강세([(kó.ho)] 'wood')가 할당된다. 한편, Hopi에서 부차강세는 없다.

5) Brame(1974; Kager 1995b: 4)에 따르면, Palestinian Arabic의 i-어중음탈락규칙
(i-Syncope Rule)은 (i)과 같다.

(i) i-Syncope Rule
  i[-stress] → ∅/ _____ CV

6) Tripoli Arabic의 음보유형, 음보형성의 방향성 그리고 강세할당은 아랍방언과 동일
하다. 아랍방언의 강세할당에 관한 세부적인 내용은 5.5.2 참조. 한편, Kenstowicz
& Abdul-Karim(1980; Kager 1995b: 20)에 따르면, Tripoli Arabic의 a-어중음탈락
규칙(a-Syncope Rule)은 (i)과 같다.

(i) a-Syncope Rule
  a[-stress] → ∅/ _____ C+V

7) (22a, iii)의 [et]은 Tripoli Arabic의 어말에 나타나는 3인칭단수 여성접미사의 이형
태이다. 이에 대한 구체적인 내용은 Kager(1995b: 20) 참조.

8) Kager(1997: 474; 1999: 177)에 따르면, Southeastern Tepehuan의 음절은 CV(V)(C)
로 구성되고 CVVC와 CVC는 중음절을 구성한다. 그리고 음보유형은 모라약강격이고
음보형성의 방향성은 운율단어의 왼쪽에서 오른쪽이며 음보는 음절무게에 따라 이접적

으로 형성된다. 바꿔 말하면, 이음절로 구성된 운율단어의 경우에 어말제2음절의 중음절에 강세([(vóo).hi] 'bear')가 할당되거나 어말제2음절이 경음절일 경우에 어말음절에 강세([(sa.pók)] 'story')가 할당된다. 한편, Southeastern Tepehuan에는 부차강세가 없다.

9) 물론 *[(ʔáɽ)]의 경우도 어말음탈락의 결과 중음절에 강세가 할당된다고 볼 수 있다. 그러나 Prince(1990: 363)에 따르면, 약강격의 조화리듬척도(rhythmic harmony scale)는 LH > {LL, H} > L이다. 따라서 (H) 구조인 *[(ʔáɽ)]는 (LH) 구조인 [(ʔa.ɽii)]('child')보다 유표적인 구조가 될 것이다. 여기에서 H나 L과 같이 굵은 글자는 강세를 받는 음절을 나타낸다.

제7장
강세할당, OT 그리고 OT의 하위이론들

 이 장에서는 McCarthy(2006a-d, 2007)의 입장에서 바라보는 음운현상의 불투명성에 관한 OT의 문제점을 살펴본다. 이어서 강세할당과 불투명성에 관한 OT의 하위이론들, 즉 국부결합(Local Conjunction, Smolensky 1993, 1995; Kirchner 1996; Łubowicz 2005: 국부결합), 다층위평가(Multi-stratal Evaluation, Inkelas & Orgun 1995; Itô & Mester 1999; Collie 2007: 다층위평가), 동정이론(Sympathy Theory, McCarthy 1999: 동정이론), 어휘적 제약영역(Lexical Constraint Domains, Itô & Mester 1995: 어휘적 제약영역) 그리고 출-출력 대응(OO-correspondence, Benua 1995; Kager 1995b, 1999; McCarthy 1995: 출-출력 대응)에 의한 분석을 시도한다. 마지막으로 그 결과를 토대로 OT의 하위이론들에 나타나는 문제점들을 지적한다.

 출력형 지향의 OT에서는 유표성제약이 출력형 이전의 단계를 언급하는 것을 금하기 때문에 불투명성의 문제가 발생한다. 따라서 이에 대한 대안으로 OT의 제약수정, 동일한 언어의 문법에 두 개의 제약위계 설정 그리고 기타 등의 수정을 통해 위의 하위이론들이 등장했다고

볼 수 있다. 여기에서 제약들을 수정한 이론은 국부결합, 동정이론, 출－
출력 대응 그리고 2층위적형성(Two-level Well-formedness, Orgun
1995; Archangeli & Suzuki 1997: 2층위적형성)이 있다.[1] 그리고 동일
한 언어의 문법에 두 개의 제약위계를 설정한 이론은 어휘적 제약영역
이다. 한편, 기타의 이론은 Kiparsky(1982)로 대표되는 어휘음운론
(Lexical Phonology)의 주된 문법장치 가운데 하나인 층위의 개념을
OT에 도입한 다층위평가이다.

7.1 OT

이 절에서는 McCarthy(2006a-d, 2007)의 입장에서 바라보는
Bedouin Arabic의 음운현상에 나타나는 불투명성과 OT의 문제점을
살펴본다. 그리고 Selayarese의 모음삽입과 강세할당의 상관관계에서
발생하는 OT의 문제점에 대해서도 살펴본다.
(1)은 Bedouin Arabic에서 과다적용되는 불투명성의 자료와 이를
OT로 분석하기 위한 제약들이다.

  (1) Bedouin Arabic
    a. 불투명성(McCarthy 2006a: 9)
      기저형   /ħaːkim-iːn/
      구개음화   ħaːkʲimiːn
      어중음탈락   ħaːkʲmiːn
      표면형   [ħaːkʲ.miːn] 'ruling(masculine plural)'

b. 투명성

기저형　　　　/ħaːkim-iːn/ 'ruling(masculine plural)'

어중음탈락　　ħaːkmiːn

구개음화　　　_____

표면형　　　　*[ħaːk.miːn]

c. 제약(McCarthy 2006a: 11)

　ⅰ. *ki

　　　Violated by any sequence of a nonpalatalized velar and a front vowel.

　　　(전설모음 [i] 앞에서 연구개음은 경구개음화된다.)

　ⅱ. *iCV

　　　Violated by any short high vowel in a nonfinal open syllable.

　　　(비어말 개음절에 나타나는 [i]를 금한다.)

　ⅲ. I$_{DENT}$[back]: I$_D$[back]

　　　No palatalization.

　　　(입력형에 나타나는 [back]은 출력형에 그 대응소를 갖는다.)

(1a)에서는 기저형에 구개음화규칙(Palatalization Rule)이 적용된 후에 어중음탈락규칙(Syncope Rule)이 적용된다. 따라서 표면형 [ħaːkʲ.miːn] ('ruling(masculine plural)')은 구개음화가 적용될 환경이 아님에도 불구하고 구개음화가 과다적용되는 불투명성을 보여준다. 그러나 (1b)는 어중음탈락규칙이 구개음화규칙을 출혈하는 경우가 되어 *[ħaːk.miːn]과 같이 투명성을 보이지만 실제로는 표면형에 나타나지 않는다.

(1c, ⅰ)은 전설고모음 앞에서 연구개음이 경구개음으로 구개음화될

것을 요구하는 유표성제약이고 (1c, ⅱ)는 비어말 개음절에 나타나는
짧은 고모음을 금하는 유표성제약이다. 그리고 (1c, ⅲ)는 입력형과 출
력형 사이의 자질동일성을 요구하는 충실성제약이다.

(2)는 Bedouin Arabic에서 불투명성을 보이는 경우를 McCarthy
(2007: 25)가 OT로 평가한 결과이다.

(2) = (1a) OT에 의한 불투명성 분석

/ħaːkim-iːn/	$^*i$CV	M-IO	$^*ki$	I$_D$[back]
☞a. ħaːk.miːn		*		
☞b. ħaːkʲ.miːn		*		*!
c. ħaː.ki.miːn	*!		*	
d. ħaː.kʲi.miːn	*!			*

(2c-d)는 비어말 개음절에 나타난 짧은 고모음 때문에 $^*i$CV를 위반
하고 (2a-b)는 탈락된 모음 때문에 M-IO를 각각 위반한다. 그리고
(2c)는 전설고모음 앞에서 연구개음이 구개음화되지 않았기 때문에
$^*ki$를 위반하고 (2b, d)는 입-출력 사이의 자질이 동일하지 않기 때문
에 I$_D$[back]을 각각 위반한다.

(2)의 결과를 요약하면, (2)는 실제 표면형인 (2b)가 실제 표면형이 아닌
(2a)에 의해 제약위계의 평가에서 조화구속(harmonic bounding)된다. 따
라서 (2)는 제약위계의 재배열에 의해서는 실제 표면형인 (2b)가 최적형으
로 나타날 수 없음을 보여준다(조화구속에 대해서는 McCarthy(2008a:
80-82) 참조). 출력형 지향의 OT에서는 유표성제약이 출력형 이전의 단계

를 언급하는 것을 금하기 때문에 (2)와 같은 불투명성의 문제가 발생한다.

　강세할당과 불투명성에 관한 Selayarese의 자료를 통해 OT의 문제점을 살펴본다.

　제약기반이론의 음운론에서 강세할당에 나타나는 불투명성의 문제를 해결하기 위한 접근방법은 제7장의 서두에서 언급했던 이론들을 포함하여 크게 네 가지로 요약할 수 있다(이에 대한 보다 구체적인 내용은 8.1 참조). 첫째는 국부결합, 동정이론, 출-출력 대응 그리고 2층위적 형성이다. 이러한 이론들은 OT를 기본적인 틀로 하여 제약을 수정해가는 접근방법이다. 둘째는 동일한 언어의 문법에 두 개의 제약위계를 설정한 이론으로 어휘적 제약영역을 들 수 있다. 셋째는 어휘음운론에서 사용했던 층위의 개념을 OT에 도입한 다층위평가이다. 마지막으로 제8장에서 살펴보게 될 후보연쇄최적성이론(Optimality Theory with Candidate Chains, McCarthy 2006a-d, 2007: OT-CC)이다.[2] 이 이론은 OT에 규칙기반이론의 주된 문법장치인 도출의 개념을 도입한 이론이다(강세할당과 불투명성에 관한 OT-CC의 접근방법에 관한 보다 구체적인 내용은 McCarthy(2007: 제4장)와 Shaw(2007: 12-158) 참조).

　(3)에서 (3c)는 Selayarese의 모음삽입과 강세할당의 상관관계에서 과소적용되는 불투명성의 자료이다.

　(3) Selayarese(Piggott 1995: 320; Alderete 1999: 9)

　　a. sahá:la　　　'sea cucumber'

　　　sahalá:ku　　'my sea cucumber'

　　　gó:lo　　　　'ball'

	golóːku	'my ball'
b.	berasákku	'my rice'
	kikiríkku	'my mental file'
	sahalákku	'my profit'
c.	káːtala	'itch'
	póːtolo	'pencil'
	maŋkássara	'Macassar'

Alderete(1999: 9)에 따르면, Selayarese의 음보유형은 음량무관체계의 음절강약격이고 음보형성의 방향성은 운율단어의 오른쪽에서 왼쪽이다. 그리고 강세는 운율단어의 어말제2음절에 할당된다.

Selayarese에서는 (3a)에서처럼 투명성을 보이는 강세(sa.háː.la 'sea cucumber')가 어말제2음절에 할당된다.3) 한편, (3b)의 밑줄 친 부분에서처럼 어말제2음절에 모음삽입이 일어나는 경우는 (3a)와 동일한 음절에 강세(be.ra.sák.ku 'my rice')가 할당되기 때문에 삽입모음은 이 언어의 강세유형에 투명성을 보여준다. 그러나 (3c)에서와 같이 어말음절에 모음삽입이 일어나는 경우는 어말제3음절에 강세(káː.ta.la 'itch')가 할당되기 때문에 이 언어의 강세유형에 과소적용된 불투명성을 보여준다.

Selayarese의 모음삽입과 강세할당의 상관관계에서 나타나는 불투명성의 문제를 해결하기 위해 규칙기반이론에서는 강세삽입규칙과 모음삽입규칙의 순서에 따라 임의적인 규칙순서를 적용할 수밖에 없을 것이다. 바꿔 말하면, (3b)에서처럼 투명성을 보이는 경우는 모음삽입규칙이 적용된 후에 강세삽입규칙이 적용된다고 설명할 것이다. 그러나 (3c)에서처럼 불투명성을 보이는 경우는 강세삽입규칙이 적용된 후에 모음삽입규칙이 적용된다고 설명할 것이다. 따라서 규칙기반이론은 이들 언어의 강세할당과 관련된 정보만으로는 모음삽입과 강세삽입으로 인해 나타나는 강세의 음절 내 위치에 대한 불투명성의 문제를 일관되게 설명할 수 없다. 그러므로 규칙기반이론에서 이와 같은 임의적인 규칙순서의 설정은 언어학자들에 의해 문법의 힘이 너무 강하다는 비판을 받아왔다.

(3c)에 나타난 불투명성의 경우를 OT로 평가하기 위한 제약들과 이들 제약들의 상호작용 그리고 제약위계를 열거하면, 아래 (4)와 같다.

(4) a. 제약

ⅰ. $\text{N}_\text{O}\text{-C}_\text{ODA}$(Kager 1999: 94)

Syllables are open.

(음절은 개음절로 끝난다.)

ⅱ. $\text{D}_\text{EP}(\text{P}(\text{ROMINENCE}))$: $\text{D}_\text{EP}(\text{P})$(McCarthy 2006b: 38)

(강세삽입을 금한다.)

ⅲ. D_EP-IO(Kager 1999: 68)

Output segments must have input correspondents.

(출력형의 분절음은 입력형의 대응소를 가져야 한다.)

b. 제약의 상호작용

ⅰ. 강세할당

$\text{R}_\text{OOT} \gg \text{D}_\text{EP}(\text{P})$

ii. 모음삽입

$\text{N}_\text{O}\text{-C}_\text{ODA} \gg \text{D}_\text{EP}\text{-IO}$

c. 제약위계

$\text{R}_\text{OOT}, \text{N}_\text{O}\text{-C}_\text{ODA} \gg \text{D}_\text{EP}(\text{P}), \text{D}_\text{EP}\text{-IO}$

(4a, ⅰ)은 유표성제약이고 (4a, ⅱ-ⅲ)는 충실성제약들이다. 그리고
(4b)는 Selayarese의 강세할당과 모음삽입을 반영하는 제약위계이고
(4c)는 (4b)를 반영하는 제약위계이다.

(5)는 (4c)의 제약위계에 의해 Selayarese에서 과소적용된 불투명
성의 경우를 OT로 평가한 결과이다.

(5) = (3c) OT에 의한 불투명성 분석

/katal/	R_OOT	$\text{N}_\text{O}\text{-C}_\text{ODA}$	$\text{D}_\text{EP}(\text{P})$	$\text{D}_\text{EP}\text{-IO}$
a. ka.tal	*!	*		
b. (ká:.tal)		*!	*	
☞c. ka.(tá:la)			*	*
☞d. (ká:.ta).la			*	*

(5a)는 강세가 할당되지 않기 때문에 R_OOT를 위반하고 (5a-b)는 음
절말음에 나타난 자음 때문에 $\text{N}_\text{O}\text{-C}_\text{ODA}$를 위반한다. 그리고 (5b-d)는
삽입된 강세 때문에 $\text{D}_\text{EP}(\text{P})$를 위반하고 (5c-d)는 삽입된 모음 때문에
$\text{D}_\text{EP}\text{-IO}$를 위반한다.

(5)의 결과를 요약하면, 제약위계의 평가에서 실제 표면형인 불투명
한 후보 (5d)와 실제 표면형이 아닌 투명한 후보 (5c)가 동시에 최적

후보로 평가된다. 따라서 OT는 Selayarese의 모음삽입과 강세할당의
상관관계에서 나타나는 과소적용된 불투명성의 경우를 설명할 수 없음
을 잘 보여준다.

7.2 국부결합

이 절에서는 국부결합에 의해 Selayarese에 나타나는 과소적용된
불투명성의 경우를 다루기로 한다.

국부결합은 음운현상에 나타나는 불투명성을 해결하기 위해 국부적
으로 연합된 제약(locally conjoined constraint)을 주된 문법장치로
사용한다. 국부적으로 연합된 제약은 두 개의 개별 충실성제약이 하나
의 복합제약(composite constraint)으로 작용하여 단일한 영역 내에서
이들 구성원의 두 제약이 모두 위반되는 경우에만 위반된다(단일한 영
역은 'δ'로 표시되고 그 영역은 분절음, 음절 그리고 형태소 등이다.
한편, 개별 충실성제약들은 OT의 충실성제약들을 의미한다.).

(6)은 복합제약의 위반을 도표화한 것이다.

(6) 국부결합에서 복합제약의 위반(Kager 1999: 393)

	제약$_1$	제약$_2$	[제약$_1$ & 제약$_2$]$_\delta$
a. 후보 1			
b. 후보 2		*	
c. 후보 3	*		
d. 후보 4	*	*	*

　국부결합에서는 (6)에서처럼 두 개의 개별 충실성제약인 제약₁과 제약₂가 단일한 영역 내에서 하나의 복합제약 [제약₁ & 제약₂]δ으로 작용하여 이들 개별 충실성제약들이 모두 위반되는 경우에만 복합제약이 위반된다. 그리고 국부결합에서는 복합제약을 개별 충실성제약들보다 상위의 제약위계에 둠으로써 불투명성의 문제에 대한 OT의 한계를 극복하고자 한다. 한편, (5)의 OT에 의한 분석에서는 실제 표면형이 아닌 (5c)와 실제 표면형인 (5d)가 제약도표에서 최적 후보로 나타났다. 이와 같이 잘못된 결과가 나타나는 이유는 D_EP(P)와 D_EP-IO 때문이다. 따라서 실제 표면형이 아닌 (5c)를 제거하기 위해 운율단어를 그 영역으로 하여 두 개의 충실성제약을 하나로 연합시킨 [D_EP(P) & D_EP-IO]δ와 같은 연합된 제약을 설정하여 D_EP(P)와 D_EP-IO보다 제약 위계의 상위에 둔다.

　(7)은 Selayarese의 과소적용된 불투명성의 경우를 국부결합으로 평가한 결과이다.

(7) = (3c) 국부결합에 의한 불투명성 분석

/katal/	R_OOT	N_O-C_ODA	[D_EP(P) & D_EP-IO]δ	D_EP (P)	D_EP -IO
a. ka.tal	*!	*			
b. (ká:.tal)		*!		*	
☞c. ka.(tá:la)			*	*	*
☞d. (ká:.ta).la			*	*	*

(7c-d)는 개별 충실성제약들인 $D_{EP}(P)$와 D_{EP}-IO를 모두 위반하기 때문에 연합된 제약 $[D_{EP}(P)$ & D_{EP}-IO$]_8$를 위반한다.

(7)의 결과를 요약하면, 제약위계의 평가에서 (7c-d)가 최적 후보로 평가되기 때문에 (5)에서 살펴보았던 OT로 분석한 결과와 마찬가지로 국부결합은 Selayarese에 나타나는 과소적용된 불투명성의 경우를 설명할 수 없음을 보여준다.

이 밖에도 국부결합은 복합제약과 OT가 주장하는 최소위반의 상관관계에서 발생하는 개념상의 문제(conceptual problem), OT의 엄밀지배(strict domination)에 대한 위배 그리고 가능한 제약의 증가(increase of possible constraints)에 대한 가능성으로 인한 문법의 복잡성 등이 문제점으로 지적된다(국부결합의 문제점에 대한 보다 구체적인 내용은 Kager(1999: 400)와 McCarthy(2007: 34-36) 참조).

7.3 다층위평가

이 절에서는 다층위평가에 의해 Selayarese에 나타나는 과소적용 불투명성의 경우를 살펴본다.

다층위평가는 Kiparsky(1982)로 대표되는 어휘음운론의 주된 문법장치인 층위의 개념을 OT에 도입한 이론으로 OT의 직접전사는 포기하는 대신에 제약형식은 유지한다. 다층위평가의 이와 같은 관점은 2층위적형성의 관점, 즉 직접전사는 유지하는 대신에 제약형식은 포기하는 관점과 반대의 개념이다(다층위평가와 2층위적형성에 대한 보다

구체적인 내용은 Kager(1999: 378-385) 참조). 그리고 다층위평가에
서는 각각의 생성자 G_{EN}과 평가자 E_{VAL}의 기능을 지닌 별개의 층위를
인정하고 이들 각각의 층위 내에서 입력형과 출력형의 연결은 직접적
으로 이루어지며 각각의 층위는 개별적인 제약위계를 갖는다.

(8)은 (3c)에 나타난 Selayarese에서 과소적용된 불투명성의 경우
에 관한 다층위평가의 과정을 정리한 것이다.

    (8) 다층위평가의 과정

        a. 1층위 I_1 /katal/

                ↓ R_{OOT}, D_{EP}-IO >> D_{EP}(P), N_O-C_{ODA}

          O_1 [ká:.tal]

        b. 2층위 I_2 /ká:.tal/

                ↓ R_{OOT}, N_O-C_{ODA}, D_{EP}(P) >> D_{EP}-IO

          O_2 [(ká:.ta).la]   'itch'

(8a)의 1층위에서는 R_{OOT}, D_{EP}-IO >> D_{EP}(P), N_O-C_{ODA}의 제약위
계에 의해 입력형인 /katal/에 강세할당규칙이 적용되어 중간 출력형
인 [ká:.tal]이 나타난다. 그리고 (8b)의 2층위에서는 R_{OOT}, N_O-C_{ODA},
D_{EP}(P) >> D_{EP}-IO의 제약위계에 의해 입력형인 /ká:.tal/에 모음삽입
규칙이 적용되어 최종 출력형인 [(ká:.ta).la]('itch')가 나타난다.

(9)는 Selayarese에서 과소적용된 불투명성의 경우를 다층위평가로
분석한 결과이다.

(9) = (3c)·다층위평가에 의한 불투명성 분석

　　a. 1층위

/katal/	R_{OOT}	D_{EP}-IO	$D_{EP}(P)$	N_O-C_{ODA}
ⅰ. ka.tal	*!			*
☞ⅱ. ká:.tal			*	*
ⅲ. ka.tá:l<u>a</u>		*!	*	
ⅳ. ká:.ta.l<u>a</u>		*!	*	

　　b. 2층위

/ká:.tal/	R_{OOT}	N_O-C_{ODA}	$D_{EP}(P)$	D_{EP}-IO
ⅰ. ka.tal	*	*		
ⅱ. (ká:.tal)		*!		
☞ⅲ. ka.(tá:l<u>a</u>)				*
☞ⅳ. (ká:.ta).l<u>a</u>				*

(9a)의 1층위에서 (9a, ⅰ)은 R_{OOT}를 위반하고 (9a, ⅲ-ⅳ)는 D_{EP}-IO를 위반한다. 그리고 (9a, ⅱ-ⅳ)는 $D_{EP}(P)$를 위반하고 (9a, ⅰ-ⅱ)는 N_O-C_{ODA}를 위반한다. 그 결과 1층위의 최적형인 (9a, ⅱ)는 2층위의 입력형이 된다. (9b)의 2층위에서 (9b, ⅰ)은 R_{OOT}를 위반하고 (9b, ⅰ-ⅱ)는 N_O-C_{ODA}를 위반한다. 그리고 (9b, ⅲ-ⅳ)는 D_{EP}-IO를 위반한다.

(9)의 결과를 요약하면, 다층위평가에 의한 분석은 제약위계의 평가에서 (9b, ⅲ-ⅳ)가 최적 후보로 평가되기 때문에 (3c)의 Selayarese에 나타난 과소적용된 불투명성의 경우를 설명할 수 없음을 보여준다.

이 밖에도 Kager(1999: 385)에 따르면, 다층위평가의 문제점은 세

가지로 요약된다. 첫째, 이 이론은 층위에 대한 독립적인 동기를 찾기 어렵기 때문에 규칙기반이론의 변형에 불과하다는 것이다. 둘째, 층위에 따라 전반적인 차이를 보이는 각각의 제약위계가 동일한 언어에서 가능한가의 문제이다. 일반적으로 층위에 따라 전반적인 차이를 보이는 제약위계는 동일한 문법 내에서는 발생하지 않는다는 것이다. 셋째, 층위에 따라 전반적인 차이를 보이는 제약위계로 인해 발생하는 전산적 복잡성의 증가로 인해 학습가능성(learnability)의 문제가 발생한다는 점이다(다층위평가의 문제점에 대한 보다 구체적인 내용은 McCarthy (2007: 38-44) 참조).

7.4 동정이론

이 절에서는 동정이론으로 Selayarese에 나타나는 과소적용된 불투명성의 경우를 분석한다.

McCarthy(1999: 4-7)에 따르면, 동정이론은 동정(sympathy)의 개념을 OT에 도입한 이론이다. 바꿔 말하면, 동정이론에서는 충실성제약을 선택자제약(selector constraint: ★)으로 지정한 후에 이 제약을 위반하지 않은 후보를 동정후보(sympathetic candidate: ❀)로 지정한다. 그리고 동정후보와 실제로 표면형에 나타나는 후보가 공유하는 속성을 반영하는 동정제약(sympathetic constraint: ❀)을 설정하여 이 제약을 충실성제약보다 상위에 놓는다. 마지막으로 동정제약으로 동정후보와 각 후보들 사이의 후보형-후보형 충실성(candidate to

candidate faithfulness)에 대한 대응관계를 평가한다. 동정이론의 후
보형-후보형 충실성에 대한 대응관계는 7.6에서 살펴보게 될 출-출력
대응의 대응관계와는 차이가 있다. 바꿔 말하면, 동정이론의 후보형-
후보형 충실성에 대한 대응관계에서 전자의 후보형, 즉 동정후보는 다
소 추상적이다. 그러나 출-출력 대응에서 전자의 출력형은 실제로 발
음되는 형태론적 어기이기 때문에 구체적이다.

아래 (10)은 Selayarese에서 과소적용된 불투명성의 경우를 동정이
론으로 평가한 결과이다((10)의 도표에서 '√'는 선택자제약의 준수를
나타낸다.).

(10) = (3c) 동정이론에 의한 불투명성 분석

/katal/	R$_{\text{OOT}}$	N$_{\text{O}}$ -C$_{\text{ODA}}$	F$_{\text{AITH}}$ (FS)-❀O	D$_{\text{EP}}$ (P)	★D$_{\text{EP}}$ -IO
a. ka.tal	*!	*			
b. ❀(ká:.tal)		*!		*	√
c. ka.(tá:l̲a̲)			*!	*	*
☞d. (ká:.ta).l̲a̲				*	*

(10)에서는 (10d)를 최적 후보로 선택하기 위해 충실성제약인 ★
D$_{\text{EP}}$-IO를 선택자제약으로 지정한 후에 이 제약을 위반하지 않은 후보
(10b)를 동정후보로 지정한다. 그리고 동정후보 (10b)와 실제 표면형
(10d)가 공유하는 속성인 음보구조에 대한 충실성을 반영하는 동정제
약 F$_{\text{AITH}}$(FS)-❀O를 설정하여 이 제약을 충실성제약보다 상위에 놓
는다.[4] 마지막으로 동정제약에 의해 동정후보와 각 후보들 사이의 후

보형-후보형 충실성 관계를 평가한다. 그 결과 동정후보인 (10b)의 음
보구조가 어말제2음절과 어말음절을 구성성분으로 하는 음절강약격
음보를 구성하고 있다. 그러나 (10c)는 어말제3음절이 아닌 어말제2음
절과 어말음절이 음절강약격 음보를 구성하기 때문에 동정제약
F_{AITH}(FS)-❀O를 위반한다. 따라서 (10)에서는 (10d)가 최적 후보로
평가된다.

　동정이론의 이러한 설명력에도 불구하고 이 이론은 몇 가지 문제점
을 보인다.

　첫째, 이용성(2006: 76)에 따르면, 이 이론은 선택자제약의 지정에 있
어서 유표성제약도 고려의 대상으로 삼기 때문에 동정후보가 많아질
수 있다. 따라서 문법의 힘이 매우 강하다는 문제점이 지적된다. 둘째,
McCarthy(2006b: 12)에 따르면, 이 이론은 선택자제약을 지정하는 과정
과 동정제약을 설정하는 과정이 매우 임의적이기 때문에 역시 문법의
힘이 매우 강하다는 문제점이 지적된다. 셋째, Kager(1999: 392)에 따르
면, 이 이론은 전산적 복잡성으로 인해 나타나는 학습가능성의 문제가
지적된다(이 밖에도 동정이론의 문제점에 대한 보다 구체적인 내용은
Collie(2007: 257-258)와 McCarthy(2007: 47-51) 참조).

7.5 어휘적 제약영역

　이 절에서는 영어의 명사강세에 나타나는 불투명성의 경우를 OT로
분석한 후에 이 이론의 한계를 지적한다. 그리고 이 이론에 대한 대안

으로 등장한 어휘적 제약영역으로 영어의 명사강세에 나타나는 과소
적용된 불투명성의 경우를 분석한다.

(11)은 영어의 명사강세에 관한 자료이다.

(11) 영어의 명사강세

    a. América aspáragus cínema jávelin metrópolis
       vénsion ....

    b. abscíssa confétti Mississíppi Philíppa Kentúcky

SPE(84)의 주강세규칙에 따르면, (11a)는 어말음절을 제외하고 어말제2
음절이 경음절이기 때문에 어말제3음절에 강세(A.mé.ri.ca 'America')가
할당되므로 투명성을 보여준다. 그러나 (11b)는 *SPE*(84)의 주강세규칙과
는 다른 강세할당을 보여준다. 바꿔 말하면, 어말음절을 제외하고 어말제2
음절이 경음절이기 때문에 어말제3음절에 강세가 할당되어야 하지만 어말
제2음절에 강세(ab.scí.ssa 'absccssa')가 할당되므로 과다적용된 불투명성
을 보여준다.

SPE(74, 84, 147-148, 151-152)에 따르면, (11b)의 *abscíssa*류와 같
은 경우는 3.1.1의 (3b)에서 살펴보았듯이 어말제3음절에 강세가 할당
되어야 하지만 어말제2음절에 강세(ab.scí.ssa 'absccssa')가 할당된다.
따라서 어말제3음절에 강세가 할당되는 것을 저지하기 위해 (11b)의
*abscíssa*류와 같은 경우는 어말제2음절이 기저형에서 이완모음과 겹
자음의 첫 번째 자음, 즉 VC로 구성된 중음절이라고 보고 여기에 강세
가 할당된다고 주장한다. 그러나 *Alabáma, pellágra, candelábra,
Koála* 그리고 *panoráma* 등과 같은 부류들의 어말제2음절의 모음은

기저형을 긴장모음으로 보고 여기에 *SPE*(84)의 주강세규칙을 적용한
다. 더욱이 *Alabáma*류는 표면형에서 (11a)의 *América*류와 강세할당
에 있어 불일치를 보인다. 바꿔 말하면, *Alabáma*류는 어말제2음절에
나타난 기저형의 긴장모음에 강세가 할당된 이후에 표면형에서 이완
모음으로 바뀐다고 본다. 그러나 (11a)의 *América*류와 같은 경우의 어
말제2음절의 모음은 기저형을 이완모음으로 보지만 표면형은 *Alabáma*
류와 (11a)의 *América*류 모두 어말제2음절이 경음절이다. 그럼에도
불구하고 *Alabáma*류는 어말제2음절에 강세가 할당되고 (11a)의
*América*류는 어말제3음절에 강세가 할당된다. 이를 요약하면, 어말제
2음절에 나타나는 모음의 긴장성과 관련된 *SPE*의 이와 같은 해결책
은 투명성을 보이는 (11a)의 *América*류는 기저형을 이완모음으로 보
고 불투명성을 보이는 (11b)의 *abscíssa*류와 *Alabáma*류는 기저형을
각각 이완모음과 긴장모음으로 본다. 따라서 *SPE*는 (11b)의 *abscíssa*
류와 같이 어말제2음절에 나타나는 강세를 일관되게 설명하지 못하고
있다.5)

아래 (12)는 위의 (11)에 나타난 명사강세를 OT로 분석한 결과이다.

(12) OT에 의한 명사강세 분석6)
     a. = (11a): [ə.(mé.rɪ).kə] 'America'

/əmerɪkə/	a. NH(ə) b. RT=T c. N₀G d. FB-X^{MIN}	FB-X^{MAX}	AF-L	NF	E(R)	WSP	M-IO	DEP(P)
ⅰ. (ə́.me).rɪ.kə	*!(a)				***			*
☞ ⅱ. ə.(mé.rɪ).kə			*		**			*
ⅲ. ə.(me.rí).kə	*!(b)		*		*			*
ⅳ. ə.me.(rí.kə)			*	*!	*			*
ⅴ. ə.me.rɪ.(ká)	*!(a), *(d)		***		**			*

b. = (11b): [æb.(sí.sə)] 'abscissa'

/æbsɪssə/	a. NH(ə) b. RT=T c. N₀G d. FB-X^{MIN}	FB-X^{MAX}	AF-L	NF	E(R)	WSP	M-IO	DEP(P)
ⅰ. (ǽb).sɪs.sə	*!(c)				**	*		*
☞ ⅱ. (ǽb).sɪ.sə					**		*	*
☞ ⅲ. æb.(sí.sə)			*!	*	*	*	*	*
ⅳ. æb.(sís).sə	*!(c)		*		*	*		*
ⅴ. æb.(sɪ.sə́)	*!(a), *(b)		*		*	**	*	*
ⅵ. æb.sɪs.(sə́)	*!(a), *(c), *(d)		**		**	**		*

투명성을 보이는 (12a)에서 (12a, ⅰ, ⅴ)는 중립모음에 강세가 할당되기 때문에 NH(ə)를 위반하고 (12a, ⅲ)는 강세가 음보의 우변에 나타나기 때문에 RT=T를 위반하며 (12a, ⅴ)는 음보가 한 개의 모라만으로 구성되어 있기 때문에 FB-X^{MIN}을 위반한다. 그리고 (12a, ⅱ-ⅴ)는 음보가 운율단어의 최좌변에 나타나지 않기 때문에 AF-L을 위반하고 (12a, ⅳ)는 핵음보가 운율단어의 최우변에 나타나기 때문에 NF

를 한 개 위반하며 (12a, ⅴ)는 핵음보와 핵음보에 배치된 핵음절이 운율단어의 최우변에 나타나기 때문에 NF를 두 개 위반한다. 한편, (12a, ⅰ-ⅳ)는 핵음보의 핵음절이 운율단어의 최우변에 나타나지 않기 때문에 E(R)을 각각 위반하고 (12a, ⅰ-ⅴ)는 삽입된 강세 때문에 D_{EP}(P)를 각각 위반한다.

불투명성을 보이는 (12b)에서 (12b, ⅴ-ⅵ)는 NH(ə)를 위반하고 (12b, ⅴ)는 RT=T를 위반한다. 그리고 (12b, ⅰ, ⅳ, ⅵ)는 겹자음 때문에 N_OG를 위반하고 (12b, ⅵ)는 FB-X^{MIN}을 위반하며 (12b, ⅲ-ⅵ)는 AF-L을 위반한다.

(12)의 결과를 요약하면, OT로 영어의 명사강세를 평가한 (12)는 투명성을 보이는 (12a)의 *América*류는 설명할 수 있다. 그러나 불투명성을 보이는 (12b)의 *abscíssa*류에 대한 제약위계의 평가에서 최적 후보는 실제 표면형인 불투명한 후보 (12b, ⅲ)가 아닌 투명한 후보 (12b, ⅱ)가 최적 후보로 나타난다. 결과적으로 OT는 영어의 명사강세에서 불투명성을 보이는 (12b)의 *abscíssa*류와 같은 과다적용된 불투명성을 일관된 제약위계로 설명할 수 없음을 보여준다.

어휘적 제약영역으로 영어의 명사강세에서 과다적용된 불투명성을 보이는 (12b)의 *abscíssa*류를 분석한다.

Itô & Mester(1995)는 음운현상에 나타나는 불투명성의 문제를 해결하기 위한 대안으로 어휘항목을 구분하는 장치를 OT에 접목시킨 어휘적 제약영역을 제안한다. Itô & Mester(1995: 181-183)에 따르면, 어휘적 제약영역은 어휘부에 영역매개변항(domain parameter)을 설정하여 투명성을 보이는 핵심부(core)를 구성하는 영역과 불투명성을

보이는 주변부(periphery)를 구성하는 영역으로 구분한다. 그리고 이
들 각각의 영역에 서로 다른 제약위계를 적용한다. 바꿔 말하면, 어휘
적 제약영역은 불투명성을 보이는 음운현상을 해결하기 위해 동일한
문법에 두 개의 제약위계를 설정한다. 따라서 어휘적 제약영역의 시각
에서 볼 때, 투명성을 보이는 (12a)의 *América*류는 핵심부를 구성하
는 영역에 속하고 불투명성을 보이는 (12b)의 *abscíssa*류는 주변부를
구성하는 영역에 속한다.

어휘적 제약영역을 구체화하기 위해 (11a)의 *América*류와 (11b)의
*abscíssa*류를 핵심부와 주변부로 구분하여 정리하면, (13)과 같다.

(13) 어휘적 제약영역의 핵심부와 주변부

	영역매개변항	제약위계
a. = (11a): América류	핵심부	.... AF-L >> NF, E(R) ....
b. = (11b): abscíssa류	주변부	.... E(R) >> AF-L, NF ....

(13)은 어휘적 제약영역의 영역매개변항에서 핵심부를 구성하는
(13a)와 주변부를 구성하는 (13b)의 제약위계를 다르게 설정함을 보여
준다.

(14)는 어휘적 제약영역으로 영어의 명사강세에 나타나는 과다적용
된 불투명성을 분석한 것이다.

(14) = (11b) 어휘적 제약영역에 의한 명사강세의 불투명성 분석

/æbsɪssə/	i. NH(ə) ii. RT=T iii. NoG iv. FB-X^{MIN}	FB-X^{MAX}	E (R)	AF -L	N F	W S P	M -IO	D$_{\text{EP}}$ (P)
a. (ǽb).sɪs.sə	*!(iii)		**			*		*
b. (ǽb).sɪ.sə			*!*				*	*
☞ c. æb.(sí.sə)			*	*	*	*	*	*
d. æb.(sís).sə	*!(iii)		*	*		*		*
e. æb.(sɪ.sə́)	*!(i), *(ii)			*	**	*	*	*
f. æb.sɪs.(sə́)	*!(i), *(iii), *(iv)			**	**	**		*

(14b)는 E(R)에 대한 평가에서 이 제약을 두 개 위반하고 (14c)는 이 제약을 한 개 위반한다.

(14)의 결과를 요약하면, 어휘적 제약영역에서는 (13b)에 나타난 영역매개변항의 주변부 제약위계에 근거하여 E(R)을 AF-L보다 상위의 제약위계에 놓음으로써 (14c)가 최적 후보로 나타남을 보여준다.

비록 어휘적 제약영역이 OT의 한계인 불투명성의 문제를 해결할 수 있다 할지라도 이 이론은 다음과 같은 치명적인 문제점을 보인다.

첫째, 음운이론으로서의 설득력과 관련된 문제점이다. 동일한 문법에 두 개의 제약위계, 즉 핵심부를 구성하는 제약위계 (13a)와 주변부를 구성하는 제약위계 (13b)를 설정하는 것은 음운이론으로서의 설득력이 약해 보인다. 이는 규칙기반이론에서처럼 불투명성을 설명하기 위해 임의적으로 규칙의 순서를 설정하는 경우와 방법론에서 차이가 없다고 볼 수 있다.

둘째, 문법의 과다한 힘과 관련된 문제점이다. 동일한 언어에 두 개의 제약위계를 설정하기 때문에 문법의 힘이 너무 강하다. 어휘적 제약영역에 따르면, 불투명성의 문제해결에 대한 접근법은 이분법적이기 때문에 거의 모든 음운현상에 적용될 수 있다고 보인다.

7.6 출-출력 대응

이 절에서는 영어의 명사강세에 나타나는 불투명성을 출-출력 대응으로 분석한다.

Kager(1999: 281-285, 386)에 따르면, 출-출력 대응은 출력형-출력형 충실성에 대한 대응관계를 평가한다. 그러나 7.4에서 살펴보았던 동정이론의 후보형-후보형 충실성에 대한 대응관계와는 달리 출-출력 대응의 후보평가에 언급되는 출력형, 즉 출력형-출력형 대응관계의 첫 번째 출력형은 실제로 발음되는 형태론적 어기이다. 따라서 동정이론의 후보형-후보형 충실성에 대한 대응관계에서 첫 번째 후보형과는 달리 출-출력 대응의 첫 번째 출력형은 구체적인 후보형이다.

영어의 명사강세에 나타나는 불투명성을 살펴보기 전에 Palestinian Arabic에 나타나는 i-어중음탈락과 관련된 자료를 출-출력 대응으로 분석한다.

(15a-b)는 Palestinian Arabic에 나타나는 i-어중음탈락과 관련된 자료이고 (15c)는 (15b)를 출-출력 대응으로 분석하기 위한 제약이다. 그리고 (15d)는 (15b)를 출-출력 대응으로 분석한 것이다.

(15) Palestinian Arabic(Kager 1995b: 4-8)

    a. 동사어간+주격접미사

       i . /fihim/ 'to understand(verb stem)'

       ii. /fihim-u/   fíhm-u 'they understood'

    b. 동사어간+대격접미사

      /fihim-na/   fihím-na 'he understood us'   *fhím-na

    c. 제약

       i . H_{EAD}-M_{AX}(B/O): HM(B/O)

       Every segment in the base's prosodic head has a
       correspondent in the output.
       (어기의 운율단어에서 강세를 받는 모든 분절음은 출력형
       에 대응소를 갖는다.)

       ii. N_O[i]

       /i/ is not allowed in non-final unstressed open syllable.
       (개음절로 끝나는 무강세 비어말음절의 /i/는 허용되지 않
       는다.)

    d. = (15b) 출-출력 대응에 의한 분석

입력형: /fihim, na/ 어기: [fi.him]	HM(B/O)	N_O[i]	M-IO
☞ i . [fi.hím.na]		*	
ii. [fhím.na]	*!		*

(15a)에서 (15a, ii)의 [fíhm-u]('they understood')는 (15a, i)의 동
사어간(/fihim/)에 주격접미사(/u/)가 첨가되어 개음절로 끝나는 무강세
비어말음절의 /i/가 탈락되었음을 보여준다. 그러나 (15b)의 [fihím-na]

('he understood us')는 대격접미사(/na/)가 첨가된 것으로 i-어중음탈락의 환경임에도 불구하고 /i/가 탈락되지 않았기 때문에 i-어중음탈락이 과소적용되는 불투명성을 보여준다. 그리고 (15c, ⅰ)은 충실성제약이고 (15c, ⅱ)는 유표성제약이다. 출-출력 대응으로 분석한 (15d)에서 어기 [fi.him]('to understand')은 출력형-출력형 대응관계의 첫 번째 출력형으로 실제로 발음되는 형태론적 어기이다. 이 어기에 대격접미사(/na/)가 첨가되어 출력형-출력형 대응관계의 두 번째 출력형인 (15d, ⅰ-ⅱ)가 후보형들로 나타난다. (15d, ⅱ)는 어기의 운율단어에서 강세를 받는 분절음이 출력형에서 탈락되었기 때문에 HM(B/O)를 위반한다. 그리고 (15d, ⅰ)은 개음절로 끝나는 무강세 비어말음절의 /i/가 탈락되지 않았기 때문에 No[i]를 위반한다. 한편, (15d, ⅱ)는 개음절로 끝나는 무강세 비어말음절의 /i/가 탈락되었기 때문에 M-IO를 위반한다. 따라서 (15d, ⅰ)이 최적 후보로 평가된다.

  (15d)의 결과를 요약하면, 출-출력 대응에서는 출력형-출력형 대응관계를 평가하는 HM(B/O)를 제약위계의 상위에 둠으로써 OT의 한계를 극복하고 있음을 보여준다.

  (16)은 영어의 명사강세에 나타나는 불투명성을 출-출력 대응으로 평가한 것이다.

  (16) = (11b) 출-출력 대응에 의한 영어의 명사강세 분석

입력형: /æbsɪssə/ 어기: [?]	i. NH(ə) ii. RT=T iii. NₒG iv. FB-X^{MIN}	FB -X^{MAX}	HM (B/O)	AF -L	i. NF ii. E(R) iii. WSP iv. M-IO v. Dᴇᴘ(P)
a. (æb).sɪs.sə	*!(iii)				**(ii), *(iii), *(v)
☞b. (æb).sɪ.sə					**(ii), *(iv), *(v)
☞c. æb.(sɪ́.sə)				*!	*(i), *(ii), *(iii), *(iv), *(v)
d. æb.(sɪ́s).sə	*!(iii)			*	*(ii), *(iii), *(v)
e. æb.(sɪ.sə́)	*!(i), *(ii)			*	**(i), *(iii), *(iv), *(v)
f. æb.sɪs.(sə́)	*!(i), *(iii), *(iv)			**	**(i), **(iii), *(v)

Kager(1999: 386)에 따르면, 출–출력 대응에서 출력형–출력형 대응
관계의 첫 번째 출력형은 실제로 발음되는 형태론적 어기일 뿐만 아니
라 해당 언어의 음운현상에 대해 투명성을 보여야 한다. 그러나 이러한
두 가지 조건을 충족시키는 (15d)의 어기 [fí.him]('to understand')과
는 달리 (16)의 어기가 되어야 할 [æb.(sɪ́.sə)]('abscissa')는 영어의 명
사강세에서 불투명성을 보인다. 따라서 [æb.(sɪ́.sə)]('abscissa')는 (16)
의 출–출력 대응에서 어기가 될 수 없으므로 이 이론은 영어의 명사강
세에 나타나는 불투명성을 설명할 수 없다.7)

7.7 요약

제7장에서는 McCarthy(2006a-d, 2007)의 입장에서 바라보는 음운 현상의 불투명성에 관한 OT의 문제점을 살펴보았다. 이어서 강세할 당과 불투명성에 관한 OT의 하위이론들인 국부결합, 다층위평가, 동 정이론, 어휘적 제약영역 그리고 출-출력 대응에 의한 분석을 시도하 였다. 그리고 그러한 결과를 토대로 OT의 하위이론들에 나타나는 문 제점을 지적하였다. 이를 요약하면, 다음과 같다.

OT에서는 유표성제약이 출력형 이전의 단계를 언급하는 것을 금하 기 때문에 불투명성의 문제가 야기된다. 따라서 이에 대한 대안으로 OT의 제약수정, 동일한 언어의 문법에 두 개의 제약위계 설정 그리고 기타 등의 수정을 통해 OT의 하위이론들이 등장했다.

7.1에서는 McCarthy(2006a-d, 2007)의 입장에서 바라보는 Bedouin Arabic의 음운현상에 나타나는 불투명성에 관한 OT의 문제점을 살펴 보았다. 그리고 Selayarese의 모음삽입과 강세할당의 상관관계에서 발생하는 불투명성에 관한 OT의 한계를 살펴보았다.

첫째, OT는 Bedouin Arabic에서 과다적용되는 불투명성을 해결하 는 과정에서 조화구속의 문제를 해결할 수 없다.

둘째, OT는 역시 Selayarese의 모음삽입과 강세할당의 상관관계에 서 과소적용되는 불투명성을 해결할 수 없다.

셋째, 제약기반이론의 음운론에서 강세할당에 나타나는 불투명성의 문제를 해결하고자 하는 접근방법은 크게 네 가지로 요약된다. ① OT 를 기본 틀로 하여 제약을 수정해가는 접근방법을 취하는 국부결합,

동정이론, 출-출력 대응 그리고 2층위적형성이 있다. ② 동일한 문법에 두 개의 제약위계를 설정한 이론으로 어휘적 제약영역이 있다. ③ 어휘음운론에서 사용했던 층위의 개념을 OT에 도입한 다층위평가가 있다. ④ OT에 도출의 개념을 도입한 OT-CC가 있다.

7.2에서는 국부결합으로 Selayarese에 나타나는 과소적용된 불투명성을 분석하였다.

첫째, 이 이론은 음운현상에 나타나는 불투명성을 해결하기 위해 국부적으로 연합된 제약을 주된 문법장치로 사용한다.

둘째, 이 이론은 Selayarese에 나타나는 과소적용된 불투명성의 경우를 설명할 수 없다.

셋째, 이 이론은 OT의 최소위반과 복합제약의 상관관계에서 발생하는 개념상의 문제, OT의 엄밀지배에 대한 위배 그리고 수많은 제약의 증가에 대한 가능성으로 인한 문법의 복잡성 등이 문제점으로 지적된다.

7.3에서는 다층위평가로 Selayarese에서 과소적용되는 불투명성의 경우를 분석하였다.

첫째, 이 이론은 Kiparsky(1982)로 대표되는 어휘음운론의 주된 문법장치 가운데 하나인 층위의 개념을 OT에 도입한 이론으로 OT의 직접전사는 포기하는 대신에 제약형식은 유지한다. 그리고 다층위평가에서는 각각의 생성자 G_{EN}과 평가자 E_{VAL}의 기능을 지닌 별개의 층위를 인정하고 이들 각각의 층위 내에서 입력형과 출력형의 연결은 직접적으로 이루어지며 각각의 층위는 개별적인 제약위계를 갖는다.

둘째, 다층위평가는 Selayarese에서 과소적용되는 불투명성을 설명할 수 없다.

셋째, 이 이론은 이 밖에도 층위에 대한 독립적인 동기의 결여, 층위에 따라 전반적인 차이를 보이는 각각의 제약위계가 동일한 언어에서 가능한가의 문제 그리고 학습가능성이 문제점으로 지적된다.

7.4에서는 동정이론으로 Selayarese에서 과소적용된 불투명성의 경우를 분석하였다.

첫째, 이 이론은 동정의 개념을 OT에 도입한 것으로 후보형-후보형 충실성에 대한 대응관계를 평가한다. 그러나 후보형-후보형 충실성에 대한 대응관계에서 전자의 후보형, 즉 동정후보는 다소 추상적이다.

둘째, 이 이론이 비록 Selayarese에 나타나는 과소적용된 불투명성을 설명할 수 있다 할지라도 몇 가지 문제점을 보인다. ① 이 이론은 선택자를 지정하는 과정에서 유표성제약도 고려의 대상으로 삼기 때문에 동정후보가 많아질 수 있다. 따라서 문법의 힘이 매우 강하다. ② 이 이론은 선택자와 선택자제약을 지정하는 과정과 동정제약을 설정하는 과정이 매우 임의적이기 때문에 역시 문법의 힘이 매우 강하다. ③ 이 이론은 전산적 복잡성으로 인한 학습가능성의 문제가 지적된다.

7.5에서는 영어의 명사강세에 나타나는 과다적용된 불투명성을 OT로 분석한 후에 한계를 지적하였다. 이어서 어휘적 제약영역으로 그러한 불투명성을 분석하였다.

첫째, 어휘적 제약영역은 영어의 명사강세에서 과다적용된 불투명성을 보이는 *abscissa*류를 설명할 수 없다.

둘째, 이 이론은 불투명성을 해결하기 위해 동일한 문법에 두 개의 제약위계를 설정한다. 바꿔 말하면, 동일한 문법에 투명성을 보이는 경우는 핵심부를 구성하는 제약위계를 설정하고 불투명성을 보이는 경우는 주변부를 구성하는 제약위계를 설정한다.

셋째, 비록 이 이론이 OT의 한계인 불투명성의 문제를 해결할 수 있다 할지라도 몇 가지 치명적인 문제점을 보인다. ① 음운이론으로서의 설득력과 관련된 문제점이다. ② 문법의 과다한 힘과 관련된 문제점이다.

마지막으로 7.6에서는 영어의 명사강세에 나타나는 불투명성을 출-출력 대응으로 분석하였다.

첫째, 이 이론은 출력형-출력형 충실성에 대한 대응관계를 평가한다. 그러나 이 이론은 동정이론의 후보형-후보형 충실성에 대한 대응관계와는 달리 후보평가에 언급되는 출력형, 즉 출력형-출력형 대응관계의 첫 번째 출력형이 실제로 발음되는 형태론적 어기이다. 따라서 동정이론의 후보형-후보형 충실성에 비해 출-출력 대응의 첫 번째 출력형은 구체적이다.

둘째, 출-출력 대응에서 출력형-출력형 대응관계의 첫 번째 출력형은 실제로 발음되는 형태론적 어기일 뿐만 아니라 해당 언어의 음운현상에 투명성을 보여야 한다. 따라서 Palestinian Arabic의 어기 [fí.him]('to understand')에서처럼 이러한 조건을 충족하는 경우는 이 이론이 불투명성을 설명할 수 있다. 그러나 이 이론은 영어의 [æb.(sí.sə)]('abscissa')에서처럼 명사강세에서 과다적용되는 불투명성의 경우는 어기를 설정할 수 없기 때문에 한계를 보인다.

주석

1) 2층위적형성은 OT의 유표성제약을 수정한 이론이다. 따라서 2층위적형성의 유표성 제약이 입력형을 언급하기 때문에 OT의 직접전사는 유지하지만 제약형식은 포기하는 형식을 취한다. 여기에서 직접전사의 유지는 도출의 중간단계를 인정하지 않는다는 의미이다. 그리고 제약형식의 포기는 OT의 유표성제약이 출력형만을 언급하지만 2층 위적형성의 수정된 제약은 입력형과 출력형 모두를 언급한다는 의미이다. 2층위적형 성에 관해서는 제7장에서 다루지 않았다. 이 이론에 대한 구체적인 내용과 문제점에 관해서는 Kager(1999: 378-381) 참조.

2) McCarthy(2008b)에서는 OT-CC를 조화선형주의(Harmonic Serialism)로 바꾸어 부르고 있다. 이에 대한 세부적인 내용은 McCarthy(2008b: 273-278) 참조.

2) Piggott(1995: 320)에 따르면, Selayarese에서는 (3a)에서처럼 강세를 받는 음절이 개음절로 끝날 경우에는 장모음화가 일어난다. 그러나 (3b)에서처럼 삽입모음을 포함 하는 음절이 개음절로 끝나면서 강세를 할당받는 경우에는 겹자음화가 일어난다. 또한 Mithun & Basri(1986: 238)에 따르면, (3c)에서와 같이 지속음이 어말에서 음절말음 으로 끝날 경우에는 선행음절의 모음을 지속음 뒤에 삽입한다.

3) $F_{AITH}(FS)$-❀O는 입력형과 출력형 사이의 음보구조에 관한 충실성을 요구하는 제약 으로 (i)과 같이 정의된다.

　(i) $F_{AITH}(F_{OOT}S_{TRUCTURE})$-❀O: $F_{AITH}(FS)$-❀O(Cho 2001b: 438)
　　　(입력형과 출력형의 음보구조는 동일해야 한다.)

4) *SPE*(148)에서는 (11b)의 *abscíssa*류를 통상적인 철자법에 따라 어말제2음절의 기저 형을 이완모음과 겹자음의 첫 번째 자음, 즉 VC로 구성된 중음절로 본다. 그리고 여기 에 *SPE*(84)의 주강세규칙에 따라 강세가 할당된 후에 자음군단순화규칙(Consonant Cluster Simplification Rule)이 적용되기 때문에 표면형에서 어말제2음절에 강세가 할당된다고 주장한다.

5) (12)의 도표에는 5.3.2의 (7)과 (9)의 도표와는 달리 F-PH, 즉 기저형에서 어휘적으로 명시된 강세가 표면형에 나타날 것을 요구하는 제약이 생략되었다. 그 이유는 제7장의 서두에서 언급했듯이 제7장에서는 McCarthy(2006a-d, 2007)의 입장에서 바라보는 음운현상의 불투명성에 관한 OT의 문제점을 다루고 있기 때문이다.

6) 이 밖에도 Kager(1999: 386)는 Turkish의 /ɑjaki-m/ → [ɑ.ja.im]('my foot')과 같은

예를 들면서 출–출력 대응에서 출력형–출력형 대응관계의 첫 번째 출력형은 실제로 발음되는 형태론적 어기가 되어야 하기 때문에 [ɑ.ja.im]('my foot')과 같이 복원가능성이 결여되는 경우는 이 이론을 적용할 수 없다고 주장한다. 따라서 Kager(1999: 386)는 이 이론을 불충분한 일반화라고 단정한다. 이에 대한 구체적인 내용은 Kager(1999: 373, 386) 참조

제8장
강세에 관한 최근 연구동향과 향후 연구과제

　이 장에서는 강세할당과 불투명성에 관한 가장 최근의 연구동향인 OT-CC에 관해 살펴본 후에 불투명성의 경우들을 이 이론으로 분석한다. 그리고 강세할당과 관련된 유형론적 분석의 향후 연구과제들을 크게 세 가지로 나누어 제시한다. 첫째는 영어, 스페인어 그리고 독일어에 나타나는 파생어의 강세할당이다. 둘째는 스페인어, Swahili, Selayarese, Mohawk, Dakota 그리고 Iraqi Arabic에 나타나는 모음삽입(vowel insertion)과 강세할당의 상관관계이다. 셋째는 독일어, 노르웨이어 그리고 영어에 나타나는 모음충돌과 강세할당의 상관관계이다.

8.1 최근 연구동향

　이 절에서는 강세할당과 불투명성에 관한 가장 최근의 연구동향인 OT-CC에 관해 살펴본 후에 영어의 명사강세에서 과소적용되는 불투명성을 이 이론으로 분석한다. 이어서 OT-CC가 해결해야 할 과제에 관해 간략하게 살펴본다.

강세할당과 불투명성에 관한 최근의 연구동향인 OT-CC를 본격적으로 살펴보기 전에 *SPE*, OT, OT의 하위이론들 그리고 OT-CC에 이르는 이론의 흐름을 간략하게 정리하면, 다음과 같다.

강세할당과 불투명성에 관한 문제는 *SPE*로 대표되는 규칙기반이론부터 McCarthy(2006a-d, 2007)에 의한 OT-CC에 이르기까지 무려 40여 년 동안 뜨거운 논의의 대상이 되어 오고 있다. 그럼에도 불구하고 학자들마다 견해의 차이를 보이기 때문에 아직도 설득력 있는 해결의 실마리를 찾지 못하고 있는 실정이다. 이처럼 긴 세월 동안 논의의 대상이 되어온 강세와 불투명성에 관한 접근방법을 7.1의 서두에서 언급했던 네 가지의 흐름을 포함하여 크게 여섯 가지로 요약할 수 있다.

첫째, *SPE*로 대표되는 규칙기반이론이다. 이 이론은 7.1의 (3)에서 Selayarese의 모음삽입과 강세할당의 상관관계에서 나타나는 불투명성을 통해 살펴보았듯이 임의적인 규칙순서를 설정하기 때문에 문법의 힘이 너무 강하다는 비판을 받아왔다. 또한 출력형 지향의 OT가 출력형의 적형성을 평가하는 위반가능한 제약들로 구성되기 때문에 각각의 제약들이 공모를 통해 적형의 출력형을 목표로 한다. 이와는 반대로 규칙기반이론의 다시쓰기규칙은 출력형의 적형성에 대해 관심을 두지 않기 때문에 강세와 관련해서는 탈강세(destressing)나 표류음절부가(stray syllable adjunction) 등과 같은 복잡한 규칙들을 동원해야만 한다(다시쓰기규칙에 대해서는 4.1 참조). 결과적으로 규칙기반이론은 불필요하고 잘못된 운율구조를 만들어 낼 수 있다(탈강세에 관해서는 *SPE*, Liberman & Prince(1977), Kiparsky(1979) 그리고 Hayes(1981) 를 참조하고 표류음절부가에 관해서는 Kager(1995a) 참조).

둘째, 규칙기반이론에서 발생하는 불투명성의 문제에 대한 한계를 극복하기 위해 등장한 OT이다. 이 이론은 제약기반이론이 문법의 보 편적인 원리를 추구한다는 점에서 규칙기반이론보다 더 설득력이 있 음을 표방하는 이론으로 위반가능성, 등급, 총괄성 그리고 병렬성을 기본 원리로 한다. OT는 규칙기반이론의 문법장치인 규칙과 도출의 개념을 인정하지 않고 표면형의 적형성에만 관심을 둔다. 바꿔 말하면, OT에서는 음운현상들이 언어 보편적인 제약들의 상호작용에 의해 표 면형에 나타난다. 이러한 제약들은 순위가 정해지고 위반가능하다. 그 리고 이러한 순위매김은 매우 엄격하게 적용되기 때문에 아무리 하위 의 제약이 잘 지켜진다 할지라도 보다 상위의 제약이 위반되는 경우에 는 표면형에 나타날 수 없다. 따라서 상대적으로 상위의 제약을 최소 로 위반한 형태가 표면형에 최적형으로 나타난다. 한편, 규칙기반이론 에서는 복잡한 중간단계를 거쳐 표면형이 도출되지만 OT에서는 입력 형의 여러 후보형들에 대한 평가가 동시에 이루어지기 때문에 입력형 과 출력형 사이에 중간 도출단계가 존재하지 않는다. 그러나 이러한 문법의 경제성에도 불구하고 출력형 지향의 OT는 유표성제약이 출력 형 이전의 단계를 언급하는 것을 금하기 때문에 불투명성의 문제에 대 한 한계를 극복할 수 없다.

셋째, 불투명성의 문제에 대한 OT의 한계를 극복하기 위해 등장한 OT의 하위이론들로 국부결합, 동정이론, 출–출력 대응 그리고 2층위

적형성이 있다. 이 이론들은 OT의 기본적인 틀을 유지하면서 OT의
제약을 어느 정도 수정한 것들이다. 이 이론들 역시 제7장에서 살펴보
았듯이 여러 가지 문제점이 지적되었다.

넷째, 불투명성에 대한 OT의 한계를 극복하기 위해 등장한 OT의
하위이론으로 다층위평가를 들 수 있다. 이 이론은 어휘음운론에서 사
용했던 층위의 개념을 OT에 도입한 것이다. 이 이론 역시 제7장에서
살펴보았듯이 여러 가지 문제점이 지적된다.

다섯째, 불투명성에 대한 OT의 한계를 극복하기 위해 등장한 OT의
하위이론으로 어휘적 제약영역을 들 수 있다. 이 이론은 불투명성의
문제를 해결하기 위해 동일한 언어의 문법에 두 개의 제약위계를 설정
한다. 이 이론 역시 제7장에서 살펴보았듯이 여러 가지 문제점이 지적
된다.

마지막으로 McCarthy(2006a-d, 2007)에 의해 등장한 가장 최근의
이론인 OT-CC이다. OT-CC는 불투명성의 문제를 해결하기 위해 OT
를 대폭 수정한 이론으로 규칙기반이론에서 사용되는 도출의 개념이
OT에 접목된 이론이다. 바꿔 말하면, OT-CC는 OT의 유표성제약과 충
실성제약 그리고 규칙기반이론의 주된 문법장치 가운데 하나인 도출의
개념에 세 가지 적형성조건들(well-formedness conditions), 즉 초기형
태(Initial form), 점진성(Gradualness) 그리고 국부적 최적성(Local
optimality)이 반영된 선행제약(A, B)(PRECEDENCE CONSTRAINT(A, B):
P$_{REC}$(A, B))를 추가한 이론이다. OT-CC는 이러한 P$_{REC}$(A, B)를 통해
충실성제약의 위반은 유표성제약의 만족을 위한 단계적 과정이라는 전
제하에 음운현상의 적형성을 설명함으로써 불투명성의 문제를 기존의

이론들에 비해 보다 설득력 있게 설명할 수 있다고 주장한다.

8.1.1 OT-CC

*SPE*의 규칙기반이론 이후 무려 40여 년 동안이나 뜨거운 논의의 대상이 되어 왔던 불투명성의 문제를 해결하기 위해 McCarthy(2006a-d, 2007)는 OT에 규칙기반이론의 주된 문법장치인 도출의 개념을 접목시킨 OT-CC를 제안한다.

OT-CC의 문법구조는 다음과 같다.

(1) OT-CC의 문법구조(McCarthy 2007: 63)

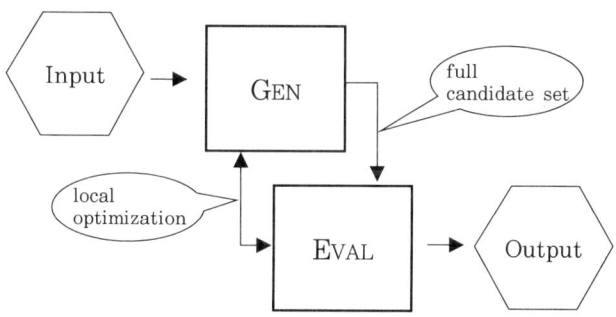

OT에서는 병렬성에 따라 제약들 사이의 전체적인 위계에 의해 모든 후보의 집합을 동시에 평가한다. 따라서 도출과정을 허용하지 않는다. 그리고 OT에서는 생성자 G$_{EN}$이 분석의 자유에 의해 어떠한 후보형태도 만들어 낼 수 있기 때문에 후보의 수가 무한하다. 그러나 OT-CC는 후보의 단계별 변화과정만을 기록하므로 후보의 수가 유한하다. 바꿔 말하면, OT-CC에서는 (1)에서처럼 먼저 생성자 G_{EN}이 입력형에 작용하여 입력형과 충실성을 유지하는 초기형태를 만들어낸다. 그리고 생성자 G_{EN}을 통해 첫 번째 후보와 점진성을 충족시키는 후보를 만들어낸다. 이러한 과정에서 첫 번째 연쇄인 $<f_0>$이 만들어지고 이어서 두 번째 연쇄인 $<f_0, f_1>$이 만들어진다. 그리고 결국에는 $<f_0, f_1 \dots f_n>$과 같은 후보연쇄(candidate chain)로 구성된 국부적 최적성, 즉 조화관계개선(harmonic improvement)과 최적 위반(best violation)의 방향으로 나아간다.[1] 이러한 후보연쇄는 아래 (2)에 열거된 적형성조건들이 반영되어 나타난 결과이다. 그리고 이들 적형성조건들의 충족여부를 판단하는 기능은 위계관계가 있는 제약들의 집합인 평가자 E_{VAL}이 담당한다.

(2)는 OT-CC의 적형성조건들을 열거한 것이다.

(2) McCarthy(2007: 62)

A candidate chain associated with an input /in/ in a language with the constraint hierarchy H is an ordered n-tuple of forms $C = <f_0, f_i, \dots, f_n>$ that meets the following conditions:
(제약위계 H를 가진 어떤 언어에서 입력형 /in/과 관련된 후보연쇄는 다음과 같은 조건들을 만족시키는 형태 C, 즉 $<f_0, f_i, \dots, f_n>$의 순서화된 n-집합이다.)

a. Initial form: f_0 is the faithful parse of /in/ that is most harmonic according to H.
(초기형태: f_0는 H에 따르면, 가장 조화로운 /in/의 충실한 배치이다.)

b. Gradualness: In every pair of immediately successive forms in C, $<..., f_i, f_{i+1}, ...>$ $(0 \leq i < n)$, f_{i+1} has all of f_i's localized unfaithful mappings relative to /in/, plus one more.

(점진성: C, 즉 $<..., f_i, f_{i+1}, ...>$ $(0 \leq i < n)$에 나타나는 바로 이어지는 형태들의 모든 쌍에서 f_{i+1}은 /in/과 관련된 f_i의 국부화된 불충실전사 모두에 하나를 더하는 과정이다.)

c. Local optimality(harmonic improvement+best violation): For every pair of immediately successive forms in C, $<..., f_i, f_{i+1}, ...>$ $(0 \leq i < n)$, where F is the basic faithfulness constraint violated by LUM that distinguishes f_{i+1} from f_i, f_{i+1} is more harmonic according to H than f_i and every other form that differs from f_i by a different F-violating LUM.

(국부적 최적성(조화관계개선+최적 위반): f_{i+1}을 f_i과 구별하는 LUM에 의해 위반되는 기본적인 충실성 제약인 F가 존재하는 C, 즉 $<..., f_i, f_{i+1}, ...>$ $(0 \leq i < n)$에 나타나는 바로 이어지는 형태들의 모든 쌍에 대해 f_{i+1}이 f_i과 하나의 다른 F를 위반하는 LUM에 의해 f_i과 구별되는 모든 다른 형태보다 H의 제약위계에 대해서 더 조화롭다.)

(2a)는 후보연쇄의 첫 번째 요소가 입력형 /in/과 충실할 것을 요구하는 초기형태의 조건이다. 그러나 (2a)의 초기형태는 음절화와 관련하여 해당 언어의 문법을 충족시켜야만 한다. 바꿔 말하면, 어떤 언어에서 음절두음에 자음군을 금하는 유표성제약 $^*\text{C}_{\text{OMPLEX}}^{\text{ONS}}$가 제약위계의 최상위에 놓일 경우, 초기형태는 입력형 /CVCCV/에 대해 [CV.CCV]보다는 [CVC. CV]가 된다.[2] 그리고 (2b)는 후보연쇄의 첫

번째 요소에 이어지는 요소들이 충실성제약의 평가에서 점진성을 유지할 것을 요구하는 조건이다. McCarthy(2007: 62-63)에 따르면, 가상의 단어 /pap/에 대한 음운적형성을 반영하는 제약위계 No-Coda >> D_Ep-IO >> *VC_VCLSV >> I_D(voice)에서 타당한(valid) 후보연쇄는 **<pap, pa.bə>가 아닌 <pap, pa.pə, pa.bə>로 평가된다('**'는 OT-CC에서 타당하지 않은(invalid) 후보연쇄를 의미한다.).[3] 바꿔 말하면, 타당한 후보연쇄인 <pap, pa.pə, pa.bə>에서 첫 번째 요소인 <pap>은 충실성제약인 D_Ep-IO의 위반을 통해 <pa.pə>가 된다. 이어서 또 다른 충실성제약인 I_D(voice)의 위반을 통해 후보연쇄의 마지막 요소인 <pa.bə>에 도달함으로써 점진성을 충족시키기 때문이다. 그러나 타당하지 않은 후보연쇄인 **<pap, pa.bə>는 첫 번째 요소인 <pap>에 두 개의 충실성제약인 D_Ep-IO와 I_D(voice)를 동시에 위반하므로 점진성을 충족시키지 못하기 때문이다. 이러한 점에서 볼 때, (2b)에서 국부화된 불충실전사(localized unfaithful mapping: LUM) 모두에 하나를 더한다는 것은 한 번에 한 개의 LUM을 반영한다는 의미이다.

마지막으로 (2c)는 조화관계개선과 최적 위반이 결합된 국부적 최적성과 관련된 조건이다. 조화관계개선은 후보연쇄의 첫 번째 요소에 이어지는 요소들이 음운적형성을 개선하는 방향으로 나아갈 것을 요구하는 조건이다. 그리고 최적 위반은 충실성제약의 위반이 가장 조화롭게 반영될 것을 요구하는 조건이다. 바꿔 말하면, 국부적 최적성은 최적 위반을 통해 조화관계개선에 이른다는 의미이다. McCarthy(2007: 61-63)에 따르면, 가상의 단어 /pap/에 대한 음운적형성을 반영하는 제약위계 N$_O$-C$_{ODA}$ >> D$_{EP}$-IO >> *VC$_{VCLS}$V >> I$_D$(voice)에서 타당한 후보연쇄는 <pap, pa.pə, pa.bə>이다. 여기에서 후보연쇄의 두 번째 요소인 <pa.pə>는 첫 번째 요소인 <pap>에 비해 충실성제약인 D$_{EP}$-IO의 위반을 통해 유표성제약인 N$_O$-C$_{ODA}$를 만족하기 때문에 <pa.pə>가 <pap>보다 더 조화관계개선을 충족시키고 있다는 의미이다. 그리고 최적 위반은 <pap>에 충실성제약 D$_{EP}$-IO의 위반이 반영될 때, [ə.pap], [pə.ap] 그리고 [pa.əp]보다는 [pa.pə]처럼 실현되어야 한다는 의미이다. 바꿔 말하면, /ə/ 삽입으로 인한 충실성제약 D$_{EP}$-IO의 위반을 통해 [ə.pap]은 음절이 자음으로 시작할 것을 요구하는 유표성제약 O$_{NSET}$을 위반할 뿐만 아니라 N$_O$-C$_{ODA}$에 대한 조화관계개선도 충족시키지 못하기 때문이다. 그리고 [pə.ap]와 [pa.əp]는 /ə/ 삽입으로 인한 충실성제약 D$_{EP}$-IO의 위반을 통해 O$_{NSET}$을 위반하기 때문이다.[4]

McCarthy(2006a-d, 2007)는 (2)에 나타난 적형성조건들을 후보연쇄에 반영해 충실성제약의 위반순서와 평가가 결합된 형태의 문법장치인 OT-CC를 통해 음운현상에 나타나는 불투명성의 문제에 대한 해결을 시도한다. 바꿔 말하면, OT-CC는 OT에서 사용했던 충실성제약과 유표성제약에 P$_{REC}$(A, B)를 추가로 도입한다. P$_{REC}$(A, B)는 (2)의 적형성조건들을 반영하기 위해 반드시 충실성제약의 위반순서를 기록해야만 한다. 여기에서 McCarthy(2006a-d, 2007)가 주장하는 OT-CC의 이론적 장점이 나타난다. 바꿔 말하면, OT-CC는 충실성제약의 위반은 유표성제약의 만족을 위한 단계적 과정이라는 전제하에 새롭게 도입한 P$_{REC}$(A, B)를 통해 음운현상에 나타나는 불투명성을 설명하고자 한다. McCarthy(2006a-d, 2007)는 OT-CC가 이와 같은 P$_{REC}$(A, B)를 이용

해 불투명성의 문제를 기존의 이론들에 비해 보다 설득력 있게 설명할
수 있다고 주장한다.

아래 (3)은 OT-CC의 타당한 후보연쇄를 기록하기 위한 P$_{REC}$(A, B)
에 대한 평가를 설명한 것이다.[5)]

(3) P$_{REC}$(A, B)(McCarthy 2006b: 25)

Let A′ and B′ stand for forms that add violations of the
faithfulness constraints A and B, respectively.

(A′와 B′가 각각 충실성제약들인 A와 B의 위반을 추가하는 형태
들을 나타낸다고 하자.)

a. To any chain of the form <X, B′, Y>, if X does not contain
A′, assign a violation mark, and
(형태 <X, B′, Y>의 어떠한 연쇄에 대해서도 만약 X가 A′를
포함하지 않으면, 한 개의 위반표시를 부여하고)

b. to any chain of the form <X, B′, Y>, if Y contains A′,
assign a violation mark.
(형태 <X, B′, Y>의 어떠한 연쇄에 대해서도 만약 Y가 A′를
포함하면, 한 개의 위반표시를 부여하라.)

(3)을 요약하면, (3a)는 P$_{REC}$(A, B)에서 A의 위반 없이 B만을 위반
하면, P$_{REC}$(A, B)가 하나 위반된다는 의미이다((3a)에서 충실성제약들
인 A와 B는 각각 OT의 충실성제약을 의미한다.) 그리고 (3b)는 B를
먼저 위반한 후에 A를 위반하면, P$_{REC}$(A, B)가 두 개 위반된다는 의미
이다.

(4)는 $P_{REC}(A, B)$에 대한 평가를 구체화하기 위해 가상의 단어 /pap/을 통해 선행제약 $P_{REC}(D_{EP}\text{-}IO, I_D(voice))$의 위반 여부를 평가한 것이다.

(4) $P_{REC}(D_{EP}\text{-}IO, I_D(voice))$에 대한 평가

/pap/	$P_{REC}(D_{EP}\text{-}IO, I_D(voice))$
a. \<pap\> \< \>	
b. \<pa.pə\> \<D_{EP}-IO@4\>	
c. \<pap, pa.pə, pa.bə\> \<D_{EP}-IO@4, $I_D(voice)$@3\>	
d. \<pap, pab\> \<$I_D(voice)$@3\>	*
e. \<pap, pab, pa.bə\> \<$I_D(voice)$@3, D_{EP}-IO@4\>	**

OT-CC의 표기방식에 따르면, (4c)의 \<D_{EP}-IO@4, $I_D(voice)$@3\>에서 D_{EP}-IO@4는 후보연쇄 \<pap, pa.pə, pa.bə\>의 두 번째 요소인 \<..., pa.pə, ...\>의 왼쪽에서 오른쪽으로 네 번째 분절음이 삽입되었음을 나타낸다. 그리고 $I_D(voice)$@3는 후보연쇄 \<pap, pa.pə, pa.bə\>의 세 번째 요소인 \<..., ..., pa.bə\>의 왼쪽에서 오른쪽으로 세 번째 분절음이 후보연쇄의 두 번째 요소인 \<..., pa.pə, ...\>와 자질 [voice]가 일치하지 않음을 나타낸다.

(4a)는 후보연쇄가 형성되지 않기 때문에 $P_{REC}(D_{EP}\text{-}IO, I_D(voice))$가 공전적용되고 (4b)는 $D_{EP}\text{-}IO$만을 위반하기 때문에 $P_{REC}(D_{EP}\text{-}IO, I_D(voice))$를 위반하지 않는다. 그리고 (4c)는 $D_{EP}\text{-}IO$를 위반한 후에 $I_D(voice)$를 위반하기 때문에 $P_{REC}(D_{EP}\text{-}IO, I_D(voice))$를 위반하지 않는다. 한편, (4d)는 $D_{EP}\text{-}IO$에 대한 위반 없이 $I_D(voice)$를 위반하기 때문에 $P_{REC}(D_{EP}\text{-}IO, I_D(voice))$를 한 개 위반한다. 마지막으로 (4e)는 $I_D(voice)$를 먼저 위반한 후에 $D_{EP}\text{-}IO$를 위반하기 때문에 $P_{REC}(D_{EP}\text{-}IO, I_D(voice))$를 두 개 위반한다. 결과적으로 (4)에서는 $P_{REC}(D_{EP}\text{-}IO, I_D(voice))$에 대한 평가에서 (4a-c)가 이 제약을 준수하는 후보로 나타난다.

OT-CC는 OT의 한계를 극복하기 위해 규칙기반이론의 주된 문법장치인 도출의 개념을 OT에 도입함으로써 $P_{REC}(A, B)$를 통해 불투명성의 문제를 해결하고자 한다. 여기에서 OT의 한계란 규칙의 동시적용(simultaneous application)과 관련된 문제이다. 그리고 도출의 개념에 대한 도입이란 OT의 한계를 극복하기 위해 도출의 개념을 OT에 도입함으로써 (2)의 적형성조건들이 반영된 (3)의 $P_{REC}(A, B)$를 통해 음운현상에 나타나는 불투명성을 보다 더 분명하게 설명할 수 있다는 것과 관련된 문제이다.

먼저 규칙의 동시적용과 관련된 부분에 대해 살펴보기로 한다. OT는 기본적으로 규칙의 동시적용을 인정한다고 볼 수 있다. 바꿔 말하면, 출력형 지향의 OT는 유표성제약이 출력형만을 언급하기 때문에 중간단계를 전혀 언급할 수 없다. 그러나 아래 (5)에서처럼 불투명성과 투명성의 경우들이 규칙의 동시적용에 있어 비대칭성을 보이는 예가 음운현상에서 발견된다.

　(5) 규칙의 동시적용과 순차적 적용

　　a. Tunica(Kager 1999: 373-375)

　　　　기저형　　　　　/hípu-ʔɑki/

　　　　모음조화　　　　hípuʔɔki

　　　　어중음탈락　　　hípʔɔki

　　　　출력형　　　　　[hípʔɔki] 'she dances'

　　b. Classical Arabic(McCarthy 2007: 9, 14)

　　　　기저형　　　　　/dˤrib/

　　　　모음삽입　　　　idˤrib

　　　　성문폐쇄음삽입　ʔidˤrib

　　　　출력형　　　　　[ʔidˤrib] 'beat(m. sg.)!'

　(5a)는 Tunica의 자료로 과다적용된 불투명성의 경우이다. 바꿔 말하면, (5a)의 [hípʔɔki]('she dances')는 먼저 모음조화규칙(Vowel Harmony Rule)에 의해 3인칭단수 여성접미사(/ʔɑki/)의 왼쪽에서 오른쪽으로 두 번째 분절음인 모음(/ɑ/)이 어간의 최우측 모음(/u/)에 나타난 후설성과 원순성 자질에 동화된다. 이어서 어중음탈락규칙이 성문폐쇄음 바로 앞의 무강세모음에 적용된다. 따라서 표면형 [hípʔɔki]('she dances')에는 모음조화가 과다적용되어 나타난다. 출력형 지향의 OT에서 이와 같이 불투명성을 보이는 (5a)의 경우는 모음조화규칙과 어중음탈락규칙에 대한 규칙의 동시적용이 가능하다. 그러나 투명성을 보이는 Classical Arabic의 (5b)는 (5a)와 비대칭성을 보인다. (5b)는 모음삽입규칙이 성문폐쇄음삽입규칙(ʔ-Insertion Rule)을 급여하는 경우로 어두에 나타나는 자음군을 금하기 위해 기저형에 모

음삽입규칙이 먼저 적용된다. 이어서 음절두음을 위해 성문폐쇄음삽
입규칙이 적용되기 때문에 표면형에서 투명성의 경우를 보여준다. 이
와 같이 투명성을 보이는 (5b)에서는 (5a)와는 달리 성문폐쇄음삽입을
위한 구조기술이 모음삽입 이후에 충족되기 때문에 규칙기반이론에서
처럼 규칙의 순차적 적용만이 가능하다. 바꿔 말하면, OT가 주장하는
규칙의 동시적용이 (5a)와 같은 불투명성의 경우에는 가능하지만 (5b)
와 같은 투명성의 경우에는 불가능하다. 한편, 규칙의 동시적용을 인
정하는 OT의 제약위계는 (5b)와 같은 투명성의 경우는 설명할 수 있
지만 (5a)와 같은 불투명성의 경우는 설명할 수 없다. 이러한 차이는
규칙기반이론의 규칙과 OT의 유표성제약이 서로 다른 표시의 층위를
언급하기 때문이다. 바꿔 말하면, 규칙기반이론에서 규칙적용의 구조
기술은 이전 단계, 즉 어중음탈락이 적용될 수 있는 환경이 모음조화
에 의해 제공된다. 그러나 도출의 중간단계를 무시하는 OT에서 유표
성제약의 적용에 대한 구조기술은 최종 출력형인 [hípʔɔki]('she
dances')에 의해서만 제공된다. 따라서 OT-CC의 관점은 불투명성의
문제에 대한 OT의 한계를 극복하기 위해서는 도출의 개념을 OT에
도입해야만 불투명성과 투명성 모두를 일관된 제약위계에 의해 설명
할 수 있다는 것이다.

   도출의 개념에 대한 도입과 관련된 부분에 대해 살펴보기로 한다.
McCarthy(2007: 80-81)에 따르면, 도출의 개념을 OT에 도입한 OT-CC
는 OT와는 달리 유표성제약의 위계까지도 뚜렷하게 설정할 수 있기 때
문에 불투명성의 문제를 보다 분명하게 설명할 수 있다.

   (6)은 Lardil의 증대와 관련된 자료이다.

(6) Lardil(Klokeid 1976; McCarthy 2007: 80; McCarthy 2008b: 286)

어근	주격 /-∅/	
/maɽ/	[maɽta]	'hand'
/kaŋ/	[kaŋka]	'speech'
/ʈal/	[ʈalta]	'vulva'

Lardil에서는 (6)의 [maɽ.ta]('hand')에서처럼 음보가 두 개의 모라로 구성될 것을 요구하기 때문에 하나의 모라로 구성된 어근(/maɽ/)에 자음과 모음으로 구성된 접사 [Ca]가 증대된다(Lardil의 증대와 관련된 보다 구체적인 내용은 McCarthy(2007: 80-82) 참조).[6]

(7)은 Lardil의 자료를 McCarthy(2007: 80-81)의 관점에 따라 정리한 것으로 (7a)는 OT로 분석한 유표성제약의 위계이다. 그리고 (7b)는 OT-CC의 타당한 후보연쇄이고 (7c)는 OT-CC로 분석한 유표성제약의 위계이다.[7]

(7) = (6) 유표성제약에 대한 OT와 OT-CC의 제약위계

  a. OT의 제약위계: FB, A_{LIGN}-R(root, σ)

/maɽ/	FB	A_{LIGN}-R(root, σ)
☞ i. maɽ.ta		
ii. ma.ɽa		*!
iii. maɽ	*!	

  b. OT-CC의 타당한 후보연쇄
    <maɽ, ma.ɽa, maɽ.ta>

c. OT-CC의 제약위계: FB >> A~LIGN~-R(root, σ)

/maɽ/	FB	A~LIGN~-R(root, σ)
☞ i . ma.ɽa		*
ii. maɽ	*!	

(6)에 나타난 [maɽ.ta])('hand')를 OT로 분석한 (7a)에서 (7a, ⅲ)는
음보가 하나의 모라로 구성되어 있기 때문에 FB를 위반한다. 그리고
(7a, ⅱ)는 어근의 최우측 분절음과 음절의 최우측 분절음이 일치하지
않기 때문에 A~LIGN~-R(root, σ)을 위반한다. 따라서 OT로 분석한 (7a)에
서는 (7a, ⅰ)이 최적 후보로 평가된다. (7a)에서 볼 수 있는 것처럼
출력형 지향의 OT는 중간단계를 언급하지 않기 때문에 최적 후보인
(7a, ⅰ)의 [maɽ.ta]('hand')와 관련된 유표성제약의 위계를 설정할 수
없다. 그러나 OT-CC는 도출의 개념을 도입하기 때문에 FB와
A~LIGN~-R(root, σ)의 제약위계를 설정할 수 있을 뿐만 아니라 이로 인해
음운현상을 보다 분명하게 설명할 수 있다는 것이다. OT-CC의 이와
같은 이론적 특징이 (2)의 적형성조건들이 반영된 (7b)의 타당한 후보
연쇄에 집약되어 있다. (7b)의 <maɽ, ma.ɽa, maɽ.ta>는 입력형에 충실
한 초기형태를 충족시키는 <maɽ>에서 시작하여 두 번째 요소인
<ma.ɽa>로 전사된 후에 다시 <maɽ.ta>로 전사된다. 여기에서 두 번째
요소인 <ma.ɽa>는 FB를 준수하므로 조화관계개선을 충족시킨다. 그
리고 이어지는 요소인 <maɽ.ta> 역시 A~LIGN~-R(root, σ)을 준수하므로
조화관계개선을 충족시킨다. 그리고 후보연쇄 <maɽ, ma.ɽa, maɽ.ta>
는 충실성제약 D~EP~-IO를 차례로 위반하기 때문에 점진성 또한 충족시

킨다. 따라서 후보연쇄 <maɾ, ma.ɾa, maɾ.ta>는 (2)의 적형성조건들,
즉 초기형태, 점진성 그리고 국부적 최적성 모두를 충족시키는 타당한
후보연쇄가 된다. 그리고 (7b)의 후보연쇄 <maɾ, ma.ɾa, maɾ.ta>에서
첫 번째 요소와 두 번째 요소를 OT-CC로 분석한 (7c)는 먼저 FB를
준수하므로 적형성조건들 가운데 점진성을 반영하기 때문에 OT로 분
석한 (7a)와는 달리 유표성제약의 위계를 분명하게 보여준다.

(7)의 결과를 요약하면, (7a)의 OT와는 달리 OT-CC는 유표성제약
들의 제약위계를 FB >> A_{LIGN}-R(root, σ)로 설정할 수 있기 때문에
음운현상을 보다 분명하게 설명할 수 있다. 또한 이러한 타당한 후보연
쇄에서 유표성제약의 만족은 충실성제약의 위반을 통해 이루어진다.
따라서 OT-CC는 충실성제약의 위반을 유표성제약의 만족을 위한 단
계적 과정이라는 전제하에 문법을 바라보기 때문에 음운현상을 보다
더 분명하게 설명할 수 있다.

지금까지 8.1.1에서 살펴보았던 OT-CC의 이론적 배경을 바탕으로
McCarthy(2006a-d, 2007)가 예시한 Bedouin Arabic에 나타나는 과소
적용되는 불투명성과 과다적용되는 불투명성의 경우를 통해 OT의 한계
를 살펴보기로 한다. 그리고 이에 대한 대안으로 McCarthy(2006a-d,
2007)가 OT-CC로 분석한 불투명성의 경우를 살펴보기로 한다.

(8)은 Bedouin Arabic에서 과소적용되는 불투명성과 관련된 자료
이다.

(8) Bedouin Arabic(McCarthy 2006a: 9)
　　기저형　　　　　/gabr/

모음상승   *DNA*

모음삽입   gabur

표면형   [ga.bur]   'a grave'

McCarthy(2007: 35)에 따르면, Bedouin Arabic의 음운현상에는 /tˤarad ʁanɑm-ih/ → [tˤa.ra.diʁ.n*i*.mih]('he pursued his sheep')의 이탤릭체로 표시된 부분에서와 같이 비어말 개음절에 나타나는 저모음 /a/가 표면형에서 고모음 [i]로 상승한다.[8] 그러나 (8)에서는 비어말 개음절에 나타나는 저모음 /a/가 표면형에서 고모음 [i]로 상승하는 모음상승규칙(Vowel Raising Rule)이 먼저 적용된다. 이어서 어말자음군을 금하기 위해 모음삽입규칙이 적용된다. 결과적으로 (8)의 표면형 [ga.bur]('a grave')는 모음상승의 환경임에도 불구하고 모음상승이 일어나지 않는 과소적용된 불투명성을 보여준다.

아래 (9)에서 (9a)는 (8)의 자료를 OT로 분석하기 위한 제약들이고 (9b)는 (8)의 자료를 OT로 분석한 것이다.

(9) 제약과 OT에 의한 분석

  a. 제약(McCarthy 2006a: 9; 2007: 107)

    ⅰ. *C_{OMPLEX}-C_{ODA}: *C_{OMP}-C_{ODA}

       Violated by final cluster in *[ga<u>br</u>].

       (음절말음에 자음군을 금한다.)

    ⅱ. *aCV

       Violated by any [a] in a nonfinal syllable such as [ga.bur].

(비어말 개음절에 나타나는 저모음을 금한다.)

iii. I_D(low)

No raising.

(입력형에 나타나는 [low]는 출력형에 그 대응소를 갖는다.)

b. = (8) OT에 의한 분석(McCarthy 2006a: 10)

/gabr/	$^{*}a$CV	$^{*}C_{OMP}$-C_{ODA}	I_D(low)	D_{EP}-IO
☞ i . gi.bur			*	*
☞ ii. ga.bur	*!			*
iii. gabr		*!		

(9a)에서 (9a, ⅰ-ⅱ)는 유표성제약이고 (9a, ⅲ)는 충실성제약이다. (9b)의 OT에 의한 분석에서 불투명한 후보인 (9b, ⅱ)는 비어말 개음절에 나타난 저모음 /a/가 상승되지 않았기 때문에 $^{*}a$CV를 위반하고 (9b, ⅲ)는 음절말음에 나타난 자음군 때문에 $^{*}C_{OMP}$-C_{ODA}를 위반한다. 그리고 (9b, ⅰ)은 저모음 /a/가 고모음 [i]로 상승되었기 때문에 I_D(low)를 위반하고 (9b, ⅰ-ⅱ)는 삽입된 모음 때문에 D_{EP}-IO를 각각 위반한다.

(9b)의 결과를 요약하면, OT에 의한 평가에서 (9b)는 실제 표면형이 아닌 투명한 후보인 (9a, ⅰ)이 최적 후보로 나타남을 보여준다.

(10)은 Bedouin Arabic에서 과소적용되는 불투명성의 경우를 OT-CC로 분석한 결과이다((10)에서 P_{REC}(I(l), D-IO)는 P_{REC}(I_D(low), D_{EP}-IO)를 나타낸다.).[9]

(10) = (8) OT-CC에 의한 분석(McCarthy 2007: 107)

/gabr/	*COMP -CODA	DEP -IO	PREC (I(1), D-IO)	*aCV	ID (low)
☞a. <gabr, ga.bur> <DEP-IO@4>		*	*	*	
b. <gabr, ga.bur, gi.bur> <DEP-IO@4, ID(low)@2>		*	*!*		*
c. <gabr> < >	*!				

(10)에서 최적 후보인 (10a)는 Bedouin Arabic에서 (8)의 규칙순서
에 의해 형성된 후보연쇄로 초기형태의 충실성을 보이는 첫 번째 요소
(<gabr>)에 모음삽입규칙이 적용되어 마지막 요소인(<ga.bur>)가 형
성된다. 그 결과 후보연쇄의 최종단계인 표면형 [ga.bur]('a grave')는
모음상승의 환경임에도 불구하고 모음상승이 일어나지 않는 과소적용
된 불투명성을 보여준다.

(10)의 OT-CC에 의한 분석에서 (10c)는 *COMP- CODA를 위반한다.
그리고 불투명한 후보인 (10a)와 투명한 후보인 (10b)는 각각 DEP-IO
를 위반한다. 따라서 최적 후보를 위한 선택은 (8)의 도출순서와 관련된
충실성제약의 위반을 반영한 PREC(I(1), D-IO)에 의해 결정된다.
PREC(I(1), D-IO)에 의한 평가에서 (10a)는 I(1)에 대한 위반 없이 D-IO
를 먼저 위반하기 때문에 이 제약을 한 개 위반한다. 그리고 (10b)는
D-IO를 먼저 위반한 후에 I(1)을 위반하기 때문에 PREC(I(1), D-IO)를
두 개 위반한다. 한편, (10c)는 후보연쇄를 형성하지 않기 때문에
PREC(I(1), D-IO)가 공전적용된다.

(10)의 결과를 요약하면, (8)의 Bedouin Arabic에서 과소적용되는 불투명성에 대한 (9b)의 OT에 의한 분석의 한계를 (10)의 OT-CC에 의한 분석은 선행제약인 $P_{REC}(I(l), D\text{-}IO)$를 도입함으로써 (10a)가 최적 후보로 나타남을 보여준다.

(11)은 7.1의 (1)에서 살펴보았던 Bedouin Arabic에서 과다적용되는 불투명성과 관련된 자료이다.

(11) Bedouin Arabic(McCarthy 2006a: 9)
　　기저형　　　/ħaːkim-iːn/
　　구개음화　　ħaːkʲimiːn
　　어중음탈락　ħaːkʲmiːn
　　표면형　　　[ħaːkʲ.miːn]　'ruling(masculine plural)'

(11)의 표면형 [ħaːkʲ.miːn]('ruling(masculine plural)')은 구개음화 규칙이 먼저 적용된 후에 어중음탈락규칙이 적용되기 때문에 구개음화의 적용환경이 아님에도 불구하고 구개음화가 과다적용되는 불투명성을 보여준다.

(12)는 7.1의 (2)에서 살펴보았듯이 (11)의 자료를 OT로 분석한 것이다.

(12) = (11) OT에 의한 분석(McCarthy 2007: 25)

/ħaːkim-iːn/	$^*iCV$	M-IO	$^*ki$	I_D[back]
☞a. ħaːk.miːn		*		
☞b. ħaːkʲ.miːn		*		*!
c. ħaː.ki.miːn	*!		*	
d. ħaː.kʲi.miːn	*!			*

(12c-d)는 비어말 개음절에 나타난 짧은 고모음 때문에 $^*iCV$를 위반하고 (12a-b)는 탈락된 모음 때문에 M-IO를 위반한다. 그리고 (12c)는 전설고모음 앞에서 연구개음이 구개음화되지 않았기 때문에 $^*ki$를 위반하고 (12b, d)는 입력형과 출력형 사이의 자질이 동일하지 않기 때문에 I_D[back]을 위반한다. 따라서 (12)는 Bedouin Arabic에서 과다적용되는 불투명성을 OT가 해결할 수 없음을 보여준다.

(13)은 Bedouin Arabic에서 과다적용되는 불투명성을 OT-CC로 분석한 것이다((13)에서 I_D[b]는 I_D[back]을 나타낸다.).

(13) = (11) OT-CC에 의한 분석(McCarthy 2007: 101)

/ħaːkim-iːn/	i. $^*iCV$ ii. $^*ki$	M -IO	P_{REC} (I_D[b], M-IO)	I_D [b]
☞a. \<ħaː.ki.miːn, ħaː.kʲi.miːn, ħaːkʲ.miːn\> \<I_D[b]@3, M-IO@4\>		*		*
b. \<ħaː.ki.miːn\> \< \>	*!(i), *(ii)			
c. \<ħaː.ki.miːn, ħaː.kʲi.miːn\> \<I_D[b]@3\>	*!(i)			*
d. \<ħaː.ki.miːn, ħaːk.miːn\> \<M-IO@4\>		*	*!	

최적 후보 (13a)는 Bedouin Arabic에서 (11)의 규칙순서에 의해 형성된 후보연쇄이다. 바꿔 말하면, (13a)는 초기형태의 충실성을 보이는 첫 번째 요소(\<ħaː.ki.miːn\>)에 구개음화규칙이 적용되어 두 번째 요소(\<ħaː.kʲi.miːn\>)를 형성한다. 그리고 두 번째 요소에 어중음탈락

규칙이 적용되어 세 번째 요소(<ħaːk^j.miːn>)를 형성한다. 따라서 후
보연쇄의 최종단계인 표면형 [ħaːk^j.miːn]('ruling(masculine plural)')
은 구개음화의 적용환경이 아님에도 불구하고 구개음화가 나타나는
과다적용된 불투명성을 보여준다.

(13b-c)는 $^*iCV$를 위반하고 (13b)는 $^*ki$를 위반한다. 그리고 (13a, d)는
M-IO를 위반한다. 따라서 최적 후보의 선택은 후보연쇄를 구성하는 요소
들 사이의 순차적인 단계에 나타나는 대응관계를 반영하는 (P$_{REC}$(I$_D$[b],
M-IO)로 넘어간다. (13a)는 후보연쇄가 입력형과 충실할 것을 요구하는
초기형태의 조건에 의해 첫 번째 요소(<ħaː.ki.miːn>)에서 출발하여 두 번
째 요소(<ħaː.k^{j}i.miːn>)와 세 번째 요소(<ħaːk^j.miːn>)에서처럼 차례로
I$_D$[b]와 M-IO를 위반하기 때문에 점진성의 조건을 충족시킨다. 한편, 이와
같은 결과는 결국 조화관계개선과 최적 위반이 결합된 국부적 최적성의
조건도 충족시키게 된다. 따라서 (13a)는 P$_{REC}$(I$_D$[b], M-IO)를 충실하게
준수한다. 그러나 투명한 후보인 (13d)는 I$_D$[b]에 대한 위반 없이 M-IO를
위반하기 때문에 P$_{REC}$(I$_D$[b], M-IO)를 한 개 위반한다. 따라서 (13)은 과다
적용된 불투명성에 대한 OT의 한계를 OT-CC에서는 P$_{REC}$(I$_D$[b], M-IO)
를 도입함으로써 (13a)가 최적 후보로 평가됨을 보여준다.

8.1.2 OT-CC에 의한 강세와 불투명성 분석

8.1.2에서는 8.1.1에서 살펴보았던 OT-CC의 이론적 배경과 적용의
예를 바탕으로 영어의 명사강세에서 과다적용된 불투명성을 보이는
경우를 이 이론으로 분석한다.

(14)는 영어의 명사강세에 관한 자료이다.

(14) 영어의 명사강세

abscíssa confétti Mississíppi Philíppa Kentúcky

(14)는 *SPE*(84)의 주강세규칙과는 다른 강세할당을 보여준다. 바꿔 말하면, 어말음절을 제외하고 어말제2음절이 경음절이기 때문에 어말 제3음절에 강세가 할당되어야 하지만 어말제2음절에 강세(ab.scí.ssa 'abscissa')가 할당되므로 과다적용된 불투명성을 보여준다.

(15)는 (14)에 나타난 영어의 명사강세를 OT로 분석한 결과이다.

(15) = (14) OT에 의한 명사강세 분석

/æbsɪssə/	i. NH(ə) ii. RT=T iii. NₒG iv. FB-X^{MIN}	FB -X^{MAX}	AF -L	N F	E (R)	W S P	M -IO	Dₑₚ (P)
a. (ǽb).sɪs.sə	*!(iii)				**	*		*
☞b. (ǽb).sɪ.sə					**		*	*
☞c. æb.(sí.sə)			*!	*	*	*	*	*
d. æb.(sís).sə	*!(iii)			*		*	*	*
e. æb.(sɪ.sə́)	*!(i), *(ii)			*	**		*	*
f. æb.sɪs.(sə́)	*!(i), *(iii), *(iv)			**	**		**	*

(15e-f)는 중립모음에 강세가 할당되기 때문에 NH(ə)를 위반하고 (15e)는 강세가 음보의 우변에 나타나기 때문에 RT=T를 위반한다. 그 리고 (15a, d, f)는 겹자음 때문에 NₒG를 위반하고 (15f)는 음보가 한

개의 모라만으로 구성되어 있기 때문에 FB-X^{MIN}을 위반한다. 한편, (15c-f)는 음보가 운율단어의 최좌변에 나타나지 않기 때문에 AF-L 을 위반한다. 결과적으로 OT는 영어명사에서 불투명성을 보이는 (15) 의 *abscíssa*류와 같은 과다적용된 불투명성을 일관된 제약위계로 설명 할 수 없음을 보여준다.

SPE(148)에서는 (14)의 *abscíssa*류를 통상적인 철자법에 따라 어 말제2음절의 기저형을 이완모음과 겹자음의 첫 번째 자음, 즉 VC로 구성된 중음절로 본다. 그리고 여기에 *SPE*(84)의 주강세규칙에 의해 강세가 할당된 후에 자음군단순화규칙이 적용되기 때문에 표면형에서 어말제2음절에 강세가 할당된다고 주장한다.[10]

사실 *SPE*(148)의 주장, 즉 (14)의 *abscíssa*류를 통상적인 철자법에 따라 어말제2음절의 기저형을 중음절로 본다는 주장을 지지하는 예들 이 (16)에서처럼 영어의 명사에 적지 않은 수가 나타난다.

(16) 어말제2음절에 강세가 나타나는 단어들

Aláddin allegrétto alýssum amarýllis amorétto ampúlla anténna Appomáttox ariétta armadíllo aspergíllum assássin bacíllus berétta capélla cascarílla cedílla cerebéllum colóssus commíttee confétti gorílla corélla duénna falsétto flotílla guerrílla hosánna Joánna Kentúcky labélla labéllum lamélla larghétto mantílla mantíssa maxílla medúlla Mississíppi mulátto operétta opóssum palmétto paramátta peccadíllo persímmon Philíppa prunélla regátta rubélla scintílla scirócco siénna siérra spaghétti stilétto tobácco umbrélla vanílla vendétta vermicélli Viénna zucchétto ....

(17)은 위의 (14)에 나타난 영어의 명사강세를 OT-CC로 분석하기 위한 규칙기반이론의 규칙순서, 규칙순서를 반영한 타당한 후보연쇄 그리고 타당한 후보연쇄를 반영한 $P_{REC}(A, B)$, 즉 $<P_{REC}(D_{EP}(P)@4$, M-IO@5)이다.

(17) a. 규칙기반이론의 규칙순서

　　　 기저형　　　　　　　 /æbsɪssə/

　　　 주강세　　　　　　　 æb.sís.sə　 $\rightarrow R_{OOT} >> D_{EP}(P)$

　　　 자음군단순화　　　　 æb.sí.sə　　 $\rightarrow N_O G >> $ M-IO

　　　 표면형　　　　　　　 [æb.sí.sə]　 'abscissa'

　　 b. 타당한 후보연쇄와 선행제약

　　　 <æbsɪssə, æb.sís.sə, æb.sí.sə>

　　　 $P_{REC}(D_{EP}(P)@4$, M-IO@5)

(17a)는 기저형에 주강세규칙과 자음군단순화규칙이 차례로 적용되어 [æb.sí.sə]('abscissa')가 도출된 경우로 과다적용된 불투명성을 보여준다. 그리고 (17b)는 OT-CC의 적형성조건들이 반영된 타당한 후보연쇄와 이를 기록한 선행제약이다(McCarthy(2008)는 자음이 탈락되는 (17b)와 같은 경우를 설명하기 위해 후보연쇄의 두 번째 단계 (<æb.sís.sə>)와 세 번째 단계<æb.sí.sə> 사이에 조음위치마디(place node)에 대한 충실성을 반영하는 또 다른 점진성을 추가한다. 이 책에서는 복잡성을 피하기 위해 이러한 단계를 생략하였다. 이에 대한 세

부적인 내용은 McCarthy(2008b: 276-278) 참조).

(18)은 위의 (15)에서 살펴보았던 OT에 의한 분석에 $P_{REC}(A, B)$가 추가된 OT-CC의 제약위계로 영어의 명사강세에 나타나는 과다적용된 불투명성을 평가한 것이다((18)에서 F^{MIN}은 FB-X^{MIN}, M은 M-IO, D는 $D_{EP}(P)$, N은 NF, E는 E(R), W는 WSP를 나타낸다.)

(18) = (14) OT-CC에 의한 분석

/æbsɪssə/	i. R_{OOT} ii. NH(ə) iii. RT=T iv. N_OG v. F^{MIN}	M	P (D, M)	AF -L	i. N ii. E iii. W iv. D
☞a. <æb.sɪs.sə, æb.(sís).sə, æb.(sí.sə)> <$D_{EP}(P)$@4, M_{AX}-IO@5>		*		*	*(i), *(ii), *(iii), *(iv)
b. <æb.sɪs.sə> < >	*!(i), *(iv)				**(iii)
c. <æb.sɪs.sə, æb.sɪ.sə, (ǽb).sɪ.sə> <M_{AX}-IO@5, $D_{EP}(P)$@1>		*	*!*		**(ii), *(iv)
d. <æb.sɪs.sə, (ǽb).sɪs.sə> <$D_{EP}(P)$@1>	*!(iv)				**(ii), *(iii), *(iv)
e. <æb.sɪs.sə, æb.(sís).sə> <$D_{EP}(P)$@4>	*!(iv)			*	*(ii), *(iii), *(iv)

(18b)는 강세를 할당받지 못하기 때문에 R_{OOT}를 위반하고 (18b,

d-e)는 N$_O$G를 위반한다. 그리고 (18a, c)는 M을 위반한다. 따라서 최적 후보의 선택은 P$_{REC}$(A, B)에 의해 결정된다. 투명성을 보이는 (18c)는 P$_{REC}$(A, B)를 구성하는 요소인 B, 즉 M을 먼저 위반한 후에 P$_{REC}$(A, B)를 구성하는 요소인 A, 즉 D를 나중에 위반하기 때문에 이 제약을 두 개 위반한다. 그러나 불투명성을 보이는 최적 후보 (18a)는 P$_{REC}$(A, B)를 구성하는 요소인 A, 즉 D를 먼저 위반한 후에 P$_{REC}$(A, B)를 구성하는 요소인 B, 즉 M을 나중에 위반하기 때문에 이 제약을 준수한다. 결과적으로 (18)은 (14)에 나타난 영어의 명사강세에서 과다적용된 불투명성에 대한 OT의 한계를 OT-CC에서는 P$_{REC}$(A, B)를 도입함으로써 (18a)가 최적 후보로 나타남을 잘 보여준다.

8.1.3 OT-CC의 과제

8.1.3에서는 향후 OT-CC가 해결해야 할 과제들에 관해 간략하게 정리한다.

OT-CC는 불투명성을 해결하고자 했던 기존의 이론들이 내포하고 있었던 문제들을 해결할 수 있는 상당한 가능성을 지니고 있다. 그럼에도 불구하고 OT-CC가 향후 해결해야 할 과제들이 아직도 남아 있다.

McCarthy(2007: 79, 120-131)는 OT-CC의 설명력에 대해 의문이 제기될 만한 잠재적인 문제점들을 제시함과 동시에 이들 문제점들도 OT-CC로 설명할 수 있다고 주장한다. 그러나 이러한 문제점들에 대한 OT-CC의 설득력 있는 답을 McCarthy(2007: 79, 120-131)도 구체화하지 못하고 있다.

첫째, Levantine Arabic의 <simiʕ, símiʕ, símiʕkum, sìmíʕkum>('he

heard you(pl.)')에서처럼 강세할당이 접사화(affixation)를 선행(<...,
símiʕ, ..., ...>)하는 경우와 후행(<..., ..., ..., sìmíʕkum>)하는 경우의
순환강세(cyclic stress)에 대한 OT-CC의 설명력이다(McCarthy
2007: 79).

둘째, 결과가 다른 별개의 음운작용이 동일한 충실성제약을 위반하는
경우에 야기되는 OT-CC의 설명력과 관련된 것이다. McCarthy(2007:
121)에 따르면, Yawelmani에는 /ʔili:-kʔ/ → [ʔile:-kʔ]에서와 같이 장모
음을 저모음으로 바꾸는 장모음하강규칙(Long-vowel Lowering Rule)
이 있다. 그리고 /ʔili:-ʔ/ → [ʔiliʔ]에서와 같이 성문폐쇄음으로 끝나는
어말음절의 장모음을 단모음으로 바꾸는 어말성문폐쇄음절 단음화규칙
(Pre-[ʔ]# Closed Syllable Shortening Rule)이 있다. 한편, /ʔile:-kʔ/
→ [ʔilekʔ]에서와 같이 어말성문폐쇄음절 단음화규칙이 적용되는 환경
과는 다른 환경에서 적용되는 일반폐쇄음절 단음화규칙(General Closed
Syllable Shortening Rule)이 있다(Yawelmani의 음운현상에 관한 보다
구체적인 내용은 McCarthy(2007: 121-123) 참조). 위의 규칙들에서 결
과가 다른 별개의 음운작용이 동일한 충실성 제약을 위반하는 경우란
장모음하강규칙과 상호작용하는 어말성문폐쇄음절 단음화규칙과 장모
음하강규칙과 상호작용하는 일반폐쇄음절 단음화규칙과 관련된 것이다
(McCarthy 2007: 121). McCarthy(2007: 121-123)는 이와 같은 경우에
성문폐쇄음으로 끝나는 어말음절의 장모음이 단모음으로 바뀌는 경우를
형태소화된 과정으로 보아야 하기 때문에 OT-CC의 영역을 벗어난 것
으로 취급해야 한다고 주장한다.

셋째, 역급여불투명성(counterfeeding opacity)의 특별한 종류인 연

쇄추이(chain shift)를 보이는 현상들 가운데 어중음탈락 등에 의해 해
당 음의 탈락으로 종료되는 경우를 OT-CC의 P$_{REC}$(A, B)로 설명하기
어렵다는 점이다(McCarthy 2007: 129-130). McCarthy (2007)는
Bedouin Arabic의 경우를 예로 들면서 이와 같은 경우는 P$_{REC}$(A, B)
로 설명하기보다는 위치적 충실성(positional faithfulness)과 관련하
여 설명해야만 하는 현상이라고 주장한다.

마지막으로 입력형불확정성(input indeterminacy)과 관련된 문제로
Japanese의 /g/-약화(/g/-weakening)와 합성어유성음화(Rendaku)
사이의 상호작용에서 발생하는 역급여불투명성의 경우이다(McCarthy
2007: 127). McCarthy(2007)는 이에 대한 해결책을 음운론적 관점에
서 찾기보다는 무임승차(free ride) 입력형의 습득이라는 음운습득의
관점에서 답을 찾아야 한다고 주장한다(Japanese의 /g/-약화와 합성
어유성음화에 관해서는 Sasaki(2008: 4, 8) 참조).

8.1.4 요약

8.1에서는 OT-CC가 등장하기 이전의 이론들과 OT-CC에 관해 살
펴본 후에 음운현상에 나타나는 불투명성의 경우들을 OT-CC로 분석
하였다. 이어서 OT-CC가 해결해야 할 과제들에 관해 살펴보았다.

8.1.1에서 살펴본 결과는 다음과 같다.

첫째, SPE에서 OT-CC에 이르기까지의 불투명성과 관련된 이론의
흐름을 크게 여섯 가지로 요약하였다. ① SPE로 대표되는 규칙기반이
론이다. 이 이론은 임의적인 규칙순서의 설정 때문에 문법의 힘이 너
무 강하다. 그리고 이 이론은 강세와 관련해서 탈강세나 표류음절부가

등과 같은 복잡한 규칙들을 동원해야만 하기 때문에 불필요하고 잘못된 운율구조를 만들어 낼 수 있다. ② 규칙기반이론의 불투명성에 대한 한계를 극복하기 위해 등장한 OT이다. 출력형 지향의 이 이론은 문법의 경제성에도 불구하고 유표성제약이 출력형 이전의 단계를 언급하는 것을 금하기 때문에 불투명성의 문제에 대한 한계를 보인다. ③ 불투명성의 문제에 대한 OT의 한계를 극복하기 위해 등장한 OT의 하위이론들로 국부결합, 동정이론, 출-출력 대응 그리고 2층위적형성이 있다. 이 이론들은 OT의 기본적인 틀을 유지하면서 OT의 제약을 어느 정도 수정한 것들이다. 이 이론들 역시 여러 가지 문제점이 지적된다. ④ 다층위평가를 들 수 있다. 이 이론은 어휘음운론에서 사용했던 층위의 개념을 OT에 도입한 것으로 역시 여러 가지 문제점이 지적된다. ⑤ 어휘적 제약영역을 들 수 있다. 이 이론은 불투명성의 문제를 해결하기 위해 동일한 언어의 문법에 두 개의 제약위계를 설정한다. 이 이론 역시 여러 가지 문제점이 지적된다. ⑥ 마지막으로 OT-CC를 들 수 있다.

둘째, OT-CC에 관해 살펴보았다. ① OT-CC는 OT에 규칙기반이론의 주된 문법장치인 도출의 개념을 접목시킨 이론이다. ② OT-CC의 적형성조건은 초기형태, 점진성 그리고 조화관계개선과 최적 위반이 결합된 국부적 최적성으로 구성된다. ③ OT-CC는 OT에서 사용했던 충실성제약과 유표성제약에 $P_{REC}(A, B)$를 추가로 도입한다. 여기에서 $P_{REC}(A, B)$는 적형성조건들을 반영하기 위해 반드시 충실성제약의 위반순서를 기록해야만 한다. ④ OT-CC는 OT의 한계를 극복하기 위해 도출의 개념을 OT에 도입함으로써 $P_{REC}(A, B)$를 통해 불투명성

의 문제를 해결하고자 한다. 여기에서 OT의 한계란 규칙의 동시적용
과 관련된 문제이다. 그리고 도출의 개념에 대한 도입이란 OT의 한계
를 극복하기 위해 도출의 개념을 OT에 도입함으로써 적형성조건들이
반영된 P_REC(A, B)를 통해 음운현상에 나타나는 불투명성을 보다 더
설득력 있게 설명할 수 있다는 것과 관련된 문제이다.

셋째, Bedouin Arabic의 /gabr/ → [ga.bur]('a grave')에서와 같이 과
소적용되는 불투명성과 /ħaːkim-iːn/ → [ħaːkʲ.miːn]('ruling (masculine
plural')에서와 같이 과다적용되는 불투명성의 경우에 대한 OT의 한계를
OT-CC는 해결할 수 있다.

8.1.2에서는 영어의 명사강세에서 과다적용된 불투명성을 보이는
[ab.scí.ssa]('abscissa')의 경우를 OT-CC가 해결할 수 있음을 보였다.

8.1.3에서는 향후 OT-CC가 해결해야 할 과제들을 크게 네 가지로
요약하였다. ① Levantine Arabic에서처럼 강세할당이 접사화를 선행
하는 경우와 후행하는 경우의 순환강세에 대한 OT-CC의 설명력이다.
② Yawelmani에 나타나는 결과가 다른 별개의 음운작용이 동일한 충
실성제약을 위반하는 경우에 야기되는 OT-CC의 설명력과 관련된 것
이다. ③ Bedouin Arabic에서처럼 역급여불투명성의 특별한 종류인
연쇄추이를 보이는 현상들 가운데 어중음탈락 등에 의해 해당 음의 탈
락으로 종료되는 연쇄추이의 경우를 OT-CC의 P_REC(A, B)로 설명하
기 어렵다는 점이다. ④ Japanese의 /g/-약화와 합성어유성음화 사이
의 상호작용에서 발생하는 역급여불투명성의 경우에 대한 입력형불확
정성과 관련된 문제이다.

8.2 향후 연구과제

이 절에서는 먼저 영어, 스페인어 그리고 독일어에 나타나는 파생어의 강세할당에 관해 살펴본다. 이어서 스페인어, Swahili, Selayarese, Mohawk, Dakota 그리고 Iraqi Arabic에 나타나는 모음삽입과 강세할당의 상관관계에 관해 살펴본다. 마지막으로 독일어, 노르웨이어 그리고 영어에 나타나는 모음충돌과 강세할당의 상관관계에 관해 살펴본다. 이를 통해 강세할당과 관련된 유형론적 분석의 향후 연구과제들을 제시한다.

8.2.1 파생어와 강세

8.2.1에서는 영어, 스페인어 그리고 독일어에 나타나는 파생어의 강세를 유형별로 분류하여 간략하게 소개한다. 그리고 이를 통해 파생어의 강세를 제약기반이론으로 분석하기 위한 유형론적 분석의 향후 연구과제를 제시한다.11) 여기에서 제약기반이론에 의한 유형론적 분석이라 함은 OT, OT-CC 그리고 OT의 하위이론들인 국부결합, 동정이론, 출-출력 대응, 2층위적형성, 다층위평가 그리고 어휘적 제약영역에 의한 유형론적 분석을 의미한다.

위에서 언급한 이론들 가운데 어느 이론이 가장 설득력 있게 영어, 스페인어 그리고 독일어에 나타나는 파생어의 강세를 설명할 수 있을지는 향후 연구과제에서 밝혀질 것이다. 그러나 역시 OT나 OT-CC가 다음의 설명력을 감안할 때, 가장 설득력을 지니고 있다고 본다.

첫째, OT를 설득력 있는 이론으로 예측하는 이유는 이 책의 제5장

에서 살펴보았던 F-PH, 즉 기저형에 어휘적으로 명시된 강세가 표면
형에 나타나야 함을 요구하는 제약 때문이다.

둘째, OT-CC를 설득력 있는 이론으로 예측하는 이유는 8.1.3에서
언급했던 향후 OT-CC가 해결해야 할 과제들 가운데 하나인 Levantine
Arabic의 <simiʕ, símiʕ, símíʕkum, sìmíʕkum>('he heard you(pl.)')에
서처럼 강세할당이 접사화를 선행(<..., símiʕ, ..., ...>)하는 경우와 후행
(<..., ..., ..., sìmíʕkum>)하는 경우의 순환강세에 대한 OT-CC의 설명
력에 대한 McCarthy(2007: 79)의 전망이다. 물론 OT의 하위이론들에
의한 해결의 가능성도 전혀 배제할 수는 없을 것이다.

8.2.1.1 영어

(19)는 영어의 파생어에 나타나는 강세를 유형별로 분류한 것이다.

(19) 영어의 파생어강세

 a. 어간의 강세에 영향을 미치지 않는 접미사

  -ful(cólorful ← cólor)

  -hood(chíldhood ← chíld)

  -less(éffortless ← éffort)

  -ment(góvernment ← góvern)

  -ship(schólarship ← schólar) ....

 b. 어간의 강세에 영향을 미치는 접미사(Fudge 1984: 41-43,
  52-103)

  ⅰ. 자동강세 접미사

-ade(lemonáde ← lémon)

-aire(millionáire ← míllion)

-ee(absentée ← ábsent)

-eer(auctionéer ← áuction)

-ese(Japanése ← Japán)

-esque(picturésque ← pícture)

-oon(festóon ← fést) ....

ⅱ. 전강세 접미사

  ⅱ-ⅰ. 전강세 1접미사

    -ic(microscópic ← mícroscope)

    -ion(relátion ← reláte)

    -ety(varíety ← váry)

    -ity(tranqúillity ← tránquil) ....

  ⅱ-ⅱ. 전강세 2접미사

    -cide(parasíticide ← párasite)

    -fy(rárefy ← ráre)

    -tude(simílitude ← símilar) ....

ⅲ. 전강세 1/2접미사

  ⅲ-ⅰ. -an(subúrban ← súburb)

    -al(homicídal ← hómicide)

    -ive(expénsive ← expénse) ....

  ⅲ-ⅱ. -an(diócesan ← díocese)

    -al(oríginal ← órigin)

    -ive(compétitive ← compéte) ....

c. 영파생

  ⅰ. 영파생명사(Adams 1973; Kang 2007: 3)

resólve attáck advánce assént cemént
commánd disgúst rebúff ....
ii. 영파생동사(Kang 2007: 1)
cóntact clímax dócument cómpliment
páttern trímax ....

(19a)는 *SPE* 이후 전통적으로 접미사가 어간에 첨가되어 파생어가
형성될 때, 접미사와 강세할당의 상관관계에서 어간의 강세에 영향을
미치지 않는 접미사(-ful(có.lor.ful 'colorful' ← cólor)), 즉 제2종접미
사(Class 2 suffix)의 예들이다.

(19b)는 *SPE* 이후 전통적으로 어간의 강세에 영향을 미치는 접미사,
즉 제1종접미사(Class 1 suffix)로 (19a)에 비해 불규칙한 강세할당을
보이는 예들이다. (19b, ⅰ)의 자동강세 접미사(autostressed suffix)는
어간에 첨가될 때, 접미사에 강세(-ade(le.mo.náde 'lemonade' ←
lémon))가 할당된다. 그리고 (19b, ⅱ)는 전강세 접미사(prestressed
suffix)로 (19bⅱ, ⅱ-ⅰ)의 전강세 1접미사(prestressed 1 suffix)는 어
간에 첨가될 때, 접미사의 바로 앞 음절에 강세(-ic(mi.cro.scó.pic
'microscopic' ← mícroscope))가 할당된다. 그러나 (19bⅱ, ⅱ-ⅱ)의
전강세 2접미사(prestressed 2 suffix)는 어간에 첨가될 때, 접미사로부
터 왼쪽으로 두 번째 음절에 강세(-cide(pa.ra.sí.ti.cide 'parasiticide'
← párasite))가 할당된다. 한편, (19b, ⅲ)의 전강세 1/2접미사
(prestressed 1/2 suffix)에서 (19bⅲ, ⅲ-ⅰ)은 접미사가 어간에 첨가
될 때, 접미사의 바로 앞 음절이 중음절일 경우에 그 음절에 강세

(-an(su.búr.ban 'suburban' ← súburb))가 할당된다. 그러나 (19bⅲ, ⅲ-ⅱ)는 접미사가 어간에 첨가될 때, 접미사의 바로 앞 음절이 경음절인 경우에 접미사로부터 왼쪽으로 두 번째 음절에 강세(-an(di.óce.san 'diocesan' ← díocese))가 할당된다.12)

(19c)는 영파생(zero derivation)과 관련된 예들이다. (19c, ⅰ)의 영파생명사는 *SPE*(84)의 주강세규칙을 따르면, 어말음절을 제외하고 어말제2음절에 강세가 할당되어야 함에도 불구하고 어말음절에 강세(re.sólve 'resolve')가 할당되기 때문에 과다적용된 불투명성의 경우이다. 그리고 (19c, ⅱ)의 영파생동사는 *SPE*(84)의 주강세규칙을 따른다면, 초중음절의 어말음절에 강세가 할당되어야 함에도 불구하고 어말제2음절에 강세(cón.tact 'contact')가 할당되기 때문에 과소적용된 불투명성의 경우이다.

8.2.1.2 독일어

(20)은 독일어의 파생어에 나타나는 강세를 유형별로 분류한 것이다.

(20) 독일어의 파생어강세

    a. 접두사(Féry 1996: 89-90)

      ⅰ. 동사형성 접두사

        ⅰ-ⅰ. 어간의 강세에 영향을 미치지 않는 접두사

          über-(übersétzen 'to translate')

          unter-(unterstéllen 'to assume')

          be-(begréifen 'to comprehend')

          ver-(verkáufen 'to sell') ....

    i‒ii. 어간의 강세에 영향을 미치는 접두사
        aus-(áusarbeiten 'to elaborate')
        an-(ánlocken 'to attract')
        zu-(zúschauen 'to watch')
        ein-(éinschalten 'to switch on') ....

    i‒iii. 최소대립쌍을 이루는 접두사
        über-(übersétzen 'to translate' /
        übérsetzen 'to cross')
        um-(umfáhren 'to drive round' /
        úmfahren 'to run over')
        unter-(unterstéllen 'to assure' /
        únterstellen 'to put under') ....

  ii. 어간의 강세에 영향을 미치는 명사형성 접두사
    Erz-(Érzengel 'archangel')
    Ur-(Úreinwohner 'native inhabitant')
    Ex-(Éxfreund 'exfriend')
    Neben-(Nébeneinkommen 'supplementary income')
    Un-(Úntier 'monster') ....

  iii. 어간의 강세에 영향을 미치는 형용사형성 접두사
    un-(únbeeindruckt 'unimpressed')
    in-(íntolerant 'intolerant') ....

b. 접미사 I (Féry 1996: 86-87)
  i. 어간의 강세에 영향을 미치지 않는 접미사
    i‒i. 세 개의 모라로 구성된 접미사
      -los[loːs](árbeitslos 'unemployed')

-haft[haft](zwéifelhaft 'dubious')

-tum[tuːm](Éigetum 'property') ....

i - ii. 두 개의 모라로 구성된 접미사

-ig[ɪç](ártig 'well-behaved')

-ik[ɪk](Motórik 'motor activity')

-ik[ɪk](Themátik 'thematic')

-isch[ɪʃ](platónisch 'Platonic') ....

ii. 어간의 강세에 영향을 미치는 접미사

ii - i. 세 개의 모라로 구성된 접미사

-al[aːl](nationál 'national')

-ant[ant](Musikánt 'musician')

-esk[ɛsk](kafkaésk 'Kafkaesque')

-ist[ɪst](Kapitalíst 'capitalist') ....

ii - ii. 두 개의 모라로 구성된 접미사

-ell[ɛl](maschinéll 'by machine')

-ie[iː](Biologíe 'biology') ....

ii - iii. 두 개의 음절로 구성된 접미사

-abel[aːbl̩](komfortábel 'luxurious')

-ismus[ɪsmʊs](Kommunísmus 'communism') ....

c. 접미사 II

i. 어간의 강세에 영향을 미치지 않는 접미사

i - i. 고유접미사(Giegerich 1985: 105)

-heit(Néuheit 'freshness')

-bar(éhrbar 'decent')

-sam(séltsam 'bizarre')

-isch(kíndisch 'childish')

-schaft(Mánnschaft 'crew') ....

i - ii. 비고유접미사(Eisenberg 1991: 59)

-ien(Ózeanien 'Oceania')

-ier(Bélgier 'Belgian')

-s(Dósis 'dose')

-o(Kónto 'account')

-us(Fókus 'focus') ....

ii. 어간의 강세에 영향을 미치는 비고유접미사(Eisenberg 1991: 59)

-age(Kolportáge 'trashy writing')

-ion(Inspektión 'inspection')

-ur(Dozentúr 'lectureship') ....

(20a)의 접두사(prefix)에서 (20a, i)의 동사형성 접두사는 (20a i, i - i)에서처럼 어간에 접두사가 첨가될 때, 어간의 강세(über-(übersétzen) 'to translate')가 그대로 유지된다. 그러나 (20a i, i - ii)는 어간에 접두사가 첨가될 때, 접두사에 강세(aus-(áusarbeiten) 'to elaborate')가 할당된다. 그리고 (20a i, i - iii)는 어간에 접두사가 첨가됨에 따라 어간에 강세(über-(übersétzen) 'to translate')가 할당되거나 접두사에 강세(über-(übérsetzen) 'to cross')가 할당됨으로써 최소대립쌍(minimal pair)을 이룬다. 한편, (20a, ii)의 명사형성 접두사는 어간에 첨가될 때, 접두사에 강세(Erz-(Érzengel) 'archangel')가 할당된다. 그리고 (20a, iii)의 형용사형성 접두사도 어간에 첨가될 때, 접두사에 강세(un-(únbeeindruckt) 'unimpressed')가 할당된다.

(20b)의 접미사 Ⅰ은 접미사가 어간에 첨가됨에 따라 강세할당의 차이를 보이는 경우를 분류한 것이다. (20b, ⅰ)에 나타난 어간의 강세에 영향을 미치지 않는 접미사에서 (20bⅰ, ⅰ-ⅰ)은 어간에 세 개의 모라, 즉 초중음절로 구성된 접미사가 첨가될 때, 강세(-los[loːs](árbeitslos) 'unemployed')가 어간에 할당된다. 그리고 (20bⅰ, ⅰ-ⅱ)에서처럼 두 개의 모라, 즉 중음절로 구성된 접미사가 어간에 첨가될 때도 강세(-ig[ɪç](ártig) 'well-behaved')는 어간에 할당된다. 그러나 어간의 강세에 영향을 미치는 접미사의 예들인 (20b, ⅱ)에서 (20bⅱ, ⅱ-ⅰ)은 (20bⅰ, ⅰ-ⅰ)에서처럼 초중음절로 구성된 접미사임에도 불구하고 어간에 첨가될 때, (20bⅰ, ⅰ-ⅰ)과는 달리 접미사에 강세(-al[aːl](nationál) 'national')가 할당된다. 그리고 (20bⅱ, ⅱ-ⅱ)는 (20bⅰ, ⅰ-ⅱ)에서처럼 중음절로 구성된 접미사임에도 불구하고 어간에 첨가될 때, (20bⅰ, ⅰ-ⅱ)와는 달리 접미사에 강세(-ell[ɛl](maschinéll) 'by machine')가 할당된다. 한편, (20bⅱ, ⅱ-ⅲ)는 두 개의 음절로 구성된 접미사가 어간에 첨가될 때, 접미사에 강세(-abel[aːbl](komfortábel) 'luxurious')가 할당된다.

(20c)의 접미사 Ⅱ는 고유접미사(native suffix)와 비고유접미사(nonnative suffix)의 기준에 따라 분류한 예들이다. (20c, ⅰ)의 어간의 강세에 영향을 미치지 않는 접미사에서 (20cⅰ, ⅰ-ⅰ)은 고유접미사가 어간에 첨가될 때, 어간에 강세(-heit(Néuheit) 'freshness')가 할당된다. 그리고 (20cⅰ, ⅰ-ⅱ)에서도 비고유접미사가 어간에 첨가될 때, 어간에 강세(-ien(Ózeanien) 'Oceania')가 할당된다. 그러나 (20c,

ⅱ)의 어간의 강세에 영향을 미치는 비고유접미사에서처럼 비고유접미사가 어간에 첨가될 때는 접미사에 강세(-age(Kolportáge) 'trashy writing')가 할당된다.

8.2.1.3 스페인어

(21)은 스페인어의 파생어에 나타나는 강세를 유형별로 분류한 것이다.

(21) 스페인어의 강세

    a. 동사형(Piñeros 2000: 1-2)

        ⅰ. 1인칭현재

          es.ti.mú.lo 'I stimulate' ....

        ⅱ. 1인칭미래

          es.ti.mu.la.ré 'I will stimulate' ....

        ⅲ. 3인칭과거

          es.ti.mu.ló 'she/he stimulated' ....

    b. Ipsiradical 세트(Harris 1992; Kikuchi 1999: 2, 8, 13)

        ⅰ. 제1부류

명사류	동사류
vi.sí.ta 'visit'	vi.sí.ta 'she/he visits'
de.sa.ró.llo 'develop'	de.sa.ró.llo 'I develop'
há.bla 'speech'	há.bla 'she/he speaks'
a.brá.zo 'embrace'	a.brá.zo 'I embrace'
tra.bá.jo 'work'	tra.bá.jo 'I work'

cán.te 'song'   cán.te
                       'I sing (subjunctive)' ....

ii. 제2부류
    명사류   동사류
    á.ni.ma 'soul'   a.ní.ma
                        'she/he encourages'
    fá.bri.ca 'manufacture' fa.brí.ca
                        'she/he manufactures'
    fó.mu.la 'formula' for.mú.la
                        'she/he formulates'
    plá.ti.ca 'chat'   pla.tí.ca
                        'she/he chats' ....

(21a)는 스페인어에서 시제(tense)에 따라 강세할당이 다르게 나타나는 동사형으로 (21a, ⅰ)에서처럼 1인칭현재의 경우는 어말제2음절에 강세(es.ti.mú.lo 'I stimulate')가 할당되고 (21a, ⅱ)에서처럼 1인칭미래의 경우는 어말음절에 강세(es.ti.mu.la.ré 'I will stimulate')가 할당된다. 그리고 (21a, ⅲ)에서처럼 3인칭과거의 경우는 1인칭미래의 경우와 마찬가지로 어말음절에 강세(es.ti.mu.ló 'she/he stimulated')가 할당된다.

(21b)는 Harris(1992; Kikuchi 1999: 2, 8, 13)에 의해 스페인어에서 Ipsiradical 세트(Ipsiradical set), 즉 동일한 어근형태소로 이루진 명사와 동사의 쌍으로 분류되는 예들이다. (21b, ⅰ)의 명사류와 동사류는 각각 동일한 어근형태소(visit)와 분절음으로 구성되어 있을 뿐만

아니라 둘 다 어말제2음절에 강세(vi.sí.ta 'visit', 'she/he visits')가 할
당된다. 한편, (21b, ⅱ)는 (21b, ⅰ)과는 달리 명사류와 동사류 모두
동일한 어근형태소(anim)와 분절음으로 구성되어 있지만 전자는 어말
제3음절에 강세(á.ni.ma 'soul')가 할당되고 후자는 어말제2음절에 강
세(a.ní.ma 'she/he encourages')가 할당된다.

8.2.2 모음삽입과 강세

8.2.2에서는 스페인어, Swahili, Selayarese, Mohawk, Dakota 그리
고 Iraqi Arabic에서 모음삽입의 결과 강세유형, 음보구조 그리고 강
세할당과 관련되어 나타나는 투명성과 불투명성을 살펴본다.
　먼저 모음삽입과 강세할당의 상관관계에서 나타나는 투명성의 경우
를 다루기로 한다.
　(22)는 스페인어의 자료이다.

> (22) 스페인어(Rosenthall 1994: 145, 151; Kikuchi 1999: 3; Piñeros
> 2000: 1-3, 6-7)
> 　a. 투명성: Type A
> 　　ⅰ. fu.síl　　'gun' ....
> 　　ⅱ. e.nór.me　'enormous' ....
> 　　ⅲ. ba.rá.ta　'bargain' ....
> 　b. 불투명성
> 　　ⅰ. Type B
> 　　　al.cán.dor 'a kind of oil' ....

ii. Type C

   hin.dú 'hindu' ....

c. Alderete(1995: 20)

   /aBr-to/ → [aBjérto]   'freedom'

   /kuBr-ta/ → [kuBjérta]   'lid, cover'

8.2.2에서는 설명의 편의를 위해 (22c)의 [aBjérto]('freedom')와 같이 삽입된 모음이 강세유형에도 투명하고 음보구조에도 포함되며 강세도 할당받는 경우를 투명성 1이라고 하겠다. 그리고 아래 (23b, ii)의 [tikéti]('ticket')와 같이 삽입된 모음이 강세유형에도 투명하고 음보구조에도 포함되지만 강세는 할당받지 않는 경우를 투명성 2라고 하겠다. 여기에서 강세유형이라 함은 8.2.2에서 다루고 있는 언어들의 강세할당에서 투명성을 보이는 경우, 즉 표준강세(canonical stress)가 나타나는 위치를 의미한다. 그리고 강세유형을 기준으로 삽입된 모음이 이 언어들의 강세유형을 따르는 경우는 투명성이라고 하고 그 반대의 경우는 불투명성이라고 하겠다. 이와는 반대로 아래 (24c)의 [káːtala]('itch')와 같이 삽입된 모음이 강세유형에도 불투명하고 음보구조에도 포함되지 않으며 강세도 할당받지 않는 경우를 불투명성 1이라고 하겠다. 그리고 아래 (25b)의 [tékeriks]('I put them together')와 같이 삽입된 모음이 강세유형에는 불투명하지만 음보구조에는 포함되고 강세는 할당받지 않는 경우를 불투명성 2라고 하겠다.

Rosenthall(1994: 145)에 따르면, 스페인어의 음보유형은 모라강약격이고 음보형성의 방향성은 운율단어의 오른쪽에서 왼쪽이다. 투명성을 보이는 (22a)의 Type A에서 (22a, ⅰ)은 어말음절이 중음절이기 때문에 그 음절에 강세(fu.síl 'gun')가 할당된다. 그리고 (22a, ⅱ-ⅲ)는 어말음절이 경음절이기 때문에 어말제2음절에 강세(e.nór.me 'enormous', ba.rá.ta 'bargain')가 할당된다. 한편, 불투명성을 보이는 (22b)의 Type B-C에서 (22b, ⅰ)의 Type B는 어말음절이 중음절임에도 불구하고 어말제2음절에 강세(al.cán.dor 'a kind of oil')가 할당된다. 그리고 불투명성을 보이는 Type C의 (22b, ⅱ)는 어말음절이 경음절이기 때문에 어말제2음절에 강세가 할당되어야 하지만 어말음절에 강세(hin.dú 'hindu')가 할당된다.

Harris(1977; Alderete 1995: 20)에 따르면, (22c)는 스페인어의 비동사형에 모음삽입이 일어난 경우로 세 개의 자음군 연쇄를 피하기 위해 밑줄 친 부분에서처럼 어말제2음절에 모음삽입이 일어난다.13) 그 결과 어말음절이 경음절이기 때문에 어말제2음절의 중음절에 강세([aBjérto] 'freedom')가 할당된다. 한편, Harris(1983: 85)와 Piñeros(2000: 2)에 따르면, 스페인어의 강세유형은 Type A가 Type B나 Type C보다 더 무표적이다. 따라서 (22c)의 [aBjérto]('freedom')는 어말음절이 경음절이기 때문에 어말제2음절의 중음절에 강세가 할당되므로 유표성의 관점에서 볼 때, 스페인어의 비동사형에서 삽입된 모음과 관련된 강세할당은 Type A와 동일한 유형을 보인다.14) 바꿔 말하면, (22c)의 삽입된 모음은 이 언어의 강세유형에도 투명하고 음보구조에도 포함되며 강세도 할당받기 때문에 투명성 1을 보여준다.

다음은 Swahili의 자료이다.

(23) Swahili(Broselow 1982; Alderete 1999: 1)

    a. jíko   'kitchen'

       jikóni   'in the kitchen'

       nilimpíga   'I hit him'

       nitakupíga 'I shall hit him'

    b. ⅰ. rátli – ratíli   'pound'

      ⅱ. tíket – tikéti 'ticket'

Alderete(1999: 1, 10)에 따르면, Swahili는 음량무관체계로 음보유형은 음절강약격이고 음보형성의 방향성은 운율단어의 오른쪽에서 왼쪽이다. 그리고 강세는 어말제2음절에 할당된다. 따라서 (23a)에서처럼 강세(jí.ko 'kitchen')가 어말제2음절에 할당된다. 그리고 Alderete(1999: 2)에 따르면, 이 언어에서는 (23b)에서와 같이 일반적으로 음절말음에 장애음을 허용하지 않기 때문에 수의적으로 모음삽입이 일어난다. 그 결과 (23b, ⅰ)에서처럼 어말제2음절에 모음삽입이 일어나는 경우와 (23b, ⅱ)에서처럼 어말음절에 모음삽입이 일어나는 경우에 각각 (23a)와 동일하게 어말제2음절에 강세가 할당되기 때문에 이 언어의 강세유형에 투명함을 보여준다. 그러나 (23b, ⅰ)에 삽입된 모음은 이 언어의 강세유형에도 투명하고 음보구조에도 포함되며 강세도 할당받기 때문에 투명성 1을 보여주지만 (23b, ⅱ)에 삽입된 모음은 강세유형에도 투명하고 음보구조에도 포함되지만 강세는 할당받지 않기 때문에 투명성 2를 보여준다.

모음삽입과 강세할당의 상관관계에서 나타나는 불투명성의 경우를 다루기로 한다.

(24)는 Selayarese의 자료이다.

(24) Selayarese(Piggott 1995: 320; Alderete 1999: 9)

    a. sahá:la   'sea cucumber'

       sahalá:ku   'my sea cucumber'

       gó:lo   'ball'

       goló:ku   'my ball'

    b. berasákku   'my rice'

       kikiríkku   'my mental file'

       sahalákku   'my profit'

    c. ká:tala   'itch'

       pó:tolo   'pencil'

       maŋkássara 'Macassar'

    Alderete(1999: 9)에 따르면, Selayarese는 음량무관체계로 음보유형은 음절강약격이고 음보형성의 방향성은 운율단어의 오른쪽에서 왼쪽이다. 그리고 강세는 운율단어의 어말제2음절에 할당된다. 따라서 (24a)에서처럼 Selayarese에서 강세(sahá:la 'sea cucumber')는 운율단어의 어말제2음절에 할당된다. 한편, (24b)에서와 같이 밑줄 친 부분의 어말제2음절에 모음삽입이 일어나는 경우는 (24a)와 동일하게 어말제2음절에 강세(be.ra.sák.ku 'my rice')가 할당된다. 따라서 삽입된 모음은 이 언어의 강세유형에도 투명하고 음보구조에도 포함되며 강세도 할당받기 때문에 투명성 1을 보여준다. 그러나 (24c)에서와 같이 밑줄 친 부분의 어말음절에 모음삽입이 일어나는 경우는 어말제3음절에 강세(ká:tala 'itch')가 할당되므로 이 언어의 강세유형에도 불투명하고 음보구조에도 포함되지 않으며 강세도 할당받지 않기 때문에 불투명성 1을 보여준다.

다음은 Mohawk의 경우이다.

(25) Mohawk(Piggott 1995: 292-294)
    a. k-atirut-ha? [katirútha?]   'I pull it'
       wak-ashet-u [wakashé:tu] 'I have counted it'
    b. te-k-rik-s [tékeriks] 'I put them together'
       w-akra-s [wákeras] 'It smells'

Piggott(1995: 291, 295)에 따르면, Mohawk의 음보유형은 음절강약격이고 음보형성의 방향성은 운율단어의 오른쪽에서 왼쪽이다. 그리고 강세는 운율단어의 어말제2음절에 할당된다. 따라서 (25a)에서처럼 강세([katirútha?] 'I pull it')가 운율단어의 어말제2음절에 할당된다. 한편, Alderete(1995: 4)에 따르면, Mohawk에서는 (25b)에서처럼 어중의 자음군연쇄를 피하기 위해 모음삽입이 일어난다. 그 결과 밑줄 친 부분에서처럼 어말제2음절에 모음삽입이 일어난다. 그러나 어말제3음절에 강세([tékeriks] 'I put them together')가 할당되므로 삽입된 모음이 이 언어의 강세유형에는 불투명하지만 음보구조에는 포함되고 강세는 할당받지 않기 때문에 불투명성 2를 보여준다.

아래 (26)은 Dakota의 자료이다.

(26) Dakota(Shaw 1985: 175, 184)

    a. ma-yá-kte   'you kill me'(me-you-kill)

       wa-kté   'I kill'(I-kill)

       wičhá-ya-kte   'you kill them'(them-you-kill)

       o-wíčha-ya-kte   'you kill them there'

                            (loc-them-you-kill)

    b. /ček/ → [čéka̲]   'stagger'

      /čap/ → [čápa̲]   'trot'

      /khuš/ → [khúža̲] 'lazy'

Shaw(1985: 176)에 따르면, Dakota의 음보유형은 음절약강격(syllable iamb)이고 음보형성의 방향성은 운율단어의 왼쪽에서 오른쪽이다. 따라서 (26a)에서처럼 강세(ma-yá-kte 'you kill me')가 운율단어의 어말제2음절에 할당된다. 그리고 Shaw(1985: 182)에 따르면, Dakota에서는 (26b)에서처럼 어말음절이 자음으로 끝나는 것을 피하기 위해 밑줄 친 부분에서처럼 모음삽입이 일어난다. 그 결과 어말제2음절에 강세([čéka̲] 'stagger')가 할당되므로 이 언어의 강세유형에는 불투명하지만 음보구조에는 포함되고 강세는 할당받지 않기 때문에 불투명성 2를 보여준다.

    마지막으로 Iraqi Arabic의 경우이다.

(27) Iraqi Arabic(Piggott 1995: 310-311)

    a. i. kitáab   'book'

      ii. kitábta   'I wrote it'

       iii. ʔábadan   'never'
   b. kitábiṭla   'I wrote to him'
      kitábiṭ   'I wrote'

  Piggott(1995: 9)에 따르면, Iraqi Arabic의 음보유형은 모라강약격이고 강세는 운율단어의 오른쪽에서 왼쪽으로 음절무게에 따라 이접적으로 할당된다. 바꿔 말하면, (27a, ⅰ)에서처럼 어말음절의 초중음절에 강세(kitáab 'book')가 할당되거나 (27a, ⅱ)에서처럼 어말음절이 경음절일 경우는 어말제2음절의 중음절에 강세(kitábta 'I wrote it')가 할당된다. 그리고 (27a, ⅲ)에서처럼 어말음절이 중음절이고 어말제2음절이 경음절일 경우는 어말제3음절의 경음절에 강세(ʔábadan 'never')가 할당된다. 그리고 Piggott(1995: 311)에 따르면, (27b)에서처럼 Iraqi Arabic에서는 자음군연쇄를 피하기 위해 밑줄 친 부분에서처럼 모음삽입이 일어난다. 그 결과 (27b)의 [kitábiṭla]('I wrote to him')에서는 어말제2음절에 모음삽입이 일어나므로 어말제2음절이 중음절이 된다. 그러나 (27a, ⅱ)와 동일하게 어말제2음절에 강세가 할당되어야 하지만 어말제3음절에 강세(kitábiṭla 'I wrote to him')가 할당된다. 요약하면, (27b)는 모음삽입의 결과 이 언어의 강세유형에는 불투명하지만 음보구조에는 포함되고 강세는 할당받지 않기 때문에 불투명성 2를 보여준다.

  지금까지 8.2.2를 통해 스페인어, Swahili, Selayarese, Mohawk, Dakota 그리고 Iraqi Arabic에서 모음삽입의 결과 강세유형, 음보구조 그리고 강세할당과 관련되어 나타나는 투명성과 불투명성을 살펴보았다. 그 결과를 유형별로 정리하여 분류하면, 다음과 같다.

(28) 모음삽입과 강세할당의 투명성과 불투명성

a. 투명성

	i - i . = (22c) 스페인어	a.(Bjér).to 'freedom'
i . 투명성 1	i - ii. = (23b, i) Swahili	ra.(tí.li) 'pound'
	i - iii. = (24b) Selayarese	be.ra.(sák.ku) 'my rice'
ii. 투명성 2	ii- i . = (23b, ii) Swahili	ti.(ké.ti) 'ticket'

b. 불투명성

i . 불투명성 1	i - i . = (24c) Selayarese	(ká:.ta).la 'itch'
ii. 불투명성 2	ii- i . = (25b) Mohawk	(té.ke).riks 'I put them together'
	ii- ii. = (26b) Dakota	(čé.ka) 'stagger'
	ii- iii. = (27b) Iraqi Arabic	ki.(tá.bit).la 'I wrote to him'

(28a, i)에서 (28a i , i - i)의 [a.(Bjér).to]('freedom')는 삽입된 모음이 스페인어의 강세유형에 투명하고 음보구조에도 포함되며 강세도

할당받기 때문에 투명성 1을 보여준다. 그리고 (28a ⅰ, ⅰ-ⅱ)의 [ra.(tí.li)]('pound')도 삽입된 모음이 Swahili의 강세유형에 투명하고 음보구조에도 포함되며 강세도 할당받기 때문에 투명성 1을 보여준다. 그러나 (28a, ⅱ)에서 (28a ⅱ, ⅱ-ⅰ)의 [ti.(ké.ti)]('ticket')는 삽입된 모음이 Swahili의 강세유형에도 투명하고 음보구조에도 포함되지만 강세는 할당받지 않기 때문에 투명성 2를 보여준다. 여기에서 주목할 점은 (28a)의 Swahili에서는 동일한 언어 내에서도 삽입되는 모음의 위치에 따라 투명성에 차이를 보인다는 것이다. 바꿔 말하면, Swahili는 음보유형이 음절강약격이고 음보형성의 방향성은 운율단어의 오른쪽에서 왼쪽이며 강세는 운율단어의 어말제2음절에 할당된다. 따라서 (28a ⅰ, ⅰ-ⅱ)의 [ra.(tí.li)]('pound')에서와 같이 어말제2음절에 모음삽입이 일어난 경우는 투명성 1을 보여주고 (28a ⅱ, ⅱ-ⅰ)의 [ti.(ké.ti)]('ticket')에서와 같이 어말음절에 모음삽입이 일어난 경우는 투명성 2를 보여준다. 한편, (28a ⅰ, ⅰ-ⅲ)의 [be.ra.(sák.ku)]('my rice')에서는 삽입된 모음이 Selayarese의 강세유형에도 투명하고 음보구조에도 포함되며 강세도 할당받기 때문에 투명성 1을 보여준다.

 (28b, ⅰ)에서 (28b ⅰ, ⅰ-ⅰ)의 [(káː.ta).la]('itch')는 삽입된 모음이 Selayarese의 강세유형에도 불투명하고 음보구조에도 포함되지 않으며 강세도 할당받지 않기 때문에 불투명성 1을 보여준다. 그러나 (28b, ⅱ)의 [(té.ke).riks]('I put them together'), [(čé.ka)]('stagger') 그리고 [ki.(tá.bit).la]('I wrote to him')는 각각 삽입된 모음이 Mohawk, Dakota 그리고 Iraqi Arabic의 강세유형에는 불투명하지만 음보구조에는 포함되고 강세는 할당받지 않기 때문에 불투명성 2를 보여준다.

8.2.3 모음충돌과 강세

8.2.3에서는 독일어, 노르웨이어 그리고 영어에 나타나는 모음충돌과 강세할당의 상관관계에 관해 살펴본다.

(29)는 이들 언어에서 모음충돌과 강세할당의 상관관계를 보여주는 자료이다.

(29) 모음충돌과 강세할당의 상관관계

    a. 독일어(Féry 1999: 7)

        Stádion [ʃtɑː.di.ɔn]   'stadium'

        Línie [liː.ni.ə]   'line'

        Thýmian [tyː.mi.an]   'thyme'

        Spézies [ʃpeː.tsi.ɛs]   'species'

        Pínguin [piŋ.gu.iːn]   'penguin'

        Ózean [oː.tse.an]   'ocean'

        Émbryo [ɛm.bʁy.o]   'embryo' ....

    b. 노르웨이어(Lunden 2006: 177)

        fóː.li.e   'foil'

        áː.ri.e   'aria'

        áː.si.e   'hite cucumber'

        fúː.ri.e   'fury' (spiteful woman)

        fóː.li.o   'folio' ....

    c. 영어

        ⅰ. á.re.a bac.té.ri.a cé.re.al í.di.om mé.di.um

           pré.mi.um stá.di.um ....

        ⅱ. a.béy.ance i.dé.a Ko.ré.a mu.sé.um pa.na.cé.a ....

독일어의 비파생어에서 투명성을 보이는 경우는 어말음절의 초중음절에 강세(Appetít[a.pe.tiːt] 'appetite')가 할당된다. 그리고 어말음절이 초중음절이 아닐 경우는 어말제2음절에 강세(Muséum[mu.zeˈ.ʊ̃m] 'museum')가 할당되고 어말음절이 초중음절이 아니고 어말제2음절이 중립모음일 경우는 어말제3음절에 강세(Búmerang[buˈ.mə.ʁaŋ] 'boomerang')가 할당된다. 그러나 (29a)에서와 같이 어말음절과 어말제2음절에 모음충돌이 일어나는 경우는 독일어의 비파생어에서 투명성을 보이는 강세할당의 경우와는 다르게 어말제3음절에 강세(Stádion[ʃtɑ̃ˈ.di.ɔn] 'stadium')가 할당됨을 보여준다.

노르웨이어의 비파생어에서 투명성을 보이는 경우는 기저형의 어말음절, 어말제2음절 그리고 어말제3음절이 각각 한 개의 모음으로 끝나는 경음절일 때, 어말제2음절의 경음절에 강세(/epoke/ → [e.póˈ.ke] 'era')가 할당된다. 그러나 (29b)에서처럼 어말음절과 어말제2음절에 모음충돌이 일어나는 경우는 노르웨이어의 비파생어에서 투명성을 보이는 강세할당의 경우와는 달리 어말제3음절에 강세(/folie/ → [fóˈ.li.e] 'foil')가 할당된다.15)

(29c)에 나타난 영어의 명사강세는 *SPE*(84)의 주강세규칙에 따르면, 투명성을 보이는 예들이다. 바꿔 말하면, (29c, ⅰ)은 어말음절을 제외하고 어말제2음절이 경음절이기 때문에 어말제3음절에 강세(mé.di.um 'medium')가 할당된다. 그리고 (29c, ⅱ)는 어말음절을 제외하고 어말제2음절이 중음절이기 때문에 어말제2음절에 강세(Ko.ré.a 'Korea')가 할당된다. 그러나 (29c, ⅰ‒ⅱ)는 둘 다 독일어나 노르웨이어에서처럼 어말음절과 어말제2음절에 모음충돌이 일어나지만 (29c,

ⅰ)에서는 강세(mé.di.um 'medium')가 어말제3음절에 할당되고 (29c, ⅱ)에서는 강세(Ko.ré.a 'Korea')가 어말제2음절에 할당된다.

8.2.4 요약

8.2에서는 여러 언어에 나타나는 파생어의 강세할당, 모음삽입과 강세할당의 상관관계 그리고 모음충돌과 강세할당의 상관관계를 살펴보았다. 그리고 이를 통해 강세에 관한 유형론적 분석의 향후 연구과제들을 제시하였다. 그 결과를 요약하면, 다음과 같다.

8.2.1에서는 영어, 스페인어 그리고 독일어에 나타나는 파생어의 강세를 간략하게 소개하였다.

첫째, OT, OT의 하위이론들 그리고 OT-CC 가운데 어느 이론이 영어, 스페인어 그리고 독일어에 나타나는 파생어의 강세를 설득력있게 설명할 수 있을지는 향후 연구과제에서 밝혀질 것이다. 그러나 OT가 해결할 수 있는 가능성은 F-PH, 즉 기저형에 어휘적으로 명시된 강세가 표면형에 나타나야 함을 요구하는 제약 때문이다. 그리고 OT-CC가 해결할 수 있는 가능성은 순환강세에 대한 이 이론의 설명력에 대한 McCarthy(2007: 79)의 전망 때문이다. 물론 OT의 하위이론들에 의한 해결의 가능성도 전혀 배제할 수는 없다.

둘째, 영어의 파생어에 나타나는 강세에 관해 살펴보았다. ① 어간의 강세에 영향을 미치지 않는 접미사(-ful(có.lor.ful 'colorful' ← cólor)), 즉 제2종접미사가 있다. ② 어간의 강세에 영향을 미치는 접미사, 즉 제1종접미사는 크게 네 가지로 분류된다. ⓐ 자동강세 접미사로 어간에 첨가될 때, 접미사에 강세(-ade(le.mo.náde 'lemonade' ←

lémon))가 할당된다. ⓑ 전강세 접미사로 두 가지로 분류된다. 하나는 전강세 1접미사로 어간에 첨가될 때, 접미사의 바로 앞 음절에 강세 (-ic(mi.cro.scó.pic 'microscopic' ← mícroscope))가 할당된다. 다른 하나는 전강세 2접미사로 어간에 첨가될 때, 접미사로부터 왼쪽으로 두 번째 음절에 강세(-cide(pa.ra.sí.ti.cide 'parasiticide' ← párasite)) 가 할당된다. ⓒ 전강세 1/2접미사로 두 가지가 있다. 하나는 접미사가 어간에 첨가될 때, 접미사의 바로 앞 음절이 중음절일 경우에 그 음절 에 강세(-an(su.búr.ban 'suburban' ← súburb))가 할당된다. 다른 하 나는 접미사가 어간에 첨가될 때, 접미사의 바로 앞 음절이 경음절일 경우에 접미사로부터 왼쪽으로 두 번째 음절에 강세(-an(di.óce.san 'diocesan' ← díocese))가 할당된다. ⓓ 혼합 접미사가 있다. ③ 영파생 과 관련된 예들로 두 가지로 분류된다. 하나는 영파생명사로 *SPE*(84) 의 주강세규칙과는 달리 어말음절에 강세(re.sólve 'resolve')가 할당 된다. 다른 하나는 영파생동사로 *SPE*(84)의 주강세규칙과는 달리 초 중음절의 어말음절이 아닌 어말제2음절에 강세(cón.tact 'contact')가 할당된다.

셋째, 독일어의 파생어에 나타나는 강세에 관해 살펴보았다. ① 접두 사의 경우는 크게 세 가지로 분류된다. ⓐ 동사형성 접두사로 어간의 강세(über-(übersétzen) 'to translate')를 그대로 유지한다. 그러나 접 두사에 강세(aus-(áusarbeiten) 'to elaborate')가 할당되는 경우도 있 다. 그리고 어간에 강세(über-(übersétzen) 'to translate')가 할당되거 나 접두사에 강세(über-(übérsetzen) 'to cross')가 할당됨으로써 최소 대립쌍을 이루는 경우도 있다. ⓑ 명사형성 접두사로 접두사에 강세

(Erz-(Érzengel) 'archangel')가 할당된다. ⓒ 형용사형성 접두사로 접두사에 강세(un-(únbeeindruckt) 'unimpressed')가 할당된다. ② 접미사 Ⅰ은 두 가지로 분류된다. ⓐ 어간의 강세에 영향을 미치지 않는 접미사로 어간에 초중음절의 접미사가 첨가될 때, 강세(-los[loːs] (árbeitslos) 'unemployed')가 어간에 할당된다. 그리고 중음절의 접미사가 어간에 첨가될 때도 강세(-ig[ɪç](ártig) 'well-behaved')는 어간에 할당된다. ⓑ 어간의 강세에 영향을 미치는 접미사로 초중음절의 접미사가 어간에 첨가될 때, 접미사에 강세(-al[aːl](nationál) 'national')가 할당된다. 그리고 중음절의 접미사가 어간에 첨가될 때, 접미사에 강세(-ell[ɛl](maschinéll) 'by machine')가 할당된다. 한편, 두 개의 음절로 구성된 접미사가 어간에 첨가될 때, 접미사에 강세(-abel[aːbl] (komfortábel) 'luxurious')가 할당된다. ③ 접미사 Ⅱ는 두 가지로 분류된다. ⓐ 어간의 강세에 영향을 미치지 않는 접미사로 고유접미사가 어간에 첨가될 때, 어간에 강세(-heit(Néuheit) 'freshness')가 할당된다. 그리고 비고유접미사가 어간에 첨가될 때, 어간에 강세(-ien(Ózeanien) 'Oceania')가 할당된다. ⓑ 어간의 강세에 영향을 미치는 접미사로 비고유접미사가 어간에 첨가될 때, 접미사에 강세(-age(Kolportáge) 'trashy writing')가 할당된다.

넷째, 스페인어의 파생어에 나타나는 강세할당에 관해 살펴보았다. ① 시제에 따라 강세할당이 다르게 나타나는 동사형의 강세로 1인칭현재의 경우는 어말제2음절에 강세(es.ti.mú.lo 'I stimulate')가 할당되고 1인칭미래의 경우는 어말음절에 강세(es.ti.mu.la.ré 'I will stimulate')가 할당된다. 그리고 3인칭과거의 경우는 어말음절에 강세(es.ti.mu.ló 'she/he stimulated')가 할당된다. ② Ipsiradical 세트로 분류되는 예들로 두 가지가 있다. ⓐ 명사류와 동사류가 각각 동일한 어근형태소 (visit)와 분절음으로 구성되어 있을 뿐만 아니라 둘 다 어말제2음절에 강세(vi.sí.ta 'visit', 'she/he visits')가 할당되는 경우이다. ⓑ 명사류와 동사류 모두 동일한 어근형태소(anim)와 분절음으로 구성되어 있지만 전자는 어말제3음절에 강세(á.ni.ma 'soul')에 강세가 할당되고 후자는 어말제2음절에 강세(a.ní.ma 'she/he encourages')가 할당되는 경우이다.

8.2.2에서는 스페인어, Swahili, Selayarese, Mohawk, Dakota 그리고 Iraqi Arabic에서 모음삽입의 결과 강세유형, 음보구조 그리고 강세할당과 관련되어 나타나는 투명성과 불투명성을 살펴보았다.

첫째, 투명성의 경우이다. ① 음보유형이 모라강약격이고 음보형성의 방향성이 운율단어의 오른쪽에서 왼쪽인 스페인어에서 어말제2음절에 모음삽입이 일어나는 경우([a.(Bjér).to] 'freedom')는 삽입된 모음이 이 언어의 강세유형에도 투명하고 음보구조에도 포함되며 강세도 할당받는다. 따라서 투명성 1을 보여준다. ② 음보유형이 음절강약격이고 음보형성의 방향성이 운율단어의 오른쪽에서 왼쪽인 Swahili에서 어말제2음절에 모음삽입이 일어나는 경우는 그 음절에 강세 ([ra.(tí.li)] 'pound')가 할당되기 때문에 이 언어의 강세유형에도 투명하고 음보구조에도 포함되며 강세도 할당받는다. 따라서 투명성 1을 보여준다. 그러나 Swahili에서 어말음절에 모음삽입이 일어나는 경우는 어말제2음절에 강세([ti.(ké.ti)] 'ticket')가 할당되기 때문에 삽입된 모음은 이 언어의 강세유형에도 투명하고 음보구조에도 포함되지만 강세는 할당받지 않기 때문에 투명성 2를 보여준다. ③ 음보유형이 음절강약격이고 음보형성의 방향성이 운율단어의 오른쪽에서 왼쪽인 Selayarese에서 어말제2음절에 모음삽입이 일어나는 경우는 그 음절에 강세([be.ra.(sák.ku)] 'my rice')가 할당된다. 따라서 이 언어의 강세유형에도 투명하고 음보구조에도 포함되며 강세도 할당받기 때문에 투명성 1을 보여준다.

둘째, 불투명성의 경우이다. ① 음보유형이 음절강약격이고 음보형성의 방향성이 운율단어의 오른쪽에서 왼쪽인 Selayarese에서 어말음절에 모음삽입이 일어나는 경우는 어말제3음절에 강세([(ká:.ta).la] 'itch')가 할당되므로 이 언어의 강세유형에도 불투명하고 음보구조에도 포함되지 않으며 강세도 할당받지 않기 때문에 불투명성 1을 보여준다. ② 음보유형이 음절강약격이고 음보형성의 방향성이 운율단어의 오른쪽에서 왼쪽인 Mohawk에서 어말제2음절에 모음삽입이 일어나는 경우는 어말제3음절에 강세([(té.ke).riks] 'I put them together')가 할당된다. 따라서 삽입된 모음이 이 언어의 강세유형에는 불투명하지만 음보구조에는 포함되고 강세는 할당받지 않기 때문에 불투명성 2를 보여준다. ③ 음보유형이 음절약강격이고 음보형성의 방향성이 운율단어의 왼쪽에서 오른쪽인 Dakota에서 어말음절에 모음삽입이 일어나는 경우는 어말제2음절에 강세([(čé.ka)] 'stagger')가 할당된다. 따라서 이 언어의 강세유형에는 불투명하지만 음보구조에는 포함되고 강세는 할당받지 않기 때문에 불투명성 2를 보여준다. ④ 음보유형이 모라강약격이고 음보형성의 방향성이 운율단어의 오른쪽에서 왼쪽인 Iraqi Arabic에서 어말제2음절에 모음삽입이 일어나는 경우는 어말제3음절에 강세([ki.(tá.bi̯t).la] ʻI wrote to him')가 할당된다. 따라서 이 언어의 강세유형에는 불투명하지만 음보구조에는 포함되고 강세는 할당받지 않기 때문에 불투명성 2를 보여준다.

마지막으로 8.2.3에서는 독일어, 노르웨이어 그리고 영어에 나타나는 모음충돌과 강세할당의 상관관계에 관해 살펴보았다.

첫째, 독일어의 비파생어에서 어말음절과 어말제2음절에 모음충돌이 일어나는 경우는 투명성을 보이는 강세할당의 경우와는 달리 어말제3음절에 강세(Stádion[ʃtɑː.di.ɔn] ʻstadium')가 할당된다.

둘째, 노르웨이어의 비파생어에서 어말음절과 어말제2음절에 모음충돌이 일어나는 경우는 투명성을 보이는 강세할당의 경우와는 달리 어말제3음절에 강세(/folie/ → [fóː.li.e] ʻfoil')가 할당된다.

셋째, 영어의 명사강세는 독일어나 노르웨이어에서처럼 어말음절과 어말제2음절에 모음충돌이 일어나지만 어말제3음절에 강세(mé.di.um ʻmedium')가 할당되거나 어말제2음절에 강세(Ko.ré.a ʻKorea')가 할당된다.

주석

1) (1)에서 완전한 후보집합(full candidate set)은 가능한 후보연쇄를 의미한다. 그리고 국부적 최적화(local optimization)는 f_0과 f_1을 비교하여 조화관계개선을 확인하는 절차를 의미한다.

2) $^*\text{C}_{\text{OMPLEX}}^{\text{ONS}}$는 (i)과 같이 정의된다.

(i) $^*\text{C}_{\text{OMPLEX}}^{\text{ONS}}$(Kager 1999: 97)

$^*[_\sigma CC$
(음절두음에 자음군을 금한다.)

3) $^*VC_{VCLS}V$와 $I_D(voice)$는 (i)과 같이 정의된다.

(i) McCarthy(2007: 62-63)

    i‑ i . $^*VC_{VCLS}V$
       (모음 사이에 나타나는 무성자음을 금한다.)

    i‑ ii. $I_D(voice)$
       (입력형에 나타나는 [voice]는 출력형에 그 대응소를 갖는다.)

(i ‑ i)은 유표성제약이고 (i ‑ ii)는 충실성제약이다.

4) O_{NSET}에 대한 정의는 (i)과 같다.

(i) O_{NSET}(Kager 1999: 93)
    $^*[_\sigma V$
    (음절은 두음으로 시작해야 한다.)

5) $P_{REC}(A, B)$의 평가에 대한 보다 형식화된 설명은 McCarthy(2007: 98)에도 나타난다. 그러나 McCarthy(2007: 98)에 나타난 설명은 몇 가지 난해함 때문에 개념상의 혼란을 야기할 뿐만 아니라 본질적으로는 (3)의 설명과 같다. 따라서 이 책에서는 (3)을 인용한다.

6) McCarthy(2007: 81)에 따르면, Lardil에서 음절말음에 나타나는 자음은 모라구성과 무관하다.

7) (7)에 나타난 FB와 A_{LIGN}‑R(root, σ)에 대한 정의는 (i)과 같다.

(i) FB와 A_{LIGN}‑R(root, σ)

    i‑ i . $F_T B_{IN}$: FB(Prince 1980; McCarthy 2007: 150)
       Assign one violation mark for every foot that contains fewer than two moras.
       (한 개의 모라로 구성된 음보를 금한다.)

    i‑ ii. A_{LIGN}‑R(root, σ)(McCarthy 2007: 81)
       The root‑final segment is also syllable final.
       (어근의 마지막 분절음과 음절의 마지막 분절음이 일치해야 한다.)

(i ‑ i)의 FB는 유표성제약으로 5.3.2의 (6a, iii)에서 살펴보았던 FB‑X를 세분한

제약인 FB-X^{MIN}과 동일하다. 그리고 (i - ii)의 A$_{LIGN}$-R(root, σ)은 일종의 정렬제약으로 어근의 최우측 분절음과 음절의 최우측 분절음이 일치할 것을 요구하는 유표성제약이다.

8) /tˤarad ʁanɑm-ih/ → [tˤa.ra.diʁ.ni.mih]('he pursued his sheep')에서 기저형 /-ʁa-/의 /a/는 탈락되었다. 그리고 표면형 [-diʁ-]의 [i]는 삽입되었고 [-ni-]의 [i]는 기저형 /-na-/가 상승되었다.

9) (10)의 OT-CC에서는 OT에서처럼 유표성제약인 *C$_{OMP}$-C$_{ODA}$와 *αCV가 후보연쇄의 마지막 후보를 평가하고 충실성제약인 D$_{EP}$-IO와 I$_D$(low)는 입력형과 후보연쇄의 마지막 후보 사이의 대응관계를 평가한다. 그러나 OT와는 달리 OT-CC에서는 (8)의 도출순서와 관련된 충실성제약의 위반을 반영한 선행제약 P$_{REC}$(I(l), D-IO)가 후보연쇄를 차례로 평가한다. 한편, (10)의 OT-CC에 의한 분석에서는 (9b)의 OT에 의한 분석에서 I$_D$(low)와 함께 제약위계의 하위에 놓였던 충실성제약 D$_{EP}$-IO가 P$_{REC}$(I(l), D-IO)보다 제약위계의 상위에 놓여 있다. 이는 OT-CC에서 선행제약과 충실성제약 사이의 관계를 요구하는 전위제약(metaconstraint)의 위계를 반영한 것이다. McCarthy(2007: 98-99)는 P$_{REC}$(A, B)의 위반은 반드시 충실성제약 B의 위반을 전제로 한다고 보고 이들 사이의 제약위계를 (i)과 같이 설정한다. 전위제약에 대한 보다 구체적인 내용은 McCarthy(2007: 98-99) 참조.

(i) 전위제약의 위계

B $\gg$ P$_{REC}$(A, B)

10) 이 책에서는 영어의 명사강세에서 투명성을 보이는 7.5의 (11a)에 나타난 *América*류와 불투명성을 보이는 8.1.2의 (14)에 나타난 *abscíssa*류 모두 어말제2음절의 모음이 기저형에서 이완모음이라고 보고 제약기반이론의 도출과정을 받아들이는 OT-CC에 의한 논의를 시작한다. 이와 같은 전제를 받아들이면, 투명성을 보이는 *América*류와 불투명성을 보이는 *abscíssa*류 모두 어말제2음절의 모음이 기저형에서 이완모음이라고 보기 때문에 규칙기반이론에 대한 주된 논의의 대상이 되어온 기저형설정의 추상성이라는 비판에서 자유로울 수 있을 것이다.

11) 8.2.1에서는 영어, 스페인어 그리고 독일어에 나타나는 파생어의 부차강세를 다루지 않는다. 이 문제는 향후 연구과제로 남긴다.

12) Fudge(1984: 45)에 따르면, 이 밖에도 영어의 파생어에서 어간의 강세에 영향을 미치는 접미사는 혼합 접미사(mixed suffix)가 있다. 이에 대해서는 Fudge(1984: 45-46, 103-133) 참조.

13) (22c)의 [aBjérto]에서 [j]는 스페인어에 나타나는 전전이음으로 음절핵음과 함께 하나
의 모라를 구성하는 상승이중모음(rising diphthong)을 형성한다. 이에 관한 세부적인
내용은 Harris(1983: 12), Alderete(1995: 20, 22) 그리고 Rosenthall(1994: 140,
161-164) 참조.

14) Alderete(1995: 19)에 따르면, 스페인어로 차용된 /ski/ → [eskí]('ski')와 같은 명사의
경우는 어두의 sC 자음군 앞에서 거의 예외 없이 모음삽입이 일어난다. 그러나 이
경우는 스페인어에서 차용어에 한정될 뿐만 아니라 Type C에 해당하므로 이 책에서
는 다루지 않는다.

15) Lunden(2006: 180)에 따르면, 노르웨이어에서 어말음절과 어말제2음절에 모음충돌이
일어나지만 어말음절이 자음으로 끝나는 *ba.vi.án*('baboon')이나 *be.du.ín*('Bedouin')과
같은 단어들은 어말음절에 강세가 할당된다.

제9장

규칙기반이론, OT 그리고 OT-CC의 비교

이 장에서는 이 책 전체를 통해 주로 살펴보았던 이론의 큰 틀이라 할 수 있는 *SPE*의 규칙기반이론, OT 그리고 OT-CC를 비교한다. 그리고 이 이론들의 특징, 공통점 그리고 차이점에 관해 간략하게 살펴봄으로써 규칙기반이론과 제약기반이론의 체계를 정리한다.

(1)은 Moreton(2004; Becker 2006: 1-2)과 McCarthy(2006b: 2, 14-15; 2007: 4-6, 15-16, 19-24, 60-63)에 따라 규칙기반이론, OT 그리고 OT-CC를 간략하게 정리하여 비교한 것이다.[1]

(1) 규칙기반이론, OT 그리고 OT-CC의 비교

	i. 규칙기반이론	ii. OT	iii. OT-CC
a. 입력형	유일가능성	어기의 풍부성	어기의 풍부성
b. 출력형	유일가능성	분석의 자유 허용	분석의 자유 불허
c. 입-출력형	일대일	일대다 (분석의 자유에 의한 무한성)	일대다 (적형성조건에 의한 유한성)

	ⅰ. 규칙 기반이론	ⅱ. OT	ⅲ. OT-CC
d. 적용장치	규칙	제약 (유표성제약 + 충실성제약)	제약 (유표성제약+충실성 제약+$P_{REC}(A, B)$)
e. 위반 가능성	불허	허용 (그러나 최소위반)	허용 (그러나 최소위반)
f. 중간 도출단계	허용	불허	허용
g. 적용순서	순차적 (국부적)	병렬적 적용 (전국적)	순차적 적용+병렬적 적용(국부적+전국적)

(1)에 관해 부연하면, 다음과 같다.

첫째, (1a)의 입력형에서 규칙기반이론은 입력형에 대해 유일가능성을 취하지만 OT와 OT-CC는 어기의 풍부성에 의해 입력형의 수가 다양해질 수 있다. 그러나 OT와 OT-CC 모두 어기의 풍부성이 무조건 작용하는 것은 아니다.

둘째, (1b)의 출력형에서 규칙기반이론은 출력형에 대해 유일가능성을 취하지만 OT는 분석의 자유에 의해 출력형의 수가 다양해질 수는 있다. 그러나 OT가 분석의 자유에 의해 가능한 후보형태를 무한하게 만들어 낼 수 있는 것만은 아니다. 한편, OT-CC는 OT와는 달리 분석의 자유를 허용하지 않기 때문에 출력형의 수가 제한된다.

셋째, (1c)의 입-출력형에서 규칙기반이론은 입력형과 출력형이 일대일의 관계를 취하지만 OT와 OT-CC는 일대다의 관계를 취한다. 그리고 OT는 분석의 자유에 의해 출력형 후보들의 수가 무한하게 많아질 수 있지만 OT-CC는 적형성조건에 의해 출력형 후보들의 수가 제한된다.

넷째, (1d)의 적용장치에서 규칙기반이론은 규칙을 사용하지만 OT와 OT-CC는 제약을 사용한다. 그러나 OT-CC와 OT의 차이는 전자에 $P_{REC}(A, B)$가 추가된다는 점이다.

다섯째, (1e)의 위반가능성에서 제약기반이론은 적용장치인 규칙의 위반을 엄격하게 통제한다. 그러나 OT와 OT-CC의 적용장치인 제약은 최소위반의 전제하에 위반가능성이 허용된다.

여섯째, (1f)의 중간 도출단계에서 규칙기반이론과 OT-CC는 중간 도출단계를 허용하지만 OT는 중간 도출단계를 허용하지 않는다.

마지막으로 (1f)의 적용순서에서 규칙기반이론은 규칙의 적용순서가 순차적이지만 OT는 제약에 관한 평가가 병렬적이다. 그러나 제약기반이론에서 사용되는 도출의 개념이 도입된 OT-CC에서는 규칙기반이론과 OT의 적용순서 모두를 받아들이기 때문에 순차적 적용과 병렬적 적용 모두를 반영한다. 여기에서 순차적 적용은 $P_{REC}(A, B)$의 내부구조를 형성하는 데 관여한다. 그리고 병렬적 적용은 유표성제약과 충실성제약에 관여한다.

(1)을 요약하면, OT-CC는 OT와는 달리 규칙기반이론과도 맥을 같이 한다는 점이 두드러진 특징이다. 바꿔 말하면, 규칙의 순차적 적용을 통해 OT-CC의 적형성조건들 가운데 하나인 점진성을 추구했던 규칙기반이론에서처럼 OT-CC도 $P_{REC}(A, B)$를 통해 점진성을 추구한다. 그러나 규칙기반이론에서는 도출단계별 조화관계를 언급하지 않지만 OT-CC는 도출단계별 조화관계가 최적 후보를 선택하는 중요

한 기준이 된다는 점에서 규칙기반이론과는 성격이 다르다고 할 수 있다. 한편, OT-CC는 이전의 OT와 같은 관점에서 제약의 위반가능성을 인정하고 제약위계를 설정할 뿐만 아니라 후보들 사이의 비교를 한다는 점에서 OT와 맥을 같이 한다. 그러나 OT는 출력형만을 언급하지만 OT-CC는 입력형과 출력형 사이의 중간단계를 언급한다는 점에서 OT와는 맥을 달리한다.

주석

1) 제9장에서는 OT의 하위이론들, 즉 국부결합, 다층위평가, 동정이론, 어휘적 제약영역 그리고 출−출력 대응에 관해서는 언급하지 않는다. OT의 하위이론들에 관해서는 제7장, (1)에서 어기의 풍부성과 분석의 자유는 4.2의 서두, 적형성조건은 8.1.1의 (2), 유표성제약과 충실성제약은 4.3의 (8), $P_{REC}(A, B)$는 8.1.1의 (3) 그리고 순차적 적용과 병렬적 적용은 4.2의 (3d) 참조.

제10장
나오는 말

이 책에서는 제5장을 중심으로 영어, 스페인어, 아랍방언(Levantine, Cairene, Urban Hijazi, Palestinian), 독일어 그리고 노르웨이어의 비파생어에 나타나는 강세의 투명성과 불투명성을 OT에 의해 유형론적 관점에서 서술하였다. 아울러 이를 통해 개별 언어의 구강세와 문장강세를 포함하여 이 책에서 다루지 못한 범위 이상의 유형론적 연구를 위한 토대를 제공하는 데도 역점을 두었다.

제1장에서는 개별 언어의 강세에 관한 국내외 연구동향을 정리하였다.

제2장에서는 강세와 음보의 개념에 관해 정리하였다.

제3장에서는 강세할당에 관한 *SPE*의 규칙기반이론에 의한 분석의 문제점을 투명성과 불투명성의 관점에서 살펴보았다.

제4장에서는 OT의 출현 배경을 살펴본 후에 이 이론의 개요를 정리하였다. 이어서 강세와 관련된 제약들과 그 제약들이 OT에 적용되는 방식에 관해 살펴보았다.

이 책의 핵심 부분이라 할 수 있는 제5장에서는 음운현상과 강세할

당의 상관관계에서 나타나는 투명성과 불투명성에 관해 살펴본 후에
고정강세체계에 관해 살펴보았다. 그리고 개별 언어의 강세할당에 관
해 살펴보았다. 이어서 개별 언어에 나타나는 강세를 OT로 분석하고
그 결과에 근거하여 공통된 특성과 변이를 유형론적 관점에서 살펴보
았다.

제6장에서는 강세할당과 그 밖의 문제들, 즉 강세할당과 음절창의
상관관계와 모음탈락과 강세할당의 상관관계를 OT에 의해 유형론적
관점에서 살펴보았다.

제7장에서는 McCarthy(2006a-d, 2007)의 입장에서 바라보는 음운
현상의 불투명성에 관한 OT의 문제점을 살펴보았다. 이어서 강세할
당과 불투명성에 관한 OT의 하위이론들, 즉 국부결합, 다층위평가, 동
정이론, 어휘적 제약영역 그리고 출-출력 대응에 의한 분석을 살펴본
후에 이 이론들에 나타나는 문제점을 지적하였다.

제8장에서는 강세할당과 불투명성에 관한 가장 최근의 연구동향인
OT-CC에 관해 살펴보았다. 그리고 강세에 관한 유형론적 분석의 향
후 연구과제들을 크게 세 가지로 나누어 제시하였다. 하나는 영어, 스
페인어 그리고 독일어에 나타나는 파생어의 강세할당에 관한 것이다.
다른 하나는 스페인어, Swahili, Selayarese, Mohawk, Dakota 그리
고 Iraqi Arabic에 나타나는 모음삽입과 강세할당의 상관관계에 관한
것이다. 나머지 하나는 독일어, 노르웨이어 그리고 영어에 나타나는
모음충돌과 강세할당의 상관관계에 관한 것이다.

제9장에서는 이 책에서 주로 살펴보았던 이론의 큰 틀이라 할 수
있는 *SPE*의 규칙기반이론, OT 그리고 OT-CC를 간략하게 비교하였

다. 그리고 이 이론들의 특징, 공통점 그리고 차이점에 관해 간략하게 살펴봄으로써 규칙기반이론과 제약기반이론의 체계를 정리하였다.

참고문헌

강석근 · 이승일 · 안상일. (2008). 영어 복합어의 강세부여에 관한 최적성 이론적 접 근. 인문학연구 9-1. 29-50. 원광대학교 인문학연구소.

강옥미. (2003). 한국어 음운론. 서울: 태학사.

강용순. (2004). 영어 강세의 이해. 서울: 경진문화사.

김미연. (2002). 독일어에서의 단어강세 분석. 독일어문학 18. 373-397. 독일어문 학회.

김선회. (2009). 유표성 제약의 강등과 비교 유표성: 연쇄추이 발화오류의 경우. 음성 · 음운 · 형태론 연구 15-1. 3-20. 한국음운론학회.

김영석. (2006). 강세와 영어 정서법. 2006 언어학 공동학술대회. 1-6(별지). 대한언 어학회 · 한국음운론학회 · 한국현대언어학회 · 제주국제언어학회.

박선우. (2009). 불투명성과 관련된 한국어 음운현상의 검토. 음성 · 음운 · 형태론 연구 15-1. 21-33. 한국음운론학회.

박재양. (2002). 아랍어 강세에 대한 연구. 아랍어와 아랍문학 6-1. 3-13. 한국아랍 어아랍문학회.

박주현. (1977). 영어 강세모형과 강세규칙에 대한 연구. 영어영문학연구 13-1. 87-113. 충북영어영문학회.

서정민. (2006). 전전이음 [j]와 [w]에 관한 유형론적 분석. 언어 31-3. 341-365. 한국언어학회.

서정민. (2007). 모음탈락과 강세현상에 관한 목표의 동질성. 언어연구 23-1. 91-109. 한국현대언어학회.

서정민. (2009). English, Nankina, Spanish의 강세와 퇴화음보. 영어영문학 21 22-2. 173-191. 21세기영어영문학회.

서정민 · 조학행. (2006a). 강세 음절창에 대한 최적성이론적 분석. 언어학 14-3.

215-235. 대한언어학회.

서정민 · 조학행. (2006b). 국어의 경음화현상과 불투명성: OT-CC를 중심으로. *한국언어어문학* 59. 41-61. 한국언어문학회.

서정민 · 조학행. (2007). 모음삽입과 강세현상에 대한 최적성이론적 분석. *언어학* 15-1. 123-146. 대한언어학회.

서정민 · 조학행. (2008a). 강세할당과 불투명성: Selayarese를 중심으로. *현대문법연구* 51. 153-170. 현대문법학회.

서정민 · 조학행. (2008b). 모음삽입과 강세할당의 불투명성: OT-CC를 중심으로. *인문학연구* 35. 19-43. 조선대학교 인문학연구원.

서정민 · 조학행. (2008c). 선행제약과 영어의 어말 제2경음절강세. *국제문화연구* 1-1. 145-176. 조선대학교 국제문화연구원.

서정민 · 조학행. (2008d). 영어의 명사강세와 불투명성: 어말 긴장모음을 중심으로. *언어학* 16-2. 1-25. 대한언어학회.

서정민 · 조학행. (2009). Sanskrit어의 중첩현상과 중첩사의 무표형출현. *언어학* 17-3. 91-114. 대한언어학회.

석종환. (2005). 공음절핵과 영어의 어강세. *음성 · 음운 · 형태론 연구* 11-1. 29-48. 한국음운론학회.

오관영. (2001). 운율 측면과 조화이론 측면의 비교. *영어어문교육* 7-2. 147-166. 한국영어어문교육학회.

유시택. (2006). *독일어 단어의 소리와 구조: 음운론과 형태론의 상호작용*. 서울: 도서출판 연락.

이수열. (2002). 서반아어 강세는 규칙적인가? *EU연구* 10. 35-48. 한국외국어대학교 외국학종합연구센터 EU연구소.

이용성. (2003). 영어 어말 주강세의 최적성 이론적 분석. *새한영어영문학* 45-2. 297-316. 새한영어영문학회.

이용성. (2006). 유표성제약을 이용한 선행제약. *2006년 가을 공동학술대회*. 71-80. 대한언어학회 · 한국언어학회.

이용재. (2001). *최적성이론과 영어의 강세 현상*. 박사학위논문. 고려대학교.

전상범. (2004). *음운론*. 서울: 서울대학교 출판부.

전상범 · 김진우 · 정국 · 김영석. (1997). *최적성이론*. 서울: 한신문화사.

전학수. (2000). *최적성이론에 의한 영어 어강세 분석*. 박사학위논문. 경성대학교.

정국. (1996). 최적성이론에 의한 강세의 분석. *언어와 언어학* 22. 69-112. 한국 외국어대학교 외국학종합연구센터 언어연구소.

정국. (2005). *영어음운론*. 서울: 한신문화사.

조학행 · 서정민. (2009). 일본어의 Mitsukaido 방언에 나타난 Rendaku 재고. *영어영문학21* 22-1. 259-283. 21세기영어영문학회.

조학행 · 이덕배 · 강희숙 · 전홍식 역. (1997). *현대 음운론 입문*. 서울: 한신문화사. (Katamba, F. (1989). *An Introduction to Phonology*. London & New York: Longman.)

조현관. (2001). 최적성이론에 의한 영어의 예외적 강세분석. *언어연구* 17-2. 207-225. 한국현대언어학회.

조혜성. (2004). 강세충돌기반이론과 억양기반이론의 비교: 영어의 리듬변이를 중심으로. *언어학* 12-1. 44-59. 대한언어학회.

Abu-Salim, I. (1982). *A Reanalysis of Some Aspects of Arabic Phonology: A Metrical Approach*. Doctorial dissertation, University of Illinois at Urban-Chamaign.

Adams, V. (1973). *An Introduction to Modern English Word-formation*. London: Longman.

Alber, B. (1997). Quantity Sensitivity as the Result of Constraint Interaction. University of Marburg. [From *ROA 310*]

Alderete, J. (1995). Faithfulness to Prosodic Heads. University of Massachusetts, Amherst. [From *ROA 94*]

Alderete, J. (1999). Head Dependence in Stress-epenthesis Interaction. University of Massachusetts, Amherst. [From *ROA 453*]

Al-Mohanna, F. (1998). *Syllabification and Metrification in Urban Hijazi Arabic: Between Rules and Constraint*. Doctorial dissertation, University of Essex.

Al-Mohanna, F. (2004). Paradoxical Non-finality: Stress Assignment in Three

Arabic Dialect. University of King Saud. [From *ROA 735*]

Andrew, J. (2000). Opacity in Batticaloa Creole Portuguese Stress Assignment: Motivation for Candidate-to-Candidate Faithfulness. Indiana University at Bloomington. [From *ROA 395*]

Archangeli, D. & K. Suzuki. (1997). The Yokuts Challenge. In Roca, I. (ed.) *Derivations and Constraints in Phonology*, 197-226. New York: Oxford University Press.

Archangeli, D. & T. Langendoen. (1997). *Optimality Theory: An Overview*. Oxford: Blackwell.

Becker, M. (2006). CCamelOT: An Implementation of OT-CC's G$_{EN}$ and E$_{VAL}$ in Perl. *Paper* for *80th LSA Meeting*, Albuquerque, New Mexico. [From *http://people.umass.edu/mbe/papers/becker_ccamelot_lsa.pdf* (11.27. 2008)]

Benua, L. (1995). Identity Effects in Morphological Truncation. University of Massachusetts, Amherst. [From *ROA 93.6*]

Brame, M. (1974). The Cycle in Phonology: Stress in Palestinian, Maltese, and Spanish. *Linguistic Theory* 5, 39-60.

Broselow, E. (1982). On the Interaction of Stress and Epenthesis. *Glossa* 16, 115-132.

Burzio, L. (1994). *Principles of English Stress*. Cambridge: Cambridge University Press.

Burzio, L. (1998). Multiple Correspondence. *Lingua* 103, 79-109.

Burzio, L. (2000). Cycles, Non-derived Environment Blocking, and Correspondence. In Dekkers, J. F. van der Leeuw and J. van de Weijer (eds.) *Optimality Theory: Phonology, Syntax, and Acquisition*, 47-87. Oxford: Oxford University Press.

Caballereo, G. (2005). The Stress System of Central Raramuri: Root Privilege, Prosodic Faithfulness and Markedness Reversals. University of California, Berkeley. [From *ROA 706*]

Cho, H-K. (2001a). A Constraint-based Approach to Some Exceptional Stress Patterns of English. *The Journal of Studies in Language* 17-2, 207-225.

Cho, H-K. (2001b). On Phonological Opacity in English Word Stress. *Studies in Phonetics, Phonology and Morphology* 7-2, 423-448.

Chomsky, N & M. Halle. (1968). *The Sound Pattern of English.* New York: Harper and Row.

Collie, S. (2007). *English Stress Preservation and Stratal Optimality Theory.* Doctorial dissertation, University of Edinburgh. [From *ROA 965*]

Eisenberg, P. (1991). Syllabische Struktur und Wortakzent: Prinzipien der Prosodik deutscher Wörter. *Zeitschrift für Sprachwissenschaft* 10-1, 37-64.

Endressen, R. (1977). An Alternative Theory of Stress and Tonemes in Eastern Norwegian. *Norsk Tidsskrift for Sprogvidenskap* 31, 21-46.

Féry, C. (1996). German Foot and Word Stress in OT. University of Tüingen. [From http: *http://www.hum.uit.no/tidsskrifter/nordlyd/Nordlyd24/Fery.pdf* (11.3.2008)]

Féry, C. (1999). German Word Stress in Optimality Theory. University of Tüingen. [From *ROA 301*]

Fretheim, T. (1969). Norwegian Stress and Quantity Reconsidered. *Norsk Tidsskrift for Sprogvidenskap* 23, 76-96.

Fudge, E. (1984). *English Word Stress.* London: George Allen and Unwin.

Giegerich, H. (1985). *Metrical Phonology and Phonological Structure: German and English.* Cambridge: Cambridge University Press.

Giegerich, H. (1992). *English Phonology: An Introduction.* Cambridge: Cambridge University Press.

Gouskova, M. (2003). *Deriving Economy: Syncope in Optimality Theory.* Doctorial dissertation, University of Massachusetts. [From *ROA 610*]

Halle, M. (1997). On Stress and Accent in Indo-European. *Language* 73, 275-313.

Halle, M. (1998). The Stress of English Words. *Linguistic Inquiry* 29, 539-568.

Halle, M. & J-R. Vergnaud. (1987). *An Assay on Stress*. Cambridge, MA: MIT Press.

Hall, T. (1992). *Syllable Structure and Syllable Related Processes in German*. Tübingen: Niemeyer.

Hamilton, W. (1980). *Introduction to Russian Phonology and Word Structure*. Columbus, Ohio: Slavica Publishers.

Hammond, M. (1997). Optimality Theory and Prosody. In Archangeli, D. and T. Langendoen (eds.) *Optimality Theory: An Overview,* 33-58. Oxford: Blackwell.

Hammond, M. (1999). *The Phonology of English: A Prosodic Optimality-theoretic Approach*. New York: Oxford University Press.

Harris, J. (1969). *Spanish Phonology*. Cambridge: MIT Press.

Harris, J. (1977). Remarks on Diphthongization in Spanish. *Lingua* 42, 261-305.

Harris, J. (1983). *Syllable Structure and Stress in Spanish: A Nonlinear Analysis*. Cambridge: MIT Press.

Harris, J. (1985). Spanish Diphthongization and Stress: A Paradox Resolved. *Phonology Yearbook* 2, 31-45.

Harris, J. (1992). *Spanish Stress: The Extrametricality Issue*. Bloomington: ILUC.

Harris, J. (1994). *English Sound Structure*. Oxford: Blackwell.

Hayes, B. (1981). *A Metrical Theory of Stress Rules*. Doctorial dissertation, University of MIT.

Hayes, B. (1982). Extrametricality and English Stress. *Linguistic Inquiry* 13, 227-276.

Hayes, B. (1983). A Grid-based Theory of English Meter. *Linguistic Inquiry* 14, 357-393.

Hayes, B. (1984). The Phonology of Rhythm in English. *Linguistic Inquiry* 15, 33-74.

Hayes, B. (1985). Iambic and Trochaic Rhythm in English. *BLS* 11, 429-446.

Hayes, B. (1986). Assimilation as Spreading in Toba Batak. *Linguistic Inquiry* 17, 467-499.

Hayes, B. (1995). *Metrical Stress Theory: Principles and Case Studies.* Chicago: University of Chicago Press.

Hewitt, M. (1994). Deconstructing Foot Binarity. MS, University of British Columbia. [From *ROA 12*]

Hogg, R. & C-B. McCully. (1987). *Metrical Phonology: A Coursebook.* Cambridge: Cambridge University Press.

Hoijer, H. (1933). Tonkawa: An Indian Language of Texas. In Boas, F. and H. Hoijer (eds.) *Handbook of American Indian Languages.* New York: J.J, Augustin.

Hyde, B. (2003). Non-finality. University of Washington. [From *ROA 633*]

Hyman, L. (1985). *A Theory of Phonological Weight.* Dordrecht: Foris Publications.

Hyman, L. (1990). Non-exhaustive Syllabification: Evidence from Nigeria and Cameroon. *CLS* 26(Part II), 175-195.

Inkelas, S. & C. Organ. (1995). Level Ordering and Economy in the Lexical Phonology of Turkish. *Language* 71, 763-793.

Itô, J. & A. Mester. (1995). The Core-periphery Structure of the Lexicon and Constraints on Ranking. *Linguistics* 18, 181-210.

Itô, J. & A. Mester. (1999). On the Source of Opacity in OT: Coda Process in German. University of Massachusetts, Amherst. [From *ROA 347*]

Jarrah, A. (1993). *The Phonology of Madina Hijazi Arabic: A Non-linear Analysis.* Doctorial dissertation, University of Essex.

Kager, R. (1995a). English Stress: Re-inventing the Paradigm. *GLOT International* 9-10, 19-21.

Kager, R. (1995b). Surface Opacity of Metrical Structure in Optimality Theory. University of Utrecht. [From *ROA 207*]

Kager, R. (1997). Rhythmic Vowel Deletion in Optimality Theory. In Roca, I.

(ed.) *Derivations and Constraints in Phonology*, 463-499. Oxford: Oxford University Press.

Kager, R. (1999). *Optimality Theory*. Cambridge: Cambridge University Press.

Kang, S-K. (2007). Zero Derivation in English: Base-identity and Constraint Indexation. *Proceedings* presented in *2007 Fall Conference of The Modern Linguistic Society of Korea/Cheju International Society* at Chungwoon University, 1-9.

Katamba, F. (1989). *An Introduction to Phonology*. London & New York: Longman. (조학행 외 역. (1997). 현대 음운론 입문. 서울: 한신문화사.)

Kenstowicz, M. (1983). Parametric Variation and Accent in the Arabic Dialects. *Chicago Linguistic Society* 19, 205-213.

Kenstowicz, M. (1994). *Phonology in Generative Grammar*. Oxford: Blackwell.

Kenstowicz, M. & K. Abdul-Karim. (1980). Cyclic Stress in Levantine Arabic. *Studies in the Linguistics Sciences* 10-2, 55-76.

Kikuchi, S. (1999). A Sympathetic Approach to Stress in Spanish Ipsiradical Sets. Tohoku University. [From *http://www.sal.tohoku.ac.jp/~s_kiku/papers/kikuchi2000_stress.pdf* (11.3.2008)]

Kim, H-Y. (2002). English Stress is Flexible: A Reply to Halle's (1998) *The Stress of English Words 1968-1988*. *Studies in Phonetics, Phonology and Morphology* 8-1, 85-100.

Kim, J-H. (2002). A Functional Perspective on Syncope in English. *Korean Journal of Linguistics* 33, 44-63.

Kim, Y-S. (2006). English Stress: Rules or Constraints? *Korean Journal of Linguistics* 31-1, 1-25.

Kiparsky, P. (1971). Historical Linguistics. In Dingwall, W. (ed.) *A Survey of Linguistic Science*, 576-642. College Park: University of Maryland Linguistics Program.

Kiparsky, P. (1979). Metrical Structure Assignment is Cyclic. *Linguistic Inquiry* 10-3, 421-441.

Kiparsky, P. (1982). Lexical Phonology and Morphology. In Yang, I-S. (ed.) *Linguistics in the Morning Calm*, 3-91. Seoul: Hanshin.

Kiparsky, P. (2000). Opacity and Cyclicity. *Linguistic Review* 17, 351-365.

Kirchner. R. (1996). Synchronic Chain Shifts in Optimality Theory. *Linguistic Inquiry* 27, 341-350.

Klokeid, T. (1976). *Topics in Lardil Grammar*. Doctorial dissertation, Cambridge, MA: MIT.

Kristoffersen, G. (2000). *The Phonology of Norwegian*. Oxford: Oxford University Press.

Ladefoged, P. (1975). *A Course in Phonetics*. New York: Harcourt Brace Jovanovitch.

Lee, J-Y. (1996). *Some Aspects of English Phonology: An Optimality Theoretic Approach*. Doctorial dissertation, University of Illinois.

Lee, Y-S. (1996). Optimality Analysis of Stress. *Journal of English Language and Literature* 35, 249-277.

Lee, Y-S. (1999). Extrametricality in English. *Indiana University Working Papers* in *Linguistics 1: Optimal Green Ideas* in *Phonology*, 37-55. Bloomington: Indiana University.

Lee, Y-S. (2002). A Noun-verb Asymmetry in English Stress. *Korean Journal of Linguistics* 27-1, 109-128.

Liberman, M. & A. Prince. (1977). On Stress and Linguistic Rhythm. *Linguistic Inquiry* 8-2, 249-336.

Lorentz, O. (1996). Length and Correspondence in Scandinavian. *Nordlyd* 24, 111-128.

Łubowicz, A. (2005). Locality of Conjunction. University of Southern California. [From *ROA 764*]

Lunden, A. (2006). *Weight, Final Lengthening and Stress: A Phonetic and Phonological Case Study of Norwegian*. Doctorial dissertation, University of California Santa Cruz. [From *ROA 833*]

McCarthy, J. (1995). Remarks on Phonological Opacity in Optimality Theory. University of Massachusetts, Amherst. [From *ROA 79*]

McCarthy, J. (1999). Sympathy and Phonological Opacity. *Phonology* 16, 331-399. [From *ROA 252*]

McCarthy, J. (2002a). A Sympathy, Cumulativity, and the DUKE-OF-YORK Gambit. University of Massachusetts, Amherst. [From *ROA 315*]

McCarthy, J. (2002b). *A Thematic Guide to Optimality Theory*. Cambridge: Cambridge University Press.

McCarthy, J. (2006a). Candidates and Derivations in Optimality Theory. University of Massachusetts, Amherst. [From *ROA 823*]

McCarthy, J. (2006b). Gen, Eval and Phonological Opacity. *Lecture Notes* for *Indiana Phonology Fest 2006*. Indiana University, Bloomington.

McCarthy, J. (2006c). Restraint of Analysis. University of Massachusetts, Amherst. [From *ROA 844*]

McCarthy, J. (2006d). Slouching Towards Optimality: Coda Reduction in OT-CC. University of Massachusetts, Amherst. [From *ROA 878*]

McCarthy, J. (2007). *Hidden Generalizations: Phonological Opacity in Optimality Theory*. London: Equinox.

McCarthy, J. (2008a). *Doing Optimality Theory*. Malden, MA & Oxford: Blackwell.

McCarthy, J. (2008b). The Gradual Path to Cluster Simplification. *Phonology* 25, 271-319.

McCarthy, J. (forthcoming). The Serial Interaction of Stress and Syncope. *NLLT*. [From *http://people.umass.edu/jjmccart/metrically-conditioned-syncope.pdf* (4..20.2009)]

McCarthy, J. & A. Prince. (1986). *Prosodic Morphology*. University of Massachusetts, Amherst, and Brandeis University, Waltham, Mass.

McCarthy, J. & A. Prince. (1990). Foot and Word in Prosodic Morphology: The Arabic Broken Plural. *Natural Language and Linguistic Theory* 8, 209-82.

McCarthy, J. & A. Prince. (1993). Prosodic Morphology: Constraint Interaction and Satisfaction. University of Massachusetts, Amherst, and Rutgers University. [From *ROA 482*]

McCarthy, J. & A. Prince. (1994). Generalized Alignment. University of Massachusetts, Amherst, and Rutgers University. [From *ROA 7*]

Mithun, M. & H. Basri. (1986). The Phonology of Selayarese. *Oceanic Linguistics* 25, 210-254.

Moreton, E. (2004). Non-computable Functions in Optimality Theory. University of Massachusetts, Amherst. [From *ROA 364*]

Orgun, O. (1995). Correspondence and Identity Constraints in Two-level Optimality Theory. U.C. Berkeley. [From *ROA 62*]

Park, J-I. (1997). *Minimal Word Effects with Special Reference to Swahili.* Doctorial dissertation, University of Indiana.

Pater, J. (1995). On the Nonuniformity of Weight-to-Stress Presentation Effects in English. McGill University. [From *ROA 107*]

Pater, J. (2000). Nonuniformity in English Secondary Stress: The Role of Ranked and Lexically Specific Constraints. *Phonology* 17, 237-274.

Piggott, G. (1995). Epenthesis and Syllable Weight. *Natural Language and Linguistic Theory* 13, 283-326.

Piñeros, C. (2000). Vowel Weightless and Stress Retraction in Spanish. University of Iowa. [From *ROA 427*]

Popperwell, R. (1963). *The Pronunciation of Norwegian.* Cambridge: MIT Press.

Prince, A. (1980). A Metrical Theory for Estonian Quantity. *Linguistic Inquiry* 11, 511-562.

Prince, A. (1983). Relating to the Grid. *Linguistic Inquiry* 14, 19-100.

Prince, A. (1990). Quantitative Consequences of Rhythmic Organization. In Ziolkowski, M. M. Noske and K. Deaton (eds.) *Parasession on the Syllable in Phonetics and Phonology,* 355-398. Chicago: Chicago Linguistic Society.

Prince, A. & P. Smolensky. (1993/2004). *Optimality Theory: Constraint Interaction in Generative Grammar*. Malden, MA, & Oxford: Blackwell. [From *ROA 537*]

Revithiadou, A. (1999). *Headmost Accent Wins: Head Dominance and Ideal Prosodic Form in Lexical Accent Systems*. Doctorial dissertation, University of HIL/Leiden. [From *ROA 388*]

Rice, C. (1999). Norwegian. In van der Hulst, H. (ed.) *Word Prosodic Systems in the Language of Europe*, 545-553. Mouton de Gruyter, Berlin.

Rice, C. (2001). Review of *The Phonology of Norwegian* by Gjert Kristoffersen. *Phonology* 18, 434-438.

Rice, C. (2003). Norwegian Quantity and the Richness of the Base. University of Tromsø. [From *http://www.hum.uit.no/a/rice/v2/writing/NorQuant Rice.pdf* (6.1.2008)]

Rice, C. (2005). Norwegian Stress and Quantity: The Implications of Loanwords. University of Tromsø. [From *ROA 747*]

Roca, I. (1988). Theoretical Implications of Spanish Word Structure. *Journal of Linguistics* 26, 133-164.

Roca, I. & W. Johnson. (1999). *A Course in Phonology*. Oxford: Blackwell.

Rosenthall, S. (1994). *Vowel/Glide Alternation in a Theory of Constraint Interaction*. Doctorial dissertation, University of Massachusetts, Amherst. [From *ROA 126*]

Sasaki, K. (2008). Hardening Alternation in the Mitsukaido Dialect of Japanese. Sapporo Gakuin University. [From *http://ext-web.edu.sgu.ac.jp/ ksasaki/project/hardening080215.pdf* (6.10.2008)]

Selkirk, E. (1980). The Role of Prosodic Categories in English Word Stress. *Linguistic Inquiry* 11, 563-605.

Seo, J-M. (2008). Opacity in the Sound Substitution of Korean-English Interlanguage: Centering on Palatalized Tense [ʃ']. *English21* 21-3, 271-290.

Seo, J-M. & H-H. Jo. (2007). Front Vowel Raising and Opacity in Čənnam Dialect. *The Linguistic Association of Korea Journal* 15-3, 89-108.

Seo, J-M. & H-H. Jo. (2008). Stress Assignment and Opacity in Batticaloa Creole Portuguese. *Studies in Phonetics, Phonology and Morphology* 14-1, 93-107.

Shaw, J. (2007). Compensatory Lengthening via Mora Preservation in OT-CC: Theory and Predictions. New York University. [From *ROA 916*]

Shaw, P. (1985). Modularism and Substantive Constraints in Dakota Lexical Phonology. *Phonology Yearbook* 2, 173-202.

Sheer, T. (2005). *CVCV Phonology*. Mouton, Berlin.

Smolensky, P. (1993). Harmony, Markedness, and Phonological Activity. University of Colorado. [From *ROA 87*]

Smolensky, P. (1995). On the Internal Structure of Constraint Con of UG. Johns Hopkins University. [From *ROA 86*]

Standwell, G. (1972). Towards a Description of Stress and Tone in Norwegian Words. *Norsk Tidsskrift for Sprogvidenskap* 26, 179-194.

Steriade, D. (1988). Reduplication and Syllable Transfer in Sanskrit and Elsewhere. *Phonology* 5, 73-155.

Stockwell, R. & J. Bowen. (1965). *The Sounds of English and Spanish*. Chicago: University of Chicago Press.

Suino, M. (1965). *Rhythm and Meter in Russian Iambic Treatment*. Doctorial dissertation, University of Michigan.

Teoh, B-S. (1988). *Aspects of Malay Phonology Revisited: A Non-linear Approach*. Doctorial dissertation, University of Illinois.

Unbegaun, B. (1956). *Russian Versification*. London: Oxford Press.

Vanvik, A. (1973). A Phonetic-phonemic Analysis of Standard Eastern Norwegian. *Norsk Tidsskrift for Sprogvidenskap* 28, 113-129.

Vennemann, T. (1990). Syllable Structure and Simplex Accent in Modern Standard German. *Chicago Linguistic Society* 26, 399-412.

Vitale, A. (1982). Problems of Stress Placement in Swahili. *Studies in African Linguistics* 13, 325-330.

Weinstock, J. (1970). Sketch of Norwegian Phonology. In Benediktsson, H. (ed.) *Nordic Languages and Modern Linguistics*, 572-598. Reykjavik: Vísindafélag Íslendinga.

Wise, R. (1996). *The Phonology of German*. Oxford: Clarendon.

Zamma, H. (2005). Predicting Varieties: Partial Orderings in English Stress Assignment. Kobe City University of Foreign Studies. [From *ROA* 712]

Zamma, H. (2007). Categorical and Non-categorical Variation in English Stress Assignment. Kobe City University of Foreign Studies. [From *ROA* 890]

찾아보기

① 한 영

② 영한

③ 제약

④ 인 명

⑤ 언어

개별 언어의 음소목록

① 영어(Hammond 1999: 5-6)
ⓐ 자음

		LAB	COR not dist.	COR dist.	COR-DOR	DOR	LAB-DOR	∅
Stop	voiceless	p		t		k		
	voiced	b		d		g		
Fricative	voiceless	f	ɵ	s	š			
	voiced	v	ð	z	ž			
Affricative	voiceless				č			
	voiced				ǰ			
Nasal		m		n		ŋ		
Approximate	voiced			l				
	voiced			r	y		w	
	voiceless							h

ⓑ 모음

	Front		Back	
High	i			u
		ɪ	ʊ	
Mid	e			o
		ɛ	ʌ/ə	
Low		æ		ɔ
				ɑ

(음영 부분은 이완모음을 나타낸다.)

② 스페인어(Stockwell & Bowen 1965: 116-117)

ⓐ 자음

		Labial	Inter-dental	Dental	Palatal	Velar
Stop	voiceless	p		t		k
Stop-spirant	voiced	b		d		g
Spirant	voiceless	f	ş	s	ch	h
Nasal		m		n	ɲ	
Lateral				l	(l)y	
Vibrant				r		
Semivowel					y	w

ⓑ 모음

	Front		Back	
High	i			u
Mid		e	o	
Low			a	

③ 표준아랍어(Standard Arabic)
(From *http://en.wikipedia.org/wiki/Arabic_(language)*)

ⓐ 자음

		Labial	Inter-dental plain	Inter-dental emphatic	Dental/Alveolar plain	Dental/Alveolar emphatic	Palatal	Velar	Uvular	Pharyngeal	Glottal
Stop	voiceless				t	tˤ		k	q		ʔ
	voiced	b			d	dˤ	ʤ~g				
Fricative	voiceless	f	θ		s	sˤ	ʃ	x~χ		ħ	h
	voiced		ð	ðˤ~zˤ	z			ɣ~ʁ		ʕ	
Approximate					l		j	w			
Nasal		m			n						
Trill					r						

ⓑ 모음

	Front	Back
High	i	u
Low	a	

④ 독일어(From *http://en.wikipedia.org/wiki/German_(language)*)

ⓐ 자음

	Bilabial	Labiodental	Alveolar	Postalveolar	Palatal	Velar	Uvular	Glottal
Stop	p b		t d			k g		ʔ
Fricative		f v	s z	ʃ ʒ	ç	x ʁ	h
Affricative		pf	ts	tʃ dʒ				
Nasal	m		n			ŋ		
Approximate			l		j			

ⓑ 모음

	Front unrounded		Front rounded		Central		Back	
	short	long	short	long	short	long	short	long
Close	i	iː	y	yː			u	uː
Near-close	ɪ		ʏ				ʊ	
Close-mid	e	eː	ø	øː			o	oː
Mid					ə			
Open-mid	ɛ	ɛː	œ				ɔ	
Near-open					ɐ			
Open					a	aː		

⑤ 노르웨이어(Kristoffersen 2000; Lunden 2006: 25)

ⓐ 자음(Vest−Agder 방언)

	Bilabial	Labiodental	Alveolar	Palatal	Velar	Uvular	Glottal
Stop	p b		t d		k g		
Fricative		f v	s	ç		ʁ	h
Nasal	m		n		ŋ		
Liquid			l				
Glide				j			

ⓑ 모음

i:, i		y:, y		ʉ:, ʉ		u:, u
	e:, ɛ	ø:, œ				o:, ɔ
		æ:, æ				a:, a

이 책을 지은 사람들

▋조학행

조선대학교 사범대학 영어교육과 졸업(B.A.)
조선대학교 대학원 영어영문학과 졸업(M.A., 영어학 전공)
전북대학교 대학원 영어영문학과 졸업(Ph.D., 영어학 전공)
한국음운론학회 회장, 대한언어학회 회장
University of Texas at Austin 객원교수
전국 생활협동조합 부회장 및 이사
전국 대학생활협동조합 특별위원회 위원장
조선대학교 교무처장, 조선대학교 사회교육원장
현) 조선대학교 인문과학대학 영어영문학과 교수

주요 저서 및 역서

음운구조의 범주론적 분석(1985. 서울: 한신문화사.)
현대음운론 입문(Francis Katamba 지음.)(1997. 공역. 서울: 한신문화사.)

▋서정민

성균관대학교(B.A., 어문학 전공)
조선대학교 대학원(M.A., 영어학 전공)
조선대학교 대학원(Ph.D., 영어학 전공)
성균관대학교 인문학연구소 전임연구원(2004년도 학술진흥재단 박사후과정)
현) 조선대학교 인문과학대학 영어영문학과 강사

논문 및 저서

Stress Assignment and Opacity in Batticaloa Creole Portuguese(2008.
Studies in Phonetics, Phonology and Morphology 14-1, 93-107.) 외 34편

강세할당과 제약기반이론

Stress Assignment and Constraint-based Theory

1판 1쇄 펴냄 2009년 7월 10일
1판 2쇄 펴냄 2010년 10월 7일

지은이 조학행·서정민
펴낸이 김흥국
펴낸곳 도서출판 보고사

책임편집 황효은
표지디자인 강문희

등록 1990년 12월 13일 제6-0429호
주소 서울특별시 성북구 보문동 7가 11번지 2층
전화 922-5120~1(편집), 922-2246(영업)
팩스 922-6990
메일 kanapub3@chol.com
http://www.bogosabooks.co.kr

ISBN 978-89-8433-725-1 93710
ⓒ 조학행·서정민, 2009

정가 16,000원
사전 동의 없는 무단 전재 및 복제를 금합니다.
잘못 만들어진 책은 바꾸어 드립니다.